한양대 에리카의 IC-PBL을 통한
E2E(Education To Economy) 전략

지금은 대학교육 혁신으로 지역사회를 깨울 때

전상길 · 권혁남 공저

한 경 사

지금은 대학교육 혁신으로 지역사회를 깨울 때

저 자	전상길, 권혁남
발 행 일	2025년 2월 28일 1쇄
발 행 처	**한경사**
발 행 인	이계남
등록사항	제10-1951호 2000년 4월 14일
주 소	서울시 마포구 신수로 59-1 3층
전화번호	02_717_7264~5
팩스번호	02_717_7226
홈페이지	hankyungsa.co.kr
전자우편	hankyungsa@hanmail.net
I S B N	978-89-6844-516-3 (93320)
가 격	26,000원

이 저서는 한양대학교 교내연구지원 사업의
지원을 받아 수행된 연구임(HY-2023-1666).

저자 소개

전상길

경영학계와 비즈니스 현장을 위해 혁신적인 창조인재 교육방식을 개발해 이식시키는 최고의 인사/조직 멘토. 고려대학교 경영대학과 동 대학원을 졸업하고, 현재 한양대학교 ERICA캠퍼스 경상대학 교수로 재직 중이다. SK텔레콤 전략기획실 선임연구원, 캐나다 빅토리아대학교 경영대학 초빙 및 방문교수를 지냈으며, LG연암재단의 Research Fellow, 한국연구재단 전문위원, 제주연구원의 연구자문위원과 한국인적자원개발학회장과 Aon Hewitt Korea의 〈Best Employer in Korea〉 심사위원장을 역임하였다. 또 인사혁신처 및 국가공무원인재개발원 자문위원, 대통령국정과제평가위원, 산업통상자원부 사업재편심의위원, 국가연구개발사업심의위원을 역임하였고, 또 국가과학기술연구회과 경제인문사회연구회의 경영평가위원으로 활동하였다. 현재는 한국인사관리학회장, 한국경영학회 부회장 및 뉴로경영위원장을 맡고 있다. 또 벨기에 겐트대학교 글로벌캠퍼스와 연암대학교의 운영위원, 미국 캘리포니아주 오렌지카운티 한인상공회의소 경영자문위원과 마이다스 자인연구소 경영고문, 공무원연금공단 자문위원, 광해관리공단 인권위원, 파크시스템스(주)의 사외이사로도 활동하고 있다. 대표저서로는 〈창조경영을 위한 인적자원관리, 길을 묻다〉와 2024년 세종도서 교양부문에 선정된 공저〈실패하는 비즈니스에는 이유가 있다〉가 있으며 60편의 논문을 발표하였다. 2024년에는 산업통상자원부 장관상과 한국경영학회가 수여하는 우수경영학자상을 수상하기도 하였다.

권혁남

윤리경영과 가치실현을 바탕으로 창의적 인재 육성 방식을 개발·확산하는 경영 멘토. 한양대학교 대학원에서 조직/인사전공으로 석·박사 학위를 취득하였으며, 현재 협성대학교 웨슬리대학 교수로 재직 중이다. 한국인적자원개발학회 부회장, 윤리위원장, 사단법인 아시아문화학술원 편집위원 등을 역임했으며, 현재는 한국인사관리학회 부회장 및 윤리위원장으로 활동하고 있다. 학문적 성과로 한양대학교 박사학위 우수논문상, 사단법인 아시아문화학술원의 우수편집위원상과 아시아문화학술상을 수상한 바 있다. 주요 연구로는 "고령자의 고용 장애 요인과 고령인구 활용에 관한 국가별 전략 연구"를 포함해 다수의 논문을 발표하며 활발히 연구 활동을 이어가고 있다.

추천의 글(가나다 순)

단순한 제언을 넘어, 대학의 경쟁력을 끌어올릴 수 있는 비밀 코드를 담고 있습니다. 경쟁력을 넘어 미래를 디자인하는 데 필요한 지혜가 담긴 필독서로 추천합니다.

권대우(인사이트 홀딩스 회장/전 시사저널 대표이사 부회장)

대학과 지역사회와의 협력에 대한 구체적인 방법론을 제시한 책이다. 이 책을 통해 에리카의 혁신성장의 비밀이 풀렸다.

김대훈(전 LG CNS 대표이사)

대변혁의 시대에 기업이 필요한 인재를 육성할 수 있는 산학 연계 교육 혁신 방안을 제시하였다. 다년간의 현장교육경험을 통해 검증하였고 UNESCO에서도 인증한 탁월한 방법론으로서 산업계와 대학교육현장에서 필독할 것을 권한다.

김신배(전 SK부회장 겸 포스코 이사회 의장)

우리가 추구하는 최고의 가치로 진선미(眞善美)가 있지만 거기에 용(用)이 붙을 때 진가를 발휘할 것임을 생각하게 하는 이 책은 대학 교육의 새로운 지향점을 제시하는 종합 선물 꾸러미 같은 내용으로 가득하며, 한번 해 보라는 제안을 넘어서 이렇게 해 봤더니 제대로 되더라는 제언이기에 더욱 가치가 있다.

김연성(한국경영학회 회장/인하대 경영대학 교수)

어느 때보다 문제 해결 능력 중심의 교육과 산학협력이 중요한 지금, 교육과 경영에 대한 통찰력이 넘치는 책입니다. 제목과 같이 대학 교육을 혁신하고 우리 사회를 변화시킬 중요한 단초를 담고 있습니다.

김원준(삼성글로벌리서치 대표이사)

글로벌시대의 대학의 경쟁력에 반드시 필요한 산학협동의 모델을 제시하는 책이다. 특히 무에서 유를 창조하기 위한 저자의 부단한 노력이 돋보인다.

로사 전(Rosa Chun)(아일랜드 UCD Michael Smurfit Graduate Business School 교수)

"속도보다 방향이 먼저"라는 한양대 ERICA캠퍼스의 지향점을 잘 보여주는 역작입니다. 치열한 글로벌 산업환경에서 우리 교육이 가야 할 길을 넘어, 미래인재 양성, 산학협력 교육에 던지는 근본적 통찰과 풍성한 해법을 담고 있는 좋은 가이드북이 될 것입니다.

박동일(산업통상자원부 제조산업정책관)

IC-PBL은 공급자 입장이 아니라 수요자 입장에서 학생을 교육시키는 획기적인 방식이다. 기존의 지식이나 정해진 답을 알려주는 것이 아니라 답이 있는지 없는지조차 모르는 산업 현장의 당면 과제에 도전하게 함으로써 문제해결 능력을 키워주고 회사에서 필요로 하는 인재가 되게 한다.

박상일(파크시스템스 대표이사)

전상길 교수님은 제가 LG에 근무할 시 한양대 ERICA 캠퍼스에서 '초우량 기업의 조건'이라는 강좌에서 10여년 간 뵌 적이 있습니다. 전 교수님은 이러한 경륜을 바탕으로 기업에 대한 정확한 이해와 함께 오늘의 교육현장에서 대학이 하여야 할 역할에 대하여 수요와 공급 측면에서 면밀히 분석하고 혁신적인 현장교육의 필요성과 방향을 제시하고 있습니다. 시원한 'Solution Partner'의 저서로서 기업과 교육현장에 관련된 분들께 일독을 추천합니다.

육근열(연암대 총장/전 LG화학 CHO(최고인사책임자)/LG그룹 정도경영TFT장)

이 책 안에는 평소 에리카에 대한 자부심과 학생들에 대한 따뜻한 애정이 곳곳에 스며들어 있다. 대학교육의 혁신도 지역사회의 혁신도 사람과 조직에 대한 애정과 신뢰로부터 비롯됨을 깨닫게 한 보기 드문 역작이다.

윤만(Man Youn)(미국 오렌지카운티 한인 상공회의소 회장/KACCOC PRESIDENT)

500년 전에 시작된 대항해시대가 저물고 데이터대항해 시대가 열리고 있다. 그간 지식의 양(Volume of Knowledge)을 지향하던 교육도 AI에 자리를 내주고 상상력의 다양성(Diversity of Imagination)으로 전환해야 할 문명사적 변곡점이다. 이 책은 저자의 경험을 바탕으로 20세기에 태어난 세대가 21세기 학생들을 가르치는 접근방법에 대한 가이드북이다.

윤종록(KAIST 과학기술정책대학원 초빙교수/전 미래창조과학부 차관)

대학과 지역사회가 서로 혁신의 가치를 공유하는 모델이 가장 지속 가능한 모델입니다. 한양대 에리카에서 실험하고 발전시키는 대학과 지역사회 생태계 모델이 더욱 확산되기를 기대합니다.

이금룡(사단법인 도전과나눔 이사장)

"지금은 대학교육혁신으로 지역사회를 깨울 때"는 대학의 교육적 책임과 지역사회의 동반 성장을 탐구하는 귀중한 길잡이입니다. 교육 혁신 사례와 실천 방안을 통해 대학이 지역 변화의 중심이 될 수 있음을 보여주며, 지속 가능한 미래를 위한 비전을 제시합니다. 대학 교육의 새로운 역할을 고민하는 모든 이들에게 꼭 추천하고 싶은 책입니다.

이기정(한양대 총장)

AI 중심 사회에서 역량 기반 교육을 위한 변화의 중심에 IC-PBL의 학습 전략은 대학과 기업을 연결해 주는 혁신적인 길로 안내합니다. 이 책에 제시된 방법론과 통찰력은 기업과 사회가 원하는 역량 인재를 양성하고 대한민국 대학 교육의 개혁과 미래를 밝히는 데 기여할 것으로 믿습니다.

이형우(마이다스그룹 회장)

이 책은 대학의 존재 이유를 다시 한번 생각하게 한다. 교육의 혁신을 통해 산업의 경쟁력을 확보할 수 있겠다는 확신을 주고 있다. 농업의 경쟁력을 위해서도 IC-PBL방법론이 적용되길 희망한다. 저자들에게 박수를 쳐주고 싶다.

장태평(대통령소속 농어업·농어촌특별위원회 위원장)

불확실한 시절에 기업과 사회가 필요로 하는 세계 시민으로서의 인재 양성을 추구하는 멋진 행보를 구체적으로 잘 보여주고 있습니다. 기업인의 한 사람으로서 큰 기대와 응원을 더합니다.

정광천(이노비즈협회 회장)

책에 등장하는 참고 문헌과 실제 사례는, 사람의 마음을 어떻게 움직이며 이론과 실무를 어떻게 조합하여 나의 삶과 일에 어떻게 적용할 것인지를 알려 주는 길잡이가 될 만한 책. 벌써부터 개정/증보판이 기대되는 책.

제이 서(Jay Suh)(NanoGraphene Fertilizer 대표)

이 책은 교육이 지역사회와 연결되는 새로운 가능성을 담아낸 필독서입니다. 미래 교육과 대학 혁신을 고민하는 분들께, 중요한 길잡이가 될 이 책을 자신 있게 추천합니다.

조정훈(국민의 힘 소속 국회의원/국회 교육위원회 간사)

기술혁명과 저출산 시대에 대학의 위기에 대한 경종이 울리고 있는데도 대응책 마련이 어려웠습니다. 저자들은 IC- PBL을 통해 학생들을 산업계가 필요로 하는 인재로 기를 수 있는 실질적인 방안을 제시하고 있습니다. 이 책의 미덕은 이론 제시가 아닌 저자들의 실전 경험이 담겨 있습니다. 다양한 사례들이 제시되어 있어서 학습의 효과를 높여 줍니다. 창의적 문제 해결의 역량을 가진 인재를 기르고자 하는 교육계와 산업계 분들께 필독을 권하는 바입니다.

한정화(청년기업가정신재단 이사장)

교육의 본질은 학생들의 창의성과 실행력을 일깨우는 데 있습니다. 이 책은 한양대 에리카가 이러한 본질을 대담한 도전과 혁신적인 접근으로 실현한 성공적인 사례를 통해, 대학교육이 기업과 지역사회의 요구에 능동적으로 응답하며 새로운 가치를 창출하는 과정을 생생히 보여줍니다. 나아가, 미래 교육이 나아가야 할 방향성을 명확히 제시하는 데 탁월한 본보기가 됩니다.

한태준(벨기에 겐트대 글로벌 캠퍼스 총장)

대한민국에는 한양대 에리카가 있다! 일찍이 학연산 클러스터(ERICA: Education Research Industry Cluster at Ansan)를 표방한 에리카의 놀라운 성과 뒤 비밀을 이렇게 다 공개하는 것은 전 세계를 막론하고 위기에 처한 대학교육에 길 하나를 터주는 의미가 있다고 생각합니다. 그 귀한 노하우를 잘 소화만 해도 지역과 함께 도약하는 대학, 대학으로 인해 도약하는 지역 상생의 스토리가 여기저기서 들릴 것입니다. 이런 보물을 책으로 내주셔서 감사합니다.

황인화(KMAC 대학경영본부 파트너)

책을 내며

최근 한국의 대학들은 과거 그 어느 때 보다도 훨씬 더 큰 위기를 맞이하고 있다. 이 위기는 크게 두 가지로 나뉜다. 하나는 대학의 수요자인 기업들이 제기하는 위기이고, 다른 하나는 대학의 공급자인 학생들이 제기하는 위기다.

특히 수요자인 기업이 대학 측에 제기하는 위기의 이면에는 대학이 배출한 인재들이 보유하고 발휘하는 역량이 기업이 요구하는 역량과 부합하지 않는다는 불만이 녹아있다. 기업 측에서 보기에 대졸 신입사원들은 다시 막대한 비용을 들여서 재교육을 시켜야 현업에 투입할 수 있다는 오래된 푸념을 하고 있다. 사실, 산업 현장에서 바로 적용할 수 없는 기술과 역량을 가진 신입사원을 위해 초임 연봉을 3천만 원에서 4천만 원씩 주고 싶어 하는 경영자는 많지 않다. 그 연봉을 주더라도 망설여지며 향후 그 신입사원에게 연봉 이상의 역량 발휘를 기대하게 되지만 실적이 급한 기업인들에게 그 기대는 실망으로 끝나는 경우가 많다. 기업들은 더 이상 대졸 신입사원이 아니라 '대졸 경력사원'을 요구하고 있기 때문이다.

공급 측면에서도 인구 감소의 영향으로 대학 입학 자원이 급격히 줄어들고 있어, 지방 대학은 물론 수도권 대학까지 학생 모집과 충원에 비상등이 켜진 상태다. 예비 대학생들은 자신들의 진로를 분명히 해주고, 졸업 이후에도 성공적인 경력 선택을 도와줄 수 있는 대학으로 몰리고 있다. 이제는 교육의 진정한 차별화와 혁신이 필요한 시점이다. 이러한 상황 속에서 한국 대학교육의 무용론까지 제기되며, 고등학교 졸업 후 바로 사회로 진출하거나, 더 많은 기회와 심층적인 역량 개발을 제공하는 해외 대학이나 연수기관으로 진출하는 사례가 늘고 있다.

대학의 수요와 공급 측면에서의 위기는 과거에는 서로 분리되어 있어 대학이 상대적으로 대응하기 수월했으나, 이제는 두 위기가 복합적으로 작용하여 대학의 불확실성을 극대화시키고 있다.

우리 대학에서 학생을 제대로 키워 기업과 사회가 필요로 하는 인재로 만들 수는 없을까? 나아가 이들의 역량을 축적시켜 세계 시민 사회에 기여하게 할 수는 없을까? 언제까지 신입사원에게 지급하는 월급이 아깝다는 기업인들의 푸념을 들어야만 할까? 언제까지 대학교육 기간이 '잃어버린 4년'이 되어야 하나? 이러한 일련의 고민들이 이 책을 쓰게 된 기본 동기이다.

마침 저자들이 속한 한양대학교 ERICA 캠퍼스는 2017년 1학기부터 학생들과 함께 실전적으로 호흡하며, 한국에서는 처음으로 대학 전체에 PBL(Problem-Based Learning) 교육을 도입했다. 이후 2017년 2학기부터는 기업이나 지역사회의 실제 문제를 학생들과 함께 창의적으로 해결하는 산학연계 기반의 교육혁신 방법론인 IC-PBL(Industry-Coupled Problem-Based Learning)을 실행하게 되었다.

이 책에서는 한양대 ERICA에서 진행된 산학연계 기반의 교육혁신 방법론인 IC-PBL을 통해 우리 대학들이 겪고 있는 수요와 공급 측면의 불확실성을 해소하고자 한다. 수요 측면에서는 기업이 학생들에게 요구하는 역량과 학생들이 보유하고 발휘하는 역량을 최대한 일치시키고자 하였다. 공급 측면에서는 학생들이 4년간의 대학교육을 받으면서 경력사원으로서 필요한 역량을 축적해 자기고용 가능성(self-employability)을 높여줄 수 있는 학생 성공 경험을 제공하고자 한다. 그 결과, 더 많은 학생들이 이러한 혁신적 교육 프로그램을 제공하는 대학으로 유입되기를 기대한다. 동시에 그러한 혁신적 교육 프로그램을 제공하지 못하는 대학은 이제 존재의 이유가 없다는 사실을 깨닫게 하고자 한다.

IC-PBL 수업은 현장의 실제 문제를 다루는지 여부와 현장 기업의 임직원들이 직접 평가에 참여하는지 여부에 따라 네 가지 유형(현장통합형(M형), 현장평가형(E형), 현장문제형(A형), 문제해결형(C형))으로 구분된다. 이 책은 이 가운데 기업 현장의 실제 문제를 다루고 평가도 해당 기업의 임직원들이 직접 하는 현장통합형(M형)을 중심으로 전개하고자 한다.

저자들은 IC-PBL M유형을 학생들과 함께 효율적으로 진행하기 위해 'IC-PBL 6단계 순환모형(6 Steps Circulation Model for IC-PBL)'을 개발했다. 전공별로 세부 방법론에서는 다소간의 수정과 변형이 필요하겠지만, 기본적인 적용 논리는 전공이나 단과대학에 관계없이 동일하다. 이 책에서는 6단계 순환모형의 세부 내용을 소개하고 공유함으로써 이 분야를 처음 접하시는 교강사님들께 표준적인 가이드라인을 제공하고자 한다. 보다 구체적으로 이 책의 목적은 크게 다음의 두 가지이다.

첫째, IC-PBL의 네 가지 유형 가운데 M유형의 구체적인 적용방법론을 제공하고자 한다. IC-PBL의 M유형은 기업이 요구하는 역량과 학생들이 육성해야 할 역량을 일치시키는 가장 직접적이고 확실한 전략적 선택이다. M유형의 이 같은 중요성에도 불구하고 M유형에 접근하기 위한 체계적인 방법론이 사실상 전무하였다. 이로 인해 인문사회과학 분야뿐만 아니라 이공계 분야에서도 IC-PBL 모델의 확산에 큰 제약이 되고 있다. 이는 우리 대학교육의 발전과 혁신에 걸림돌이 아닐 수 없다. 이 책에서는 IC-PBL의 M유형에 대한 구체적인 적용방법론을 제공하여 그 걸림돌을 제거하고자 한다.

둘째, 종국적으로는 M유형 적용 방법론을 체계화하여 학생들의 창의적 문제해결 역량을 극대화하고자 한다. 이를 통하여 기업, 지역사회, 산업의 컨설턴트로서 뿐만 아니라 지구촌의 지속 가능 발전에 기여할 수 있는 인재 개발의 밑바탕을 제공하고자 한다. 즉 대학 및 대학원 시절, 인류 보편의 가치 창출을 능동적으로 주도하는 '위대한 경험'을 체험하도록 유도하고자 한다.

마침 한양대학교 IC-PBL 센터의 그간의 모든 노력들을 UN 산하 UNESCO가 인정하여, UNESCO 산하의 PBL 센터에 등재되는 희소식이 있었다. 전 세계 PBL 수업을 잘하는 20개 대학 가운데, 한국에서는 유일하게 한양대학교 ERICA IC-PBL 센터의 IC-PBL 교육 방법론이 UNESCO에 채택된 것이다. 또한 최근 한양대 ERICA의 IC-PBL Connect & Share Project가 UNESCO에서 지속 가능 발전 교육(Education for Sustainable Development: ESD) 프로젝트로 인증을 받게 되었다.

더 나아가, IC-PBL 수업을 성공적으로 수행했던 한양대학교 ERICA의 여러 전공 분야 교수들이 한국공학한림원, 한국경영학회 및 전국의 대학에 한양대 ERICA의 IC-PBL 모델을 소개하게 되었다. 이제 한양대 ERICA의 IC-PBL 모델은 한국 대학교육의 혁신 방법론으로 자리매김하게 되었다. 이러한 한양대 ERICA 교수진들의 노력을 우리들만의 축제로 끝내지 않고 그 과정과 결과를 함께 공유하며 그 결실로 '교육을 통한 경제회복(Education To Economy: E2E)'을 추구하고자 한다.

이 책을 마치며, 많은 분들께 정신적으로, 심리적으로, 물질적으로 큰 빚을 졌다. 무엇보다도 ERICA에서 PBL을 시작하면서 그 필요성을 일관되게 주장하시고, 아무도 PBL 수업을 하지 않을 때 필자들이 시작할 수 있도록 정책적으로 지원해 주신 김우승 전 한양대 총장님(당시 ERICA 부총장)께 깊은 감사의 뜻을 전한다. 이 분이 아니었더라면 대학교육 혁신의 메카로서의 한양대 ERICA는 존재하지 않았을 것이다. 부총장 시절부터 총장의 임기를 마치는 내내 IC-PBL의 중요성을 강조하시고, 결국 한양대 ERICA의 위상을 전 세계적으로 자리 잡게 하고, UNESCO 등재의 주역이 되셨다. 또 저자들의 한양대 ERICA 교육혁신 사례를 한양대의 각 단과대학에 확산시키도록 기회를 주신 한양학원 김종량 이사장님과 질문기반 학습(Question-Based Learning)의 중요성을 일깨워 주신 이기정 총장님께도 이 자리를 빌려 깊은 감사의 뜻을 표한다.

또한 초창기 PBL 불모지였던 ERICA에서 IC-PBL 센터의 석박사 연구원들이 보여준 희생과 헌신은 오늘날 한국의 대학교육 혁신 표준화의 초석이 되었다. 수많은 전공 교수들에게 멘토링을 제공하고, 기업 과제를 유치하는 등 그 고생은 이루 말할 수 없었다. 또한 그 수많은 날들을 밤새우며 기업의 과제를 해결하기 위해 불철주야 고민하고 성찰한 학생들에게도 깊은 감사를 전한다. 교수들이 가르친 것보다 학생들에게서 배운 것이 더 많았다. 특히 중국, 몽골, 우즈베키스탄에서 온 유학생들도 적극적으로 수업에 참여해 자기 나라에서는 유사한 문제를 어떻게 해결했는지 자료 조사를 충분히 해준 우리 ERICA의 유학생들에게도 감사의 뜻을 전한다. 또 이 책이 출간되기까지 응원과 지지를 아끼지 않았던 연구실의 제자동료들에게도 감사의 마음을 전한다. 특히 이 책의 완성도를 높이는 데 기여한 이정현, 김연진 박사 과정 학생들에게 특별한 감사를 표한다. 이 책을 통하여 산업의 흐름을 통찰하고 인재를 보는 눈이 한층 성숙해지기길 기원한다. 또한 이 책을 꼼꼼히 읽고 귀중한 제언을 해주신 미국의 NGF(Nano Graphene Fertilizer)의 Jay Suh대표, 그리고 이 책을 쓰는 내내 집필 의지를 격려하고 지원해 주었던 우리 저자들의 가족들에게도 깊은 사의를 전한다. 끝으로 '생각하는 방식과 학자로서의 태도'를 깨우쳐 주신 스승 고려대 경영대학의 고(故) 김인수 교수님께 이 책을 바치고자 한다. 이 책이 빛을 발한다면, 그것은 제자의 공이 아니라 스승의 빛이 그만큼 강하기 때문임을 솔직히 고백한다. 스승이 피워 놓은 모닥불에 제자들은 그저 따스하게 손만 쬐었을 뿐이다.

제주도로 유배된 추사 김정희 선생은 사제 간의 의리를 지키기 위해 두 차례나 북경에서 귀한 책을 구해다 준 제자 이상적의 인품을, 날씨가 추워진 뒤에 가장 늦게 낙엽지는 소나무와 잣나무의 지조에 비유해 '세한도(歲寒図)'로 답례하였다. 추사 선생은 소나무와 잣나무를 보며 "가장 추울 때도 너희들은 우뚝 서 있구나"라며 자신의 처지와 제자에 대한 감사를 표현하셨다.

이 불확실한 시절, 우리 저자들을 정서적으로 지지해주시고 의지할 만한 토론을 제공해주신 분들은 제2, 제3의 이상적 선생이다. 추사 선생이 이상적에게 '세한도'를 답례로 드렸듯 저희 저자들은 이 책이 탄생하도록 도와주신 모든 분들께 깊은 감사와 존경의 마음을 담아 이 책을 답례로 드리고자 한다.

끝으로 성경의 이사야 50장 4절 말씀 "주 여호와께서 학자들의 혀를 내게 주시사 나로 하여금 곤고한 자를 말로 어떻게 도와줄 줄을 알게 하시고, 나의 귀를 깨우치사 학자들 같이 알아듣게 하시도다"를 되새기며, 주 여호와 하나님께 감사 기도를 드리며 이 책의 서문을 마친다.

2024. 11. 30.

저자 전상길과 권혁남

자료원: namu.wiki/w/세한도

차례

저자 소개 3

추천의 글 4

책을 내며 9

1장 우리는 왜 이 책을 쓰게 되었는가 19

1.1 최근의 대학교육의 위기를 다룬 두 기사 ········· 21

1.2 한국의 대학교육 위기의 본질은 무엇인가 ········· 26

1.3 대학교육의 위기를 극복하기 위해서 무엇을 우선적으로 준비해야 하는가 ········· 29

1.4 스킬 갭을 줄이기 위한 한국 대학교육혁신의 방향 ········· 39

2장 IC-PBL의 6단계 순환모형 41

2.1 IC-PBL 순환모형의 개관 ···· 43
2.2 IC-PBL의 네 가지 유형 ···· 47
2.3 IC-PBL 6단계 순환모형의 진화과정과 개념적 틀 ···· 51

3장 IC-PBL 6단계 순환모형의 구성요소에 대한 설명 61

3.1 Phase 0: 경쟁적인 마인드 세팅 조성 ···· 63
3.2 Phase 1: 문제 상황 제시 ···· 81
3.3 Phase 2: 사전 학습(개별 학습) ···· 86
3.4 Phase 3: 창조적 문제해결(집단 학습) ···· 94
3.5 Phase 4: 결과발표 및 평가(사회적 학습) ···· 175
3.6 Phase 5: 성찰 학습 ···· 199

4장 산학연계형 PBL(IC-PBL)의 혁신성과 219

4.1 학생들의 고용가능성을 높인다 ···· 221
4.2 산업컨설턴트로서의 자질을 함양하게 된다 ···· 226
4.3 해외 한인기업들에 대한 경영컨설팅 제공 ···· 239
4.4 공공부문에 대한 교육도 IC-PBL로 진행하다 ···· 241
4.5 IC-PBL은 지식재산권 창출의 일등공신이다 ···· 243

5장 한양대 에리카 산학연계형 PBL(IC-PBL)의 산업적 의미와 미래 비전: E2E 전략 247

5.1 산학연계형 PBL(IC-PBL)의 산업적 의미 · 249
5.2 한양대 에리카 산학연계형 PBL(IC-PBL)의 미래비전 · · · · · · · · · · 253

부록 259

[연습]의 해답 · 261
개념융합을 위한 미니 단어사전 · 265
인용된 명문 · 267
참고문헌 · 270

찾아보기 279

우리는 왜 이 책을 쓰게 되었는가

1

1.1 최근의 대학교육의 위기를 다룬 두 기사

얼마 전 한국 대학들의 생존을 우려하는 두 기사를 접하게 되었다. 이 두 기사들은 한국 대학의 현재 상황을 고발하고, 미래의 발전 방향을 제시하는 데 있어 매우 현실적인 내용을 담고 있기에 이 책에서 우선 간략하게 소개하고자 한다. 첫 번째 기사는 미네르바 대학(Minerva University) 설립자이자 CEO인 벤 넬슨(Ben Nelson)과 최도성 한동대 총장이 '인공지능 시대의 대학교육'을 주제로 나눈 대담이다(조선일보, 2024.05.06). 두 번째 기사는 한국의 미네르바 대학으로 불리는 태재대학과 조선일보 포럼이 공동으로 주최한 'AI 시대, 대학의 길을 묻다'라는 주제의 열띤 토론이다(조선일보, 2023.04.27). 이하에서는 두 기사를 요약하였다.

1.1.1 '인공지능 시대의 대학교육'

미네르바 대학 설립자 벤 넬슨(오른쪽)은 "이제 대학 교육은 학생들이 배운 것을 현장에 광범위하게 적용할 수 있도록 하는 데 초점을 맞춰야 한다"고 강조했다. 이어 그는 "시험이 끝나고 6개월 뒤면 대학생 중 95%는 뭘 배웠는지 기억조차 못 합니다. 지금처럼 지식 암기를 위한 대학 교육은 '챗GPT' 시대에 필요 없죠. 강의실에서 배운 지식을 현

넬슨 미네르바 대학 설립자와 최도성 한동대 총장의 대담

자료원: 조선일보, "AI시대, 뇌수술 수준으로 학생들 생각 바꿔줘야", 2024.05.06.

장에 적용하는 사고 능력을 길러주는 것이 대학의 역할입니다"라고 덧붙였다. 세계에서 가장 혁신적인 대학으로 손꼽히는 미네르바 대학교는 2014년 개교 이래 캠퍼스와 강의실 없이 학생들이 전 세계를 돌아다니며 '현장 실습'을 하는 혁신적인 커리큘럼으로 유명하다. 한동대도 오는 6월부터 학생들이 해외에서 기업이나 공공기관과 함께 프로젝트를 진행하는 '미네르바식' 교육을 국내 최초로 도입할 예정이다. 두 사람은 "AI 시대에 전통적인 대학교육 시스템으로는 미래 인재를 길러낼 수 없다"고 한 목소리를 냈다. 다음은 그들의 일문일답이다.

넬슨 미네르바 대학 설립자와 최도성 한동대 총장의 대담

- 그간의 교육혁신은 어떤 것이 있었나.

벤 넬슨(이하 넬슨)=최대 혁신은 학생들에게 '배운 내용을 다양한 상황에서 적용하는 방법'을 가르친다는 것이다. 현장에서 문제해결을 위한 실제 프로젝트를 함으로써 강의실의 지식과 통합시키는 것이다. 또한 1학년 때는 어떤 분야를 공부하든 유용하게 사용할 수 있는 사고능력을 기르고, 2학년 때부터 전공공부를 시작하는 커리큘럼을 짰다. 1학년

과정은(지식과목이아니라) '비판적 사고', '창의적 사고', '효과적 의사소통', '효과적 상호작용' 등 4가지로 구성된다. 이런 과목으로 체계적인 사고능력을 기르는데 집중한다. 비유하자면 기존의 사고체계를 완전히 바꾸는 뇌수술(brain surgery)을 하는 것이다.

- 그런 교육이 왜 필요한가.

넬슨=인공지능(AI) 시대에도 우리는 여전히 학생들을 '암기하는 기계'로 훈련시키기 위해 천문학적인 금액을 지출하고 있다. 지금의 대학교육은 단지 테스트를 통과시키는 데 목적이 있다. 기업에선 졸업생들이 대학에서 배운 것을 전혀 사용하지 못한다고 화를 낸다.

최도성(이하 최)=교수가 말한 내용을 토씨 하나 안 틀리고 적을 수 있으면 최고점을 받는다. 이런 학생은 현장에서 문제해결을 못한다. 예전과 달리 인공지능 시대에선 '지식의 반감기(半減期·원래 값의 절반이 되는 데 걸리는 시간)'가 훨씬 짧아졌다. 지식의 발전이 폭발적이기 때문에 이젠 1학년 때 배운 지식이 4학년 땐 쓸모없게 될 가능성이 높다.

- 앞으로 대학교육은 어떻게 변해야 하나.

넬슨=이론을 배웠더라도 이를 적용하는 능력을 배우지 못하면 무용지물이다. 이걸 연결시키는 게 대학의 몫이다. 지식이 지속 가능할 수 있게 하는 교육프로그램을 구축하는 게 대학의 숙제다.

최=단순지식보다 학생들이 '어떻게 생각하고 문제를 풀 것인가'하는 사고능력을 기르려고 한다. 이건 평생 없어지지 않을 역량이다. 올해부터 '글로벌 로테이션' 프로그램을 시작한다. 세계 30개 대학과 비영리단체(NGO) 한 곳당 학생 5~20명씩을 보내 1~2학기 동안 창업을 하거나 현지 사회문제를 해결하는 프로젝트를 하게 할 예정이다. 에티오피아, 필리핀 등 주로 개발도상국들이다. 기업에서 성과는 학벌과 비례하는 게 아니라 역량과 창의적 사고력에 비례한다는 연구 결과들도 나오고 있다. 오히려 학벌이 안 좋아도 남과 협력을 잘하는 사원들이 성과가 더 좋다고 한다.

자료원: 조선일보, "AI시대, 뇌수술 수준으로 학생들 생각 바꿔줘야", 2024.05.06.

1.1.2 'AI시대 대학의 길을 묻다'

다음은 앞서 언급한 기사보다 약 1년 전에 열린 'AI 시대, 대학의 길을 묻다'라는 주제의 포럼에서 다뤄진 내용이다. 이 포럼에서 전문가들은 현 대학교육의 문제점을 진단하고, 한국의 미래 대학교육의 방향을 제시했다. 다음은 그들의 토론 내용 중 핵심 부분을 정리한 것이다.

'AI 시대, 대학의 길을 묻다' 포럼

"챗GPT 같은 인공지능(AI)은 노동시장을 송두리째 바꿀 겁니다. 앞으로 기업들이 원하는 인재상이 지금과 완전히 달라진단 뜻입니다. 대학도 그에 맞춰 변화해야 합니다."
(오세정 전 서울대 총장)

"AI 시대 핵심 역량은 사고력이고, 대학은 주입식 교육장에서 '생각 훈련소'로 변해야 한다". "앞으로는 데이터에 의미를 부여해 '정보'로 만들고, 정보를 모아 '지혜'로 바꾸는 능력이 중요해진다.", "AI에 창의적 임무를 부여하고, AI의 작업물을 비판적으로 검토할 수 있는 사람이 성공한다는 뜻" (코슬린 미네르바 대학 초대학장)

"지금까진 지식의 양이 대등한 두 사람이 비슷하게 '똑똑하다'고 봤다면, 앞으론 AI에 좋은 질문을 던지는 능력에 따라 개인별 수준 차이가 크게 날 것" "사고력 육성을 목표로 한 AI 시대의 대학엔 전공도, 교실도, 시험도 다 필요 없어질 것" "가까운 미래에 기업들은 입사 면접에서 '당신은 무슨 전공 과목을 들었나요'가 아닌 '무슨 문제를 해결해 봤나요'를 묻게 될 것" (김성일 고려대 사범대학장)

"학령인구가 빠르게 감소하는 가운데 오프라인 면대면 수업은 한계에 봉착할 것"이라며 "근대 대학은 사회와 단절돼 있는 '상아탑'의 형태인데, 앞으로는 사회와 더 긴밀하게 융합하는 산학협력의 형태로 바뀌어야 한다" (정제영 이화여대 미래교육연구소장)

자료원: 조선일보, "주입식은 끝… 대학, 아이디어 훈련소 돼야", 2023.04.27.

서울 중구 프레스센터에서 열린 'AI 시대, 대학의 길을 묻다' 포럼에서 오세정(왼쪽에서 둘째) 전 서울대 총장이 미래 인재와 디지털 시대의 대학 교육을 주제로 기조연설을 하고 있다. 왼쪽부터 김용학 전 연세대 총장, 오세정 전 총장, 김성일 고려대 사범대학장과 정제영 이화여대 미래교육연구소장.

자료원: 조선일보, "주입식은 끝… 대학, 아이디어 훈련소 돼야", 2023.04.27.

1.2 한국의 대학교육 위기의 본질은 무엇인가

한국 대학교육 위기의 본질은 무엇인가? 한국 대학교육 위기의 원인으로는 재정 위기, 대학의 특성화 부족, 학령인구 감소, 총장 및 학장을 포함한 교직원의 리더십 부족, 경직된 학사 제도 등 다양한 요인들이 꼽힌다.[1] 이렇게 수많은 원인 중에서도 가장 근본적인 원인을 파악하면 문제해결의 실마리를 보다 쉽게 찾을 수 있다. 또 그것이 가능하다면 앞서 언급한 한국 대학교육의 현실에 대한 두 비판 기사에서 지적한 다양한 문제들을 꿰뚫어 볼 수 있을 뿐만 아니라 실질적인 대응 전략도 수립할 수 있을 것이다. 나아가 어떤 새로운 위기가 찾아와도 그 본질에 대한 이해를 통해 이를 극복할 수 있을 것이다.

[그림 1-1]에서 볼 수 있듯이, **한국 대학교육의 본질적 문제는 끊임없이 변화하는 산업과 사회가 요구하는 기술**(Skill Sets)**과 대학이 배출하는 인재들이 보유한 기술 간에 심각한 스킬 갭**(Skill Gap)**이 존재한다는 점이다**(전상길, 2024). 즉, 산업이나 기업이 인재들에게 요구하는 직무 수행 기술과 대학 졸업생들이 실제 산업 현장에서 발휘하는

1 또 거시적으로는 교수연대에 따르면 대학교육의 개혁 과제로 (1) 수도권과 지방의 극심한 격차와 지역대학의 몰락 위기, (2) 경직된 대학 서열 체제, (3) 부족한 고등교육재정, (4) 비정규교수 양산 등 교육여건 악화, ⑤ 사학법인의 비리와 부정 등을 꼽고 있다(대학지성, 2024.07.31.).

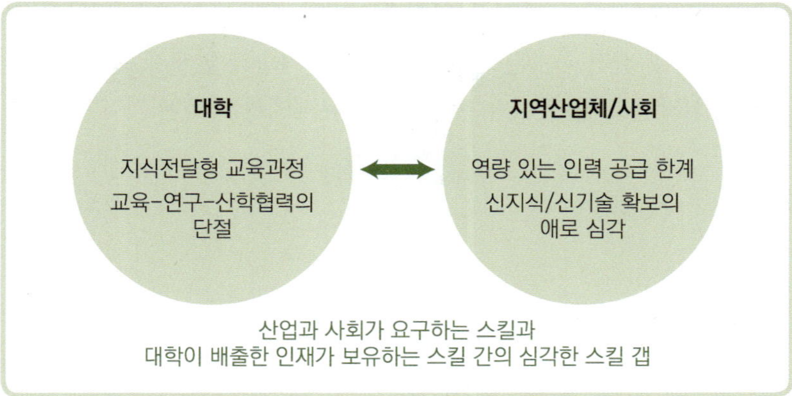

그림 1-1 한국의 대학교육 위기의 본질

자료원: 전상길. "교육혁신을 통한 경제회복: 한양대ERICA의 E2E 전략", 국가교육위원회 지방대특별위원회 주제발표, 부산대학교 교수회, 2024.05.14.

기술 간의 미스매치(mismatch)가 허용 한계치를 넘을 정도로 심각해졌다는 것이다.

이러한 미스매치가 발생하는 이유는 산업 현장의 기술은 빠르게 진화하는 반면, 대학은 교육과 연구, 그리고 산학 협력이 단절된 상태에서 과거의 지식과 기술을 전달하는 데 급급하기 때문이다. 더 구체적으로는 대학교육의 내용과 전달 방식이 최신 기술의 변화를 반영하지 못하고 있기 때문에, 산업계가 요구하는 기술과 대학이 가르치는 내용 사이에 큰 격차가 발생하는 것이다.

우리의 대학교육은 지금까지 이러한 근원적 원인에 대해 깊이 고민하지 않았다. 고성장 시기에는 앞선 사람들이 만들어 놓은 길을 따라가기만 해도 별 문제가 없었기 때문이다. 그러나 저성장 경제로 접어들며 새로운 원리를 앞서서 찾아내고 새로운 사고방식으로 대응해야 하는 상황에서, 기존의 대학교육 패러다임은 한계에 부딪히고 있다. 즉, 새로운 원리의 개발과 탐구를 위해 기존 사고체계를 과감히 파괴하는 교육 혁명을 실행하지 못하는 대학은 위기에 직면할 수밖에 없다. 이러한 한국 대학교육의 본질적 위기는 산업이 요구하는 기술과 인재가 보유한 기술 사이의 '심각한 스킬 갭'이라는 근본적인 문제에서 비롯된 것이다.

1.3 대학교육의 위기를 극복하기 위해서 무엇을 우선적으로 준비해야 하는가

대학교육의 본질적인 위기를 극복하기 위해서 우리는 무엇을 우선적으로 준비해야 하는가? 준비해야 할 것은 많지만 효율적인 적응을 위해서는 '변하지 않는 것으로 모든 변화에 대응한다'는 '이불변 응만변(以不變 應萬變)'의 원칙[2]이 중요하다. (지역) 산업 및 사회가 요구하는 기술과 대학에서 배출하는 인재들이 보유해야 할 기술 간의 간극을 메우기 위해서는, 다음 두 가지 필요충분조건을 갖춘 통합적인 대학교육 방법론이 필요하다. 이 두 가지 필요충분조건이야말로 변하지 않는 것으로 모든 변화에 대응하는 '이불변 응만변'의 원칙에 기반하는 것이다.

첫째, 무엇보다도 '학습하는 방법에 대한 학습(Learning to Learn, 또는 Learning How to Learn, 줄여서 LTL이라고 하자)'이 필요하다. LTL은 '지속적으로 변화하는 환경, 사회 및 경제 상황에서 새로운 지식, 기술, 그리고 태도에 대한 요구에 유연하고 창의적으로 대응할 수 있는 능력'을 의미한

2 베트남의 독립을 이끌었던 호치민은 한학에 밝았다. 또한 그는 민족주의자로서 '이불변 응만변'의 원칙으로 계급을 초월한 민족의 단합을 외쳤다. 이 말은 베트남 국민에게 큰 울림을 주었으며 베트남의 고유철학으로 자리매김하게 되었다. 백범 김구 선생도 광복 후 환국을 앞두고 이 말을 쓴 것으로 알려져 있다. 대외 적응의 이 같은 유연성은 베트남의 대표적인 경제정책인 '도이모이(Doi Moi) 정책'의 사상적 배경이 된다. '도이모이'는 '변화하다'라는 뜻의 '도이'와 '새롭게'라는 뜻의 '모이'가 합쳐진 용어로 '쇄신'을 뜻한다. 따라서 '도이모이'는 사회주의 체제와 시장경제체제를 조화시켜 새로운 길을 모색한 베트남 특유의 경제정책이 된 것이다(강원일보, 2019.08.14).

다(Weinstein, 2001). 실제로 10년 전만 해도 미국 대학들은 퀄컴의 개발 플랫폼인 '브루(BREW)'로 코딩하는 법을 가르치자는 목소리가 높았다. 당시 노키아 휴대폰이 시장을 지배하고 있었고, 노키아의 앱은 브루로 코딩했기 때문이다. 그러나 교육 과정을 개발하고 학생들에게 가르칠 시점이 되었을 때, 스티브 잡스의 애플이 아이폰을 출시하면서 일대 혁명을 일으켰고, 노키아와 브루는 순식간에 사라지게 되었다. 이처럼 첨단 기술은 매우 빠르게 진화한다. 또한, 불과 6년 전까지만 해도 존재하지 않았던 개방형 인공지능(AI)이 등장하면서, 현재 70%의 코딩을 AI가 스스로 처리하게 되었고, 과거의 획일화된 코딩 교육은 무용지물이 되었다. **따라서 대학은 단순히 현존하는 지식을 가르치는 데 그쳐서는 안 된다. 오히려 배우지 않은 것도 스스로 배울 수 있는 방법을 가르쳐야 한다.** 그래야만 산업계의 빠르게 변화하는 요구를 충족할 수 있는 인재를 배출할 수 있다.[3] 이렇듯 기술은 끊임없이 진화하기 때문에, 기술 그 자체보다도 배우지 않은 미래의 기술조차 두려움 없이 학습할 수 있는 방법을 배우는 것이 중요한 역량이 되었다. 그러나 한국의 초중고 교육에서 대학교육에 이르기까지, '학습하는 방법에 대한 학습'에는 심각한 장애와 고정된 사고방식이 존재한다.

$$7X + 4 = 5 \quad ①$$
$$7X = 5 - 4 = 1 \quad ②$$
$$7X = 1 \quad ③$$
$$X = 1/7 \quad ④$$

그림 1-2 '오작교 방식'에 의한 풀이방법

3 한국경제신문, 기술진화 너무 빨라 배우는 법부터 가르쳐라, 2022.09.18.

[그림 1-2]를 보자. 예를 들어, 7X + 4 = 5 라는 등식(①)을 풀 때, 우리는 초등학교 시절부터 왼쪽의 4가 '등호(=)'라는 오작교를 넘으면서 부호가 '+'에서 '-'로 바뀌고, 그 결과 1이 된다고 배워왔다(②). 귀신이 곡할 노릇이다. 무슨 기기묘묘한 영적인 세계가 있어서 등호라는 오작교만 지나면 아라비아 숫자의 성질이 양에서 음으로 바뀌는가? 그리고 7X = 1(③) 이라는 등식에서 X라는 해를 구하기 위해 7이라는 계수가 다시 오작교를 지나게 되면 어떤 신비로운 힘에 의해 7이 1/7로 변하게 된다. 즉 분자와 분모가 바뀌는 역수(逆数)가 되어 최종해 X = 1/7이 된다. 그런데 이렇게 오작교를 두 번 지나는 과정에서 우리는 한번도 '왜' 라고 의문을 던져본 적이 없다. 그저 "이렇게 해야 한다", 혹은 "이렇게 해야 답을 구할 수 있다"고 배워왔을 뿐이다.

우리는 이러한 관습적이고 고정된 문제해결 방식을 통해 지난 세기 동안 고도 경제성장을 이루었다. 과정의 합리성이나 납득 가능성에는 크게 관심을 두지 않고, '빨리 빨리' 결과만 구하려는 '고정적인 문제해결 성향'으로 어떤 문제든 대응해 왔다. 물론 답을 얻기는 했지만, 그 과정을 제대로 설명하지는 못했다. 이제는 논리적으로 납득할 수 있는, 합리적인 학습 방법을 학습해야 할 때이다. 왜 등호를 넘을 때마다 부호가 바뀌고, 분자와 분모가 역수로 변하는지에 대해 질문을 던지고, 그 해답을 이성과 논리로 찾아야 한다. [그림 1-3]은 이러한 이성과 논리에 기반한 풀이 방법을 제시한 것이다.

즉, 7X + 4 = 5라는 미지수 X를 포함한 등식이 주어졌을 때(⑤), 이 등식을 성립시키기 위해서는 양변에서 4를 동일하게 빼는 것이 필요하다(⑥). 수학적으로는 양변에 같은 수를 더하거나 빼고, 곱하거나 나누어도 등식이 성립한다. 그 후 해답을 효율적으로 구하기 위해서 좌변에 미지수 X만 남을 수 있도록 식을 간단하게 정리하는 것이 필요하다. 이를 위해 양변에서 4를 빼는 것이 가장 효율적으로 좌변을 정리하는 방법이다. 이렇게 하면 숫자가 등호를 넘어가거나, 숫자의 성질이 자동으

$$\begin{array}{ll} 7X + 4 = 5 & ⑤ \\ 7X + 4 - 4 = 5 - 4 = 1 & ⑥ \\ 7X = 1 & ⑦ \\ 7X \times 1/7 = 1 \times 1/7 & ⑧ \\ X = 1/7 & ⑨ \end{array}$$

그림 1-3 논리와 이성에 기반한 풀이방법

로 변하는 마법 같은 일이 발생하지 않는다(②). 이제 7X = 1(⑦)이라는 새로운 등식이 나타난다. 좌변에 미지수 X만 남기기 위해 7의 역수인 1/7을 곱해야 한다(⑧). 이때도 양변의 속성이나 가치는 전혀 변화가 없다. 물론 양변에 다른 수를 곱하거나 나누는 방법도 가능하지만, 이는 해답을 구하는 데 비효율적이다. 결국, 최종적으로 구하고자 하는 미지수 X의 값은 1/7이 된다.

이때 1/7이라는 최종 해는 오작교 방식이든 논리와 이성에 기반한 방식이든 차이가 없다. 그러나 풀이 방법에서 차이가 발생한다. [그림 1-2]와 같은 '오작교 방식'은 교수자와 학습자를 마치 마법의 세계로 인도하여, 이해하기 어려운 논리 체계를 따르게 만든다. 우리는 "등호를 넘어가면 음이 양이 되고 곱하기가 나누기로 변한다"라는 주입식 교육을 받아왔고, 학생들은 '왜?'라는 질문 없이 그저 기계적으로 암기해야 했다. 우리의 인지 체계가 더욱 이성적이고 논리적으로 성장하려면, 양변의 속성이 동일한 가치로 유지되고 성립할 수 있는 다양한 방법을 시도해볼 필요가 있다. 그 중에서도 문제해결에 가장 효율적인 방식은 [그림 1-3]에서 보듯이, 양변에서 4를 빼고(⑥), 양변에 1/7을 곱하는(⑧) 방식이다. 이 방식이 가장 합리적이고 논리적인 문제해결 방법을 제공한다.

한편, '학습하는 방법에 대한 학습 능력'은 자신의 학습 과정과 필요에 대한 인식, 이용 가능한 기회의 확인, 그리고 성공적인 학습을 위해 장애물을 극복하는 능력을 포함한다. 특히, 장애물을 극복하는 데 있어 동기와 자신감(motive and confidence)은 개인의 능력에 매우 중요한 요소이다(Weinstein, 2001). 이 학습 전략은 위기에 처한 대학교육의 근본적인 문제를 해결하기 위해 교수자나 학습자가 반드시 유념해야 할 필요조건이다. LTL(Learning to Learn)**은 다양한 산업 현장과 지역 사회에서 발생하는 문제들을 동기와 자신감을 바탕으로 유연하고 창의적으로 해결할 수 있게 하는 기초 역량이다.** 교수자는 이 역량의 중요성을 인식하고, 학생들이 다양한 관점에서 사고할 수 있도록 유도해야 한다. 학생들도 새로운 학습 방법을 찾기 위해 기존의 고정관념에서 벗어나야 한다. 예를 들어, 인도가 발전하기 위해서는 우상숭배의 소를 제거해야 하듯이(Schmitt, 2007; 권영설역, 2008), 우리도 기존의 학습 방법을 무조건적으로 수용하는 고정된 사고방식을 버리고, 새로운 경험적 학습을 찾아 떠나야 한다.

둘째, 산업 현장에서 요구하는 기술과 신입사원이 실제로 보유한 기술 간의 차이를 줄이기 위해서는 적절한 학습 환경 조성이 필요하다. 즉, 스킬 갭을 줄이기 위해서 새로운 지식 체계를 만들어낼 수 있는 학습 환경과 학습 공간이 보장되어야 한다. 앞서 언급한 '학습 방법에 대한 학습'이 필요조건이라면, '학습 환경 조성'은 충분조건이다. 학생들이 끊임없이 문제를 제기하고 다양한 학습 방법을 탐구할 수 있는 환경이 조성될 때, 학습 성과는 시간의 흐름에 따라 누적적으로 증가할 것이다.

예를 들어, [연습 1]의 질문에 답해 보라. NaCl은 화학식으로 염화나트륨이다. 그렇다면 일상생활에서는 이것을 무엇이라고 부르는가? 또한, NaOH는 화학식으로 수산화나트륨이다. 이것을 일상생활에서는 어떻게 부를까? 마지막으로, $NaHCO_3$는 화학식으로 탄산수소나트륨이다. 이 물질은 일상생활에서 흔히 무엇으로 불릴까?

[연습 1] 다음 문제를 풀어 보자.

NaCl(염화나트륨)은 흔히 무엇이라고 합니까?
NaOH(수산화나트륨)은 흔히 무엇이라고 합니까?
$NaHCO_3$(탄산수소나트륨)은 흔히 무엇이라고 합니까?

왜 이 문제를 내었을까?

(해답은 p.261에 있다)

사실 위의 세 가지 질문은 그것들을 얼마나 알고 있는지 확인하기 위한 것이 아니다. 오히려 이 질문들은 더 중요한 질문을 하기 위한 전주곡(prelude)에 불과하다. 필자가 왜 이 세 문제를 내었을까? 이것이 필자가 의도한 진정한 질문이다. 만약 이 질문에 대해 필자가 의도한 답을 할 수 있는 교수자나 학습자가 있다면, 그들은 문제의식뿐만 아니라 현재 상황에 대한 맥락 이해도 또한 매우 높다고 판단할 수 있다. NaCl(염화나트륨), NaOH(수산화나트륨), $NaHCO_3$(탄산수소나트륨)에는 모두 나트륨(Na)이라는 공통의 요소가 포함되어 있다. 하지만 이 뒤에 어떤 화학 요소가 결합하느냐에 따라 이들은 생명 유지에 필수적인 소금이 되기도 하고, 제과·제빵에 필요한 식품 첨가제가 되기도 하며, 심지어 독극물로 변하기도 한다. 즉, 동일한 기본 요소를 가지고 있지만, 환경에 따라 완전히 다른 결과를 초래할 수 있다는 점을 강조하고자 한다.

이를 설명하는 한 가지 예로, 1979년 하버드대 심리학과의 엘렌 랭어(Ellen Langer)[4] 교수가 진행한 '시계 거꾸로 돌리기 연구'(Langer, 2015)를 들 수 있다. 그녀는 노인들을 대상으로 "심리적으로 시계를 되돌릴 수 있다면, 신체적으로도 시계를 되돌릴 수 있을까?(If we could turn back the clock psychologically, could we also turn it back physically?)"라는 연구 질문을 가지고 연구했다. 랭어 교수는 75~80세의 노인들을 대상으로 그들이 50대 후반이었던 시절의 생활환경으로 돌아가게 하는 실험을 진행했다.

노인들은 1959년 당시의 생활을 그대로 재현한 공간에서 일주일을 보냈다. 그들은 당시 유행했던 음악을 듣고, 방영했던 영화와 TV 프로그램을 시청하며, 모든 것을 '현재형'으로 말하고 행동했다. 또한, 청소나 설거지 같은 집안일을 직접 하도록 했는데, 처음에는 걷기조차 힘들었던 노인들이 느릿느릿 지팡이에 의지해 가까스로 집안일을 해냈다. 일주일 후, 놀라운 변화가 일어났다. 실험에 참가한 노인들의 시력, 청력, 기억력이 향상되었고, 체중은 평균 1.5kg 증가했으며, 신체 나이가 50대 수준으로 향상된 것이다. 실제로 20년이 젊어진 셈이었다. 이 실험은 '마음 챙김(mindfulness)'이 인간에게 미치는 긍정적인 영향을 입증했고, 긍정심리학 분야에 큰 영향을 끼쳤다.

비슷한 실험은 한국에서도 진행되었다. 2013년, EBS 다큐프라임 '황혼의 반란'에서는 일주일간 노인 5명을 대상으로 30년 전의 환경을 재현한 공간에서 생활하게 하는 실험이 있었다(그림 1-4 참고). 이 실험에서도 참가자들은 일주일 후 놀라운 변화를 경험했다. 악력과 유연성, 걷기 속도, 균형 감각이 향상되었고, 언어적 및 시각적 학습 능력 또한 크게 좋아졌다. 지팡이 없이도 걷게 된 참가자가 있었으며 혈압이 정상으로 회복되고 외적으로는 주름이 개선되는 등 다양한 변화를 맞이했다.

미국과 한국에서 진행된 '시간 돌리기' 실험은 학습자에게 어떤 환경을 제공하느냐에 따라 학습 성과에 큰 차이가 생긴다는 사실을 보여

4 하버드 대학교 심리학과 교수. 1981년 여성 최초로 하버드 대학교 심리학과 종신 교수직에 임용됐다. 1979년에 외딴 시골 마을에서 75~80세 노인들을 대상으로 실시한 단순하고도 혁신적인 심리 실험 '시계 거꾸로 돌리기 연구'로 노화와 인간의 한계, 고정관념에 대한 충격적인 반전을 제시하며 심리학계의 일약 스타로 떠오르며 세계적인 심리학자의 반열에 올랐다. 「늙는다는 착각」은 '시계 거꾸로 돌리기 연구'와 랭어의 광범위한 연구를 바탕으로 '어떻게 건강하고 지혜롭게 살 것인가'에 대한 질문에 답하며, 노화를 바라보는 사람들의 태도와 가치관에 인식의 전환을 불러일으킨다.1980년 랭어는 뛰어난 학자에게 수여되는 '구겐하임 펠로십'을 수상했고, 미국 심리학회가 수여하는 '공익 분야의 심리학 특별 공로상', 미국 응용·예방 심리학회가 수여하는 '응용 심리학을 위한 기초 과학 특별 공로상'을 받았다.

참가자 변화평균	
악력(25kg ▶ 27.82kg)	11.2% ▲
유연성(-8.9cm ▶ 1.22cm)	113.7% ▲
걷기속도(보통)(16.01초 ▶ 12.7초)	20.6% ▲
걷기속도(빠르게)(11.45초 ▶ 8.86초)	22.6% ▲
균형감각(오른쪽)(2.82초 ▶ 3.88초)	32.8% ▲
균형감각(왼쪽)(2.39초 ▶ 4.44초)	85.7% ▲
언어적 학습능력(20.25 ▶ 41.85)	21.6%ile ▲
시각적 학습능력(48.33 ▶ 80.13)	31.8%ile ▲
언어 유창성(24.99 ▶ 50.09)	25.1%ile ▲
전두엽 관리기능(24.14 ▶ 50.64)	26.5%ile ▲

그림 1-4 한국에서의 '시계 거꾸로 돌리기' 실험

자료원: EBS 〈다큐프라임〉, '황혼의 반란', 2013.07.15.

준다. 물리적 학습 환경만 잘 조성해 주어도 그에 따른 새로운 심리적 환경이 형성될 수 있는 것이다. 이러한 원리라면 소극적이거나 내성적인 학생도 적극적이고 참여적인 학생으로 변화시킬 수 있으며 그 반대도 가능하다. 적극적이고 활달한 외향적인 학생들도 가정이나 학교에서 지속적인 무시나 차별을 경험하거나 자존심이 상하는 상황을 겪으면 우울증이나 신경과민을 넘어 반사회적 인격 장애(antisocial personality disorder, ASPD 또는 APD)나 소시오패스(sociopath) 같은 사회적 인격 장애를 겪을 수 있다(Perry & Szalavitz, 2017). 이처럼, 산업과 사회가 요구하는 기술(skill)과 졸업생이 보유한 기술 간의 스킬 갭을 줄이기 위해서는 학습 현장에서 학습 성과를 극대화할 수 있는 학습 친화적인 환경을 구축하는 것이 필수적이다.

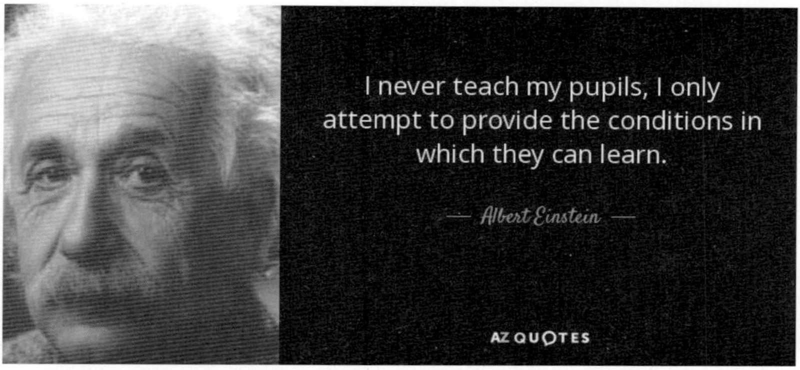

자료원: https://www.azquotes.com/quote/408314

마지막으로, 이즈음에서 세계적인 물리학자 알버트 아인슈타인의 말을 다시 떠올려 보는 것이 적절할 것이다. "나는 결코 학생들을 가르치지 않는다. 다만 그들이 학습할 수 있는 조건들을 제공하려고 애쓸 뿐이다."

정리하자면, 대학교육의 위기를 극복하기 위해서는 두 가지가 우선적으로 필요하다. 첫째, 학습하는 방법에 대한 학습(필요조건)이고, 둘째, 스킬 갭을 줄이기 위한 학습 환경 조성(충분조건)이다.

그러나 이러한 시대적 요구에도 불구하고 우리의 교육 현실은 여전히 4차 산업혁명 시대에 맞지 않게 2차 산업혁명 시대의 수준에 머물러 있다(그림 1-5 참고). **끊임없이 새로운 학습 방법과 혁신적인 학습 환경이 요청됨에도 불구하고 여전히 같은 시간, 같은 공간에서, 같은 교수가, 같은 주제를, 같은 방식으로, 어제도, 오늘도, 내일도 강의를 이어간다면 우리의 미래는 어둡기만 할 것이다.** 만약 우리 미래 세대가 중학교 3년, 고등학교 3년, 대학교 4년 동안 지금의 교육 방식에서 벗어나지 못한다면 그들은 스스로 인식하지 못하는 사이에 '잃어버린 10년'을 맞이하게 될 것이다.

시대의 교육환경이 이러함에도 불구…

우리의 교육의 현실은 4차 산업혁명 시대에도

2차 산업혁명 시대의 수준

같은 시간…

같은 공간…

같은 교수가…

같은 주제를…

같은 방식으로 …

잃어버린 10년

그림 1-5 4차 산업 혁명시대에 2차 산업혁명 시대의 교육방식을 고집한다면...

1.4 스킬 갭을 줄이기 위한 한국 대학교육혁신의 방향

[그림 1-6]이 제시하고자 하는 바는 한국 대학교육 위기의 본질은 산업 현장 및 사회가 요구하는 기술(skill)과 대학이 배출한 인재들이 보유한 기술 사이에 심각한 갭(gap)이 존재한다는 점이다. 이 갭을 메우기 위해서는 '학습 방법에 대한 학습(필요조건)'과 '학습 환경 조성(충분조건)'의 중요성이 강조되었다. **따라서 대학교육의 위기를 극복하기 위해**

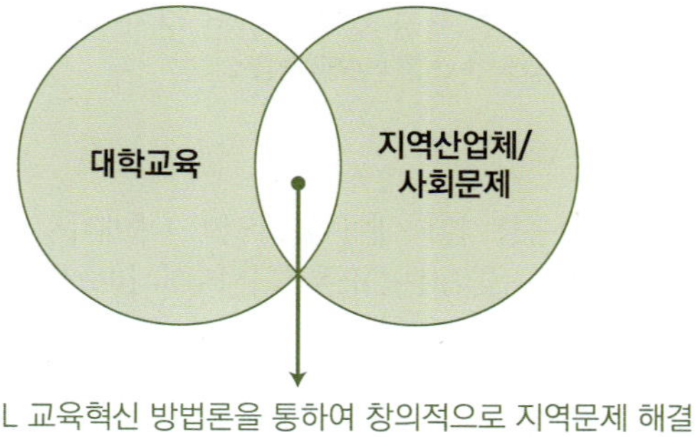

그림 1-6 IC-PBL 교육혁신 방법론의 개념화

자료원: 전상길(2024). "교육혁신을 통한 경제회복: 한양대 ERICA의 E2E 전략", 국가교육위원회 지방대특별위원회 주제발표, 부산대학교 교수회, 2024.05.14.

서는 이 두 가지 필요·충분조건을 확보하는 것이 무엇보다 중요하다. 이 책에서는 이러한 문제를 해결하기 위해 한양대학교 에리카에서 시작한 'IC-PBL' 방법론을 소개하고자 한다.

IC-PBL(Industry-Coupled Problem-Based Learning)은 대학교육을 전통적인 지식 전달 방식에서 탈피해 지역 산업체와 지역 사회의 문제를 창의적으로 해결하는 데 초점을 맞춘 한양대 에리카에서 개발한 산학 연계형 문제기반 학습 방법론이다(그림 1-6 참고). 이 방법론은 학생들이 학문적 지식뿐만 아니라 실무 능력을 동시에 기를 수 있도록 돕는 체계적인 교육 혁신 모델이다. 한양대 에리카의 산학 연계형 문제기반 학습의 우수성은 한국 사회의 지속 가능 발전에 기여한 점을 인정받아 2018년 UN 산하기관 유네스코(UNESCO)에서 운영하는 Aalborg UNESCO Center의 Global PBL Network Profiles에 전 세계 20개 대학 중 하나로 등재되었다.[5] 또한, 2022년에는 한국유네스코가 주관한 IC-PBL Connect & Share Project[6]에서 공식 인증을 받았다.[7] 이 혁신적인 교육 모델은 산업체와 학생 모두에게 큰 이점을 제공한다. 산업체는 회사 내부에서 얻기 어려운 참신한 해결책을 학생들로부터 비교적 저렴한 비용으로 받을 수 있다. 학생들 역시 전통적인 암기식 학습으로는 해결할 수 없는 현장의 다양한 문제를 경험하면서 다차원적인 문제해결 역량을 키우게 된다.

---

5 http://pbl.hanyang.ac.kr/?act=info.page&pcode=sub1_2

6 IC-PBL Connect & Share 프로젝트는 대학 내 수업과 사회와의 연계를 통해 학생들이 주도적으로 사회문제를 해결하고 결과물을 도출하여 사회의 지속 가능 발전에 기여할 수 있는 필요 역량 개발에 최적화된 경험학습 환경을 제공한다. 궁극적으로 대학과 실제 사회의 유기적 연계를 통한 사회적 가치창출 및 공유를 통한 지속 가능 발전에의 기여를 목표로 한다.

7 https://esd.unesco.or.kr/ic-pbl-connect-share-%ED%94%84%EB%A1%9C%EC%A0%9D%ED%8A%B8/

IC-PBL의 6단계 순환모형

2

2.1

IC-PBL 순환모형의 개관

2.1.1 IC-PBL의 기원

IC-PBL의 기원은 문제기반학습법(Problem-Based Learning, 이하 PBL)에 그 뿌리를 두고 있다. PBL은 Barrows & Tamblyn(1980)에 의해 캐나다 McMaster 대학 의과대학 교육과정에 처음 도입되었다. 이 교수법이 개발된 배경에는 의대생들이 단순히 의학 지식을 암기하는 것보다 환자의 상태와 상황을 분석하고 문제를 해결하는 학습법이 임상에서 훨씬 더 효과적이라는 점이 중요하게 고려되었다. PBL이 처음 소개된 이후, 의과대학뿐만 아니라 다른 학문 분야에서도 학습자 중심 교수법으로서 PBL에 대한 깊은 관심을 가지게 되었고 이를 각 학문 분야에 맞게 적용하기 시작했다. 이렇게 차용된 PBL은 다양한 사례 연구와 실증 연구를 통해 학습자들에게 긍정적인 학습 효과를 가져다주는 것으로 입증되었다. PBL을 통해 기대할 수 있는 대표적인 효과는 문제해결 능력, 협업 능력, 창의력, 자기 주도 학습 등이다(Hung, 2015).

흥미롭게도 PBL의 원형은 이미 중세 네덜란드 최고의 화가였던 렘브란트 하르먼손 판 레인(Rembrandt Harmenszoon van Rijn, 1606~1669)의 작품에서 찾아볼 수 있다(그림 2-1 참고). 렘브란트는 키아로스쿠로(Chiaroscuro) 기법을 통해 빛과 어둠의 대비를 극적으로 표현하는 실험을

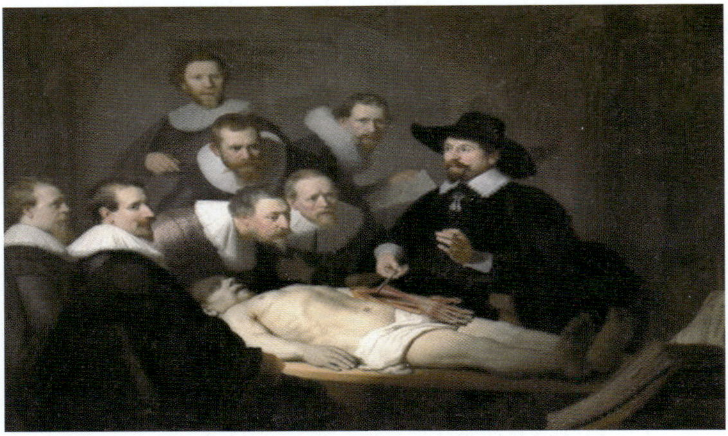

The Anatomy Lesson of Dr. Nicolaes Tulp, 1632년, 169.5 x 216cm, 유화, 헤이그 Mauritshuis 박물관 소장

그림 2-1 PBL과 렘브란트 하르먼손 반 레인

자료원: http://kingcon7.tistory.com/entry/렘브란트-판-레인

즐겨 했다. 이 기법은 빛과 어둠을 대조시켜, 그림 속에서 시선이 자연스럽게 밝은 부분에 집중되도록 하는 방식이다. 그의 여러 그림들은 밝은 부분이 작은 공간을 차지하고 그 주위와 배경에 어두운 부분이 넓게 배치되어 마치 어둠 속에서 집중 조명을 받는 것처럼 밝은 부분에 시선을 집중시켰다.[1] 렘브란트의 대표작 중 하나는 1632년 암스테르담 의사협회로부터 의뢰받아 그린 '니콜라스 툴프 박사의 해부학 수업'이다. 이 작품은 세계 최초의 집단 초상화 중 하나로 당시 의학계의 실습 장면을 사실적으로 담아냈다. 당시 중세의 의사들은 주로 죽은 동물들을 대상으로 해부학 실험을 진행했으며, 사람을 대상으로 한 해부학 실험은

1 http://kingcon7.tistory.com/entry/렘브란트-판-레인

1년에 한 번만 허용되었다. 이 작품에서는 툴프 박사가 죽은 시신의 팔을 해부하는 장면을 묘사하고 있는데 이는 PBL의 중요한 특징을 대변한다. 즉, 실제 문제를 해결하는 과정에서 다양한 경험과 관점을 가진 동료들과 협력하여 지식을 창조하고, 그 지식을 체화하는 과정이 이 그림 속에 담겨 있는 것이다. 이처럼 렘브란트의 '해부학 수업'은 PBL의 본질인 문제해결을 위한 협력과 창의적 학습의 과정을 상징적으로 표현한 작품이라 하겠다.

2.1.2 IC-PBL의 개념정의와 추진목적

한양대학교 에리카의 특성화된 교육방법인 산학연계형 PBL, 즉 **IC-PBL(Industry-Coupled Problem-Based Learning)은 산업체(Industry), 지역사회(Society), 그리고 대학(University)의 연계를 통해 학습자가 현장에서 발생하는 실제 문제를 해결하는 혁신적인 교육 방식이다.**[2] IC-PBL을 추진하는 목적은 다음과 같다.

(1) **사회 수요를 반영한 문제해결 역량을 갖춘 통합형 인재 양성:** 산업과 사회의 요구를 반영해, 학습자가 현장에서 문제를 해결할 수 있는 실질적인 역량을 기르는 것을 목표로 한다.

(2) **고등교육의 질 향상 및 학습자 만족도 극대화:** 기존의 교육 패러다임을 전환하여, 다양한 학습자들의 요구를 충족하고, 고등교육의 질을 한층 높이기 위함이다.

(3) **입학부터 취·창업까지 핵심 역량의 지속적 증진:** 재학 기간 내내 학생들이 취업과 창업을 준비할 수 있도록, 필수적인 역량을 단계적으로 강화하는 데 그 목적이 있다.

2 http://pbl.hanyang.ac.kr/?act=info.page&pcode=information;

한양대 에리카는 학·연·산 클러스터를 기반으로 실용적인 교육을 주도해 왔다. 이 과정에서 수많은 노하우를 발견하였고 또 그것을 축적하였으며 그 축적된 노하우에 IC-PBL을 체계적으로 연결하여 산학협력을 고도화함으로써 한국 대학교육의 새로운 지평을 열고 있다.

2.2 IC-PBL의 네 가지 유형

한양대학교 에리카캠퍼스 IC-PBL센터에서는 [그림 2-2]에서 보는 바와 같이, IC-PBL을 네 가지 유형으로 분류하고 있다. 이는 기업 현장에서 직접적으로 문제를 제공하는지 여부와 문제해결 과정 중 평가나 피드백에 기업이 직접 개입하는지에 따라 구분된다. 이를 IC-PBL MECA라고도 부르며, 과목의 성격이나 교수의 선호에 따라 네 가지 유형 중 한 가지를 선택할 수 있다. 각 유형은 다음과 같다.

(1) **현장통합형**(Merge, M Type): 기업에서 해결해야 할 과제를 직접 제시하며, 문제해결 과정에서 학생들은 기업 현장의 임직원으로부터 평가와 피드백을 직접 받는다.

(2) **현장평가형**(Evaluate, E Type): 교수자가 문제를 설계하며, 해당 문제는 실제 산업 현장에서 발생할 수 있는 개연성이 있는 문제이다. 이 경우 기업의 임직원들이 학생들의 문제해결 과정에 대한 평가와 피드백을 제공한다.

(3) **문제해결형**(Create, C Type): 실제 기업 문제는 다루지 않지만, 개연성 있는 문제를 학생들이 해결하며, 수업 참여 학생들끼리 평가와 피드백을 주고받는다. 기업의 직접적인 개입은 없다.

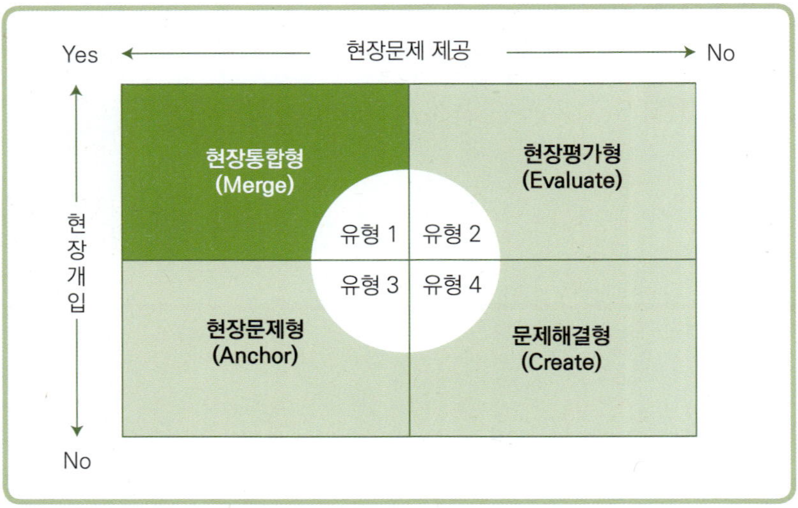

그림 2-2 IC-PBL의 네 가지 유형: IC-PBL MECA

자료원: http://pbl.hanyang.ac.kr/?act=info.page&pcode=information
한양대 ERICA IC-PBL센터 자료수정 인용; 김창희 & 전상길(2018).

(4) **현장문제형**(Anchor, A Type): 기업에서 제공한 문제를 해결하지만, 관련 기업 임직원들이 개입하지 않고, 수업 참여 학생들 간에 평가와 피드백을 진행한다.

이 네 가지 유형은 IC-PBL 학습의 유연성과 실용성을 높이며, 학습자들이 실제 현장에서 경험할 수 있는 다양한 문제해결 능력을 배양하는 데 기여하고 있다(한양대 에리카 IC-PBL센터; 김창희 & 전상길, 2018).

IC-PBL의 네 가지 유형 중 스킬 갭을 가장 효과적으로 줄일 수 있는 것은, (1) 산업체 현장에서 발생하는 문제와 국내외 지속 가능 발전과 관련된 이슈를 학생들이 직접 해결하고, (2) 현장 실무 전문가들이 평가에 직접 참여하는 'M 유형'이다. 이 유형이 중요한 이유는, 실제 적용 사례에서 M 유형을 활용할 때 문제해결 능력, 협력, 창의성, 의사소통, 조정

표 2-1 2023학년도 2학기 한양대 에리카 학부 IC-PBL 강좌 MECA 유형

단과대학	M유형	E유형	C유형	A유형	합계
공학대학	37	—	43	5	85
소프트웨어융합대학	9	—	7	—	16
약학대학	—	—	—	1	1
과학기술융합대학	3	—	33	1	37
국제문화대학	12	1	21	—	34
언론정보대학	9	1	4	2	16
경상대학	3	2	16	—	21
디자인대학	41	—	19	—	60
예체능대학	9	1	5	—	15
총합계(단위: 개)	123	5	148	9	285
비율(단위: %)	43	2	52	3	100

자료원: 한양대 에리카 IC-PBL센터. 2024년도 1학기 IC-PBL센터 운영위원회 내부자료

능력 등 다양한 역량이 가장 효과적으로 향상되었기 때문이다. 특히, 기업 임직원의 직접 참여는 학생들의 아이디어가 창의적이고 참신하더라도 그것이 실제 현장에서 적용 가능한지 평가하는 중요한 과정이다. 즉, 아이디어의 실현 가능성을 확인하는 데 필수적인 역할을 한다. 실제로 한양대 에리카 IC-PBL센터의 자료에 따르면, 2023년 1학기 학부 전공 IC-PBL 강좌 285개 중 123개 강좌에서 M 유형이 적용되었으며, 이는 전체 강좌 중 43%에 해당할 정도로 높은 비율을 차지한다(표 2-1 참고).[3]

3 참고로 대학원의 경우는 IC-PBL+로 명명하고 있으며 2023년도 2학기 대학원 전공 IC-PBL+ 62개 강좌 중 28개 강좌가 현장통합형(M유형)으로 운영되었다. 45%의 운영 비율을 보이고 있다(한양대 에리카 IC-PBL센터. 2024년도 1학기 IC-PBL센터 운영위원회 내부자료).

이 책에서는 교수자들이 M 유형에 효과적으로 접근할 수 있도록 돕기 위한 체계적인 교육 혁신 방법론으로, 6단계 IC-PBL 순환 모형(The 6 Steps Circulation Model for IC-PBL)**을 제안하고자 한다.**[4] 이 모델은 필자들이 직접 개발한 것으로, 이미 학회에서 소개된 바 있다. 한양대 에리카에서는 기본적인 프레임은 동일하지만, 과목의 성격에 따라 일부 수정하여 적용하고 있다. 그간의 경험에 따르면 이 모델은 인문사회과학뿐만 아니라 이공계 분야에서도 적용이 가능하다는 것이 확인되었다.

이 M 유형 적용 방법론을 체계화함으로써 학생들의 창의적 문제해결 역량을 극대화하고 그들이 기업, 지역사회, 산업의 컨설턴트로서 뿐만 아니라 지속 가능한 발전을 위해 기여할 수 있는 인재로 성장하도록 돕고자 한다. 이를 통해 인류 보편의 가치 창출을 주도하는 인재 개발의 기반을 제공하는 것이 이 책의 목표이다.

4 전상길(2021). 산학연계를 통한 교육 및 지역혁신: 한양대 에리카의 성공사례, 4차 산업혁명 시대, 한국경영학회, 대전/세종/충청 지역 혁신포럼, 2021.01.21.

2.3 IC-PBL 6단계 순환모형의 진화과정과 개념적 틀

2.3.1 IC-PBL 6단계 순환모형의 진화과정

IC-PBL 6단계 순환 모형은 2017년 3월 이전에 필자가 연구하고 실천해 온 다양한 '요소 지식'들을 집대성하고 통합한 최종 결과물이다(그림 2-3 참고). 이 모형의 핵심 목표는 지식 창출(knowledge creation)이다. 한 학기가 끝나면 학생들은 스스로 문제를 해결한 결과로 새로운 지식이나 가정(assumptions)을 얻게 된다. [그림 2-3]의 맨 아래 수평축을 보면, 왼편은 명시적 지식 중심의 전통적인 지식 전달 방식이고, 오른편은 암묵적 지식 중심의 지식 창출 방식이다. 필자가 지식 창출에 중점을 두면서, 이 수평축의 가운데 선은 대각선의 직선이 아닌 활처럼 휘어진 곡선으로 그렸다. 이는 지식 창출의 비중을 높이기 위해 수업 운영 방식을 재구성한 결과이다. 지식 창출의 비중을 높이기 위해는 출석 방식, 시험 방식, 토론 방식, 문제해결 방식 등을 창의성 중심으로 전면적으로 개편하는 개인적인 노력이 필요했다. 출석 방식과 토론 방식(RTM과 ALP), 그리고 문제해결 방식(DO IT PROCESS)에 대한 구체적인 설명은 관련 장과 절에서 충분히 다룰 것이다.

IC-PBL과 같은 프로젝트 중심 수업에서는 시험을 많이 치르지 않기 때문에 이에 대한 별도의 설명은 생략되었지만, 지식 전달 중심의 강

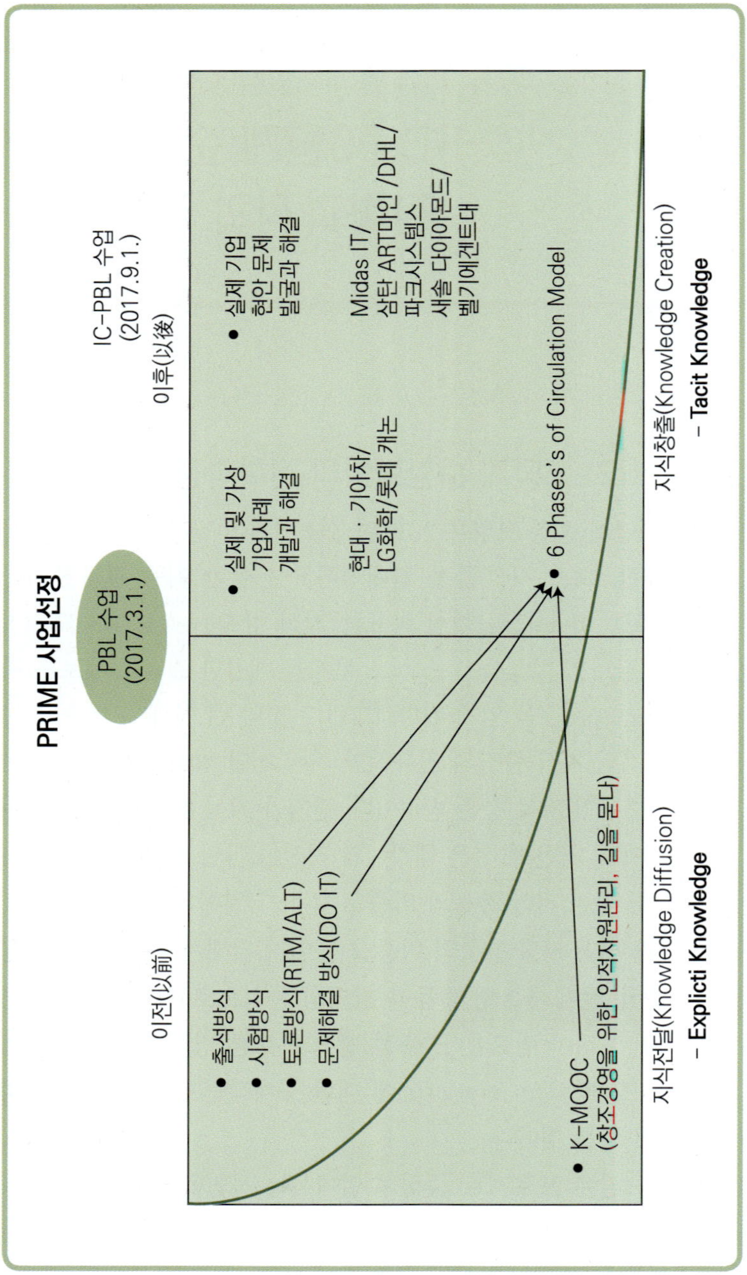

그림 2-3 수업방식의 진화과정

의에서는 중간고사 정도는 치르게 된다. 특히 3차원 벡터 공간을 활용한 시험을 치르는데, 이 과정은 학생들에게 꽤나 어려운 도전이 된다(그림 2-4 참고).

시험에서는 세 가지 선택 옵션이 주어진다.

(1) 문제를 30% 알려 준다 vs 전혀 알려주지 않는다.
(2) 단순한 문제 vs 복잡한 문제
(3) 수업 시간에 시험을 치른다. vs 집에서 시험을 친다.

이 세 가지 선택에 대해 학생들의 선호를 전수 조사하지만, 두 번째 차원인 문제의 난이도는 교수가 중간 수준(intermediate level)으로 고정한다. 그렇지 않으면 대부분의 학생들은 늘 "30%를 알려주고, 간단한 문제를, 집에서 치게 해달라"고 요청하기 때문이다. 하지만 예외적으로 도전적인 학생들은 "문제를 전혀 알려주지 말고, 복잡한 문제를 강의실에서 시험 보게 해달라"고 요구하기도 한다. 시험 문제는 매번 새롭게 출제되며, 필자는 창의적이고 독창적인 문제를 만들기 위해 최소 2~3시간을 고민한다. 시험 공지는 단체톡방이나 LMS 공지사항에 올리며, 학생들은 반드시 컨닝 페이퍼와 답안지를 함께 제출해야 한다. 이는 외워야 할 내용은 컨닝 페이퍼에 적고 창의적인 답안을 작성하는 데 집중하라는 의도이다. 학생들은 모든 자료와 기기를 시험장에 반입할 수 있지만 자료를 가득 들고 온 학생이 좋은 성적을 받은 사례는 드물다. 시간에 쫓기기 때문이다. 시험 시간은 80분이며, 시험 중 팀별로 모여 앉아 팀 토론 시간을 5분간 2회씩 갖는다. 또한 학생들은 문제해결을 위해 외부 전문가에게 전화할 기회도 제공받는다. 시험이 끝난 후 1주일 내로 성적을 채점하고 피드백을 제공한다. 성적 채점은 절대 대학원생에게 맡기지 않는다. 답안을 보면 어떤 학생이 깊이 고민하고 생각했는지는 교수만이 알 수 있기 때문이다. 채점 과정은 일종의 인재 발굴 과정이다. 수업 시간에는 두드러지지 않았던 학생들이 답안지에서 탁월한 창의성을 보이는 경우가 많았다. 탁월한 답안은 교수 연구실 문 앞에 게시하여 A+를 받은 학생들의 수준을 공개한다. 이 학생들은 학문적 자질이 뛰어나므로 국내외 대학원 진로 상담을 진행한다. 한 학기 동안 크고 작은 시험이 10~15번 진행된다. 가장 중요한 것은, 수업을 진행하면서 절대 화를 내지 않는 것이다. 학생들의 사고방식이나 태도가 마음에 들지 않더라도 미소를 유지하고 인내하며 경청하는 것이 중요하다는 사실을 깨달았다(학생을 통하여 인내심을 배우고 인간적으로 성숙해지는 시간이다). 이러한 과정을 통해 인생을 배우는 기회도 얻게 되었다.

2015년, 필자는 교육부 산하 국가평생교육진흥원에서 처음으로 주관하는 K-MOOC 사업에 '창조경영을 위한 인적자원관리, 길을 묻다'라는 주제로 선정되었다. 이로 인해 정부의 지원을 받아 고퀄리티의 동영상을 제작할 수 있었고, 온라인 교육 체제도 마련하게 되었다. 2016년 말, 한양대 에리카는 정부 재정지원사업인 PRIME 사업[5]의 대형 과제에 선정되었다. 그 결과 매년 150억 원씩, 총 3년간 450억 원의 지원을 받게 되었다. 김우승 전 총장(제15대 한양대 총장, 당시 에리카 부총장)은 다른 대학과는 차별화된 전략으로, 처음으로 전 학문 분야에 'PBL' 방식을 도입하겠다고 발표했다. 이 과정에서 필자는 그동안 연구해 온 단편적인 '요소 지식'들을 통합하여, PBL을 위한 5단계 순환 모형(5 Phases of Circulation Model for PBL)을 개발하였고, 2017년 봄 학기에 이를 '전략적 인적자원관리' 과목에 적용하였다. 당시 학생들은 4개의 사례를 경쟁적으로 해결해야 했고, 너무 몰입한 나머지 한 학생은 앰뷸런스에 실려 가기도 했다. 하지만 모두가 '우리가 해냈다'는 성취감 속에

5 산업연계 교육활성화 선도대학(프라임 PRIME ; PRogram for Industrial needs - Matched Education) 사업은 대학이 양성하는 인재와 사회가 필요로 하는 인력이 서로 맞지 않아 청년들이 대학을 졸업하고도 전공에 맞는 일자리를 찾기 어려웠을 뿐 아니라 기업 역시 선발한 인재를 직무에 맞게 다시 교육시켜야 하는 어려움이 있었다. 따라서 정부와 대학이 서로 힘을 합쳐 대학의 체질개선과 구조개혁을 통해 우리 학생들이 보다 쉽게 사회에 진출하여 그 역량을 펼칠 수 있도록 프라임 사업을 추진하게 되었다(행복한 교육, 2016년 2월호).

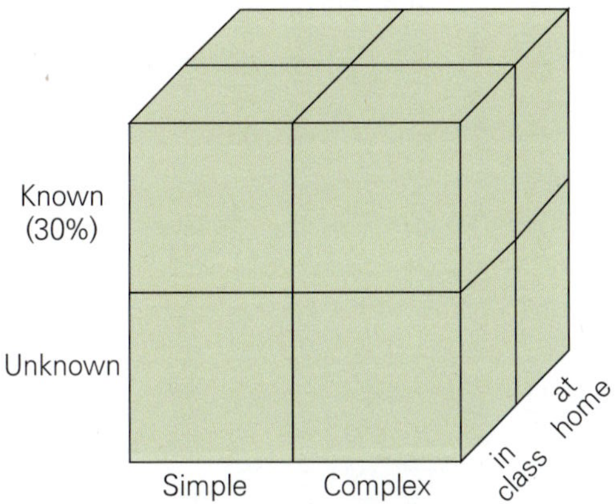

3차원 Vector 공간을 활용한 시험 출제방식과 자율적인 시험

- **3차원 벡터공간에 기반한 시험출제**. 매 학기 다른 문제 (LMS에도 공지)
- 시험 제출하는데 소요시간은 **평균 2.5시간**(보고 쓰는 것이 의미가 없도록)
- **답안지와 Cheating Paper를 제출하지 않으면 무조건 F** (외우는 데 머리를 쓰지 말고, 창의적인 답을 생각하고 구축하는 데 머리를 써라!)
- 이 세상에 존재하는 **모든 자료와 노트북 지참 가능**
- 시험 볼 때는 팀별로 모여서 앉고 시험시간 80분 중 **5분간 팀별로 두 번씩 토론 가능**
- **외부 전문가에게 한 번 통화 가능**(찬스 카드)
- 피드백은 **1주일 이내**(이때 극단의 격려와 칭찬)
- 의심이 가는 유사한 답 혹은 수평이동 답은 현저한 감점
- 크고 작은 평가횟수 **평균 15회**
- "**학생들에게 절대 화내지 않는다.** 교수는 학생들을 도와줄 의무는 있어도 그들에게 화낼 권한은 없다." (커뮤니케이션 스킬 요구)

그림 2-4 창의성을 강조하는 3차원 벡터공간 시험

서 한 학기를 마무리했다. 특히 필자의 수업에 참여한 한 팀('Creative Confidence 팀')은 제1회 대학·대학원 PBL 경영대회에서 대상을 수상했다. 그때, 제자를 영웅으로 만드는 것이 교수로서의 가장 큰 보람이라는 사실을 깨달았다.

한 학기를 돌아보며 몇 가지 반성할 점이 있었다. 첫째, 과제 4개는 다소 많았다는 점이다. 둘째, 사례들이 실제 기업 사례가 아니라 가상의 시나리오였기 때문에, 학생들이 기업 현장의 생생함을 경험하지 못했다는 점이다. 셋째, 5단계 순환 모형에 적극적이고 도전적인 마인드 세팅(Phase 0)이 필요하다는 생각이 들어, 이를 추가하여 6단계 순환 모형을 최종 개발하게 되었다. 그러던 중, 학교는 IC-PBL의 개념을 제시하며, 교수들이 실제 기업 및 지역사회의 문제를 해결하는 수업을 요구했다. 이로 인해 필자가 고민하던 두 번째 문제가 해결되었고, 2017년 가을 학기부터 2024년 1학기까지, 매 학기 학생들과 함께 실제 기업 문제를 해결하게 되었다. 다양한 기업들이 필자의 수업에 과제를 맡겼다.

입사경쟁률 1000대 1의 (주)마이다스아이티(기업과제: 청년들과 회사의 직무를 연결하는 잡매칭을 어떻게 할 것인가), 강원도 정선의 문화광산인 삼탄아트마인(기업과제: 8개월 비수기 매출액을 극대화할 수 있는 전략), 독일계 물류회사인 DHL KOREA(기업과제: 온라인비즈니스업체를 고객으로 만드는 전략개발), 세계최고수준의 원자현미경 기술을 보유한 파크시스템스(주)(기업과제: 원자현미경의 미국시장 마케팅전략), 반도체 웨이퍼를 균질하게 깎는 컨디셔너 패드(Conditioner Pad) 생산 세계 1위 기업인 (주)새솔다이아몬드(기업과제: 컨디셔너 패드 제품에 사용되지 않는 유휴다이아몬드(시가 130억 원) 활용방안) 그리고 가장 최근에는 벨기에의 세계적인 명문 겐트대학교 글로벌캠퍼스(인천송도 소재)(기업과제: 세상에 없는 해조류 초콜릿 개발)가 과제를 맡긴 바 있다.

[그림 2-5]에서 볼 수 있듯이, '6단계 순환 모형(6 Phases' of Circulation Model)'은 Phase 0부터 Phase 5까지의 단계로 구성되어 있다. **이 6단계를 순차적으로 경험하게 하여 융복합적 속성을 지닌 실제 기업 및 사회**

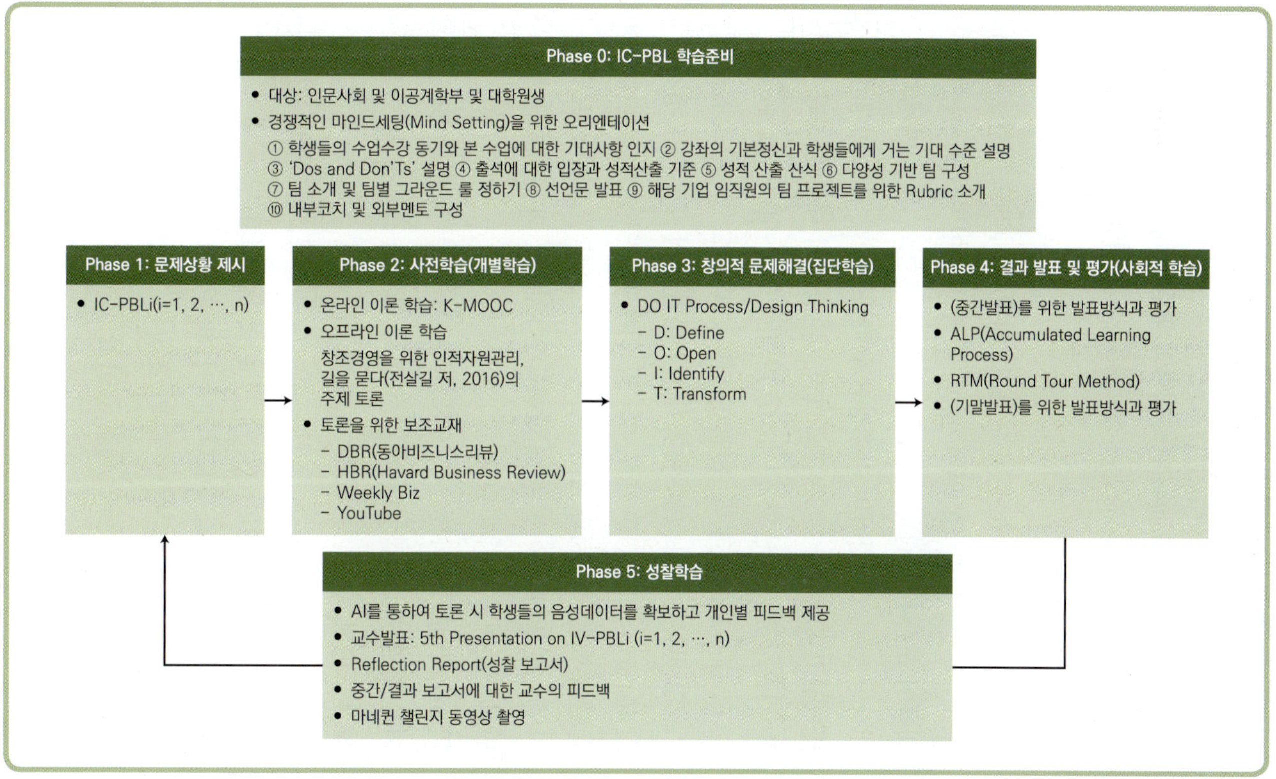

그림 2-5 효과적인 IC-PBL 적용을 위한 6단계 순환모형

현장의 문제를 학생들이 집단지성을 활용해 해결하도록 구조화되어 있다. 이를 통해 학생들은 창의적 역량(Creative Competency)뿐만 아니라, 통합적 역량(Integrative Competency), 협력적 역량(Cooperative Competency), 그리고 소통 역량(Communication Competency)을 배양할 수 있도록 설계되었다.

- Phase 0에서는 학습 준비 단계로, 경쟁적 마인드 세팅(Competitive Mind-setting)을 위한 오리엔테이션이 진행된다. 이 단계에서는 다음의 내용이 포함된다. (1) 학생들의 수업수강 동기와 본 수업에 대한 기대사항 인지, (2) 강좌의 기본정신과 학생들에게 거는 기대 수준 설명, (3) 'DOs and DON'Ts' 설명, (4) 출석에 대한 입장과 성적산출 기준, (5) 성적산술 산식, (6) 다양성 기반 팀 구성(Diversity-Based Team Composition), (7) 팀 소개 및 팀별 그라운드 룰(Ground Rule) 정하기, (8) 선언문 발표, (9) 해당 기업 임직원의 팀 프로젝트 평가를 위한 Rubric 소개, (10) 내부코치 및 외부멘토 구성. 오리엔테이션이 끝난 후에는 멘토링과 코칭을 위한 내부 코치 및 외부 멘토단 구성 작업이 진행된다. 이를 통해 학생들은 IC-PBL 과제 해결을 위한 전반적인 준비를 마치게 된다.
- Phase 1에서는 회사에서 제공한 문제를 다루기 위한 첫 단계로, 회사 경영진이 직접 수업에 와서 회사 현황을 소개하고, 현안 문제를 발표한다.
- Phase 2는 개인 학습 단계(Individual Learning)로, 학생들이 경영진이 제시한 문제를 해결하기 위해 각종 온라인 강좌나 국내외 자료를 광범위하게 학습한다. 이 단계에서 학생들은 '지식 증폭(Knowledge Amplification)'을 경험하며, 학습의 초점은 '이 회사가 제시한 문제의 본질이 무엇인지'에 대한 좋은 질문을 찾는 데 맞춰진다. 특히, 해당 기업이 속한 산업 연구는 반드시 수행해야 한다.

- **Phase 3**는 집단 학습(Group Learning) 단계로, 'DO IT PROCESS'나 'Design Thinking' 방법론을 경험하게 된다. 이 단계에서는 팀원들이 각자 고민한 문제의 본질을 논의하여 문제를 정의하고(Define), 문제해결을 위한 다양한 아이디어를 도출하며(Open), 그중 하나를 선정해 솔루션을 확정하고(Identify), 이를 실천(Transform)하는 과정을 거친다. 'Design Thinking'의 경우, 공감하기(Empathize), 문제 정의하기(Define), 아이디어 도출(Ideate), 프로토타입 제작(Prototype), 테스트(Test) 단계를 거친다. 이 방법론은 주로 제품 디자인이나 공학 영역에서 유용하지만 인문학이나 사회과학처럼 추상성이 높은 학문에는 다소 제한적이다. 따라서 이 책에서는 모든 학문 분야에 쉽게 적용할 수 있는 'DO IT PROCESS'에 중심을 두고 논의를 전개한다.
- **Phase 4**는 각 팀이 해결책을 발표하고, 상호 학습을 통해 '사회적 학습(Social Learning)'을 경험하는 단계다. 여기서는 RTM(Round Tour Method)과 ALP(Accumulated Learning Process)를 적용하여 모든 학생이 적극적으로 참여하도록 유도하고, 과제를 제공한 경영진 앞에서 팀 간 경쟁적 발표를 진행한다. 이는 중간발표나 기말 최종 발표 시 적용할 수 있다.
- **Phase 5**에서는 성찰 학습(Reflection Learning) 단계로, 각 팀이 자신들의 부족한 점과 다른 팀으로부터 배운 점을 토론하며 성찰한다. 이후 담당 교수의 마지막 의견과 5차 발표(5th presentation)[6]를 듣게 된다. 이 과정에서 AI 기술을 활용하여 학생들의 토론 내용을 실시간으로 기록하고 이를 바탕으로 구체적인 피드백을 제공한다. 마지막으로, 한 학기를 기념하기 위해 마네킹 챌린지(Mannequin Challenge) 동영상을 촬영하여 유튜브(YouTube)에 업로드하고 전 세계와 공유한다.

---

6 처음에는 전체 팀이 네 팀일 때 마지막 5번째 발표는 교수가 한다는 의미로 '5th presentation'이라고 하였지만 지금은 필자의 수업시간에서만 쓰는 교수의 마무리 설명이나 발표를 의미하는 고유명사가 되었다.

IC-PBL 6단계 순환 모형의 구성요소에 대한 설명

3

3.1 Phase 0: 경쟁적인 마인드 세팅 조성

그라운드 제로(Ground Zero)라는 용어는 원자폭탄이나 수소폭탄 같은 핵무기가 폭발한 지점, 즉 피폭 중심지를 의미한다.[1] 이 책에서는 IC-PBL 6단계 순환 모형의 가장 핵심적이고 폭발적인 시작점이라는 의미에서 'Phase 0'이라고 명명했다. 특히 Phase 0는 학생들의 정신 무장 상태, 전투 의지, 경쟁의식을 최고조로 끌어올리는 단계로, 많은 교수자들이 이 중요한 단계를 간과하고 곧바로 Phase 1으로 넘어가는 경우가 많다. 문제를 끝까지 집요하게 해결하려는 의지, 그리고 최종 발표와 최종 보고서를 제출하는 마지막 순간까지 인내하고 버티는 힘은 Phase 0의 성공 여부에 달려 있다. 필자의 경우, 수업 참여 조건으로 "두 과목 이상을 포기할 의지가 있는 학생들만 수강"할 수 있게 한다. 또한, Phase 0가 끝날 때쯤에는 학생들이 불퇴전(不退転)의 용사로 성장하길 바라는 마음에서 미 해군 특수부대 네이비 씰(Navy SEAL)의 지옥 훈련 과정[2]을 보여주거나, 가수 나비드의 '전선을 간다'[3]라는 군가를 들려준다

1 영어권에서 '그라운드 제로'란 표현이 처음 쓰인 것은 맨해튼 계획과 히로시마와 나가사키 원폭 때이다. 옥스퍼드 영어사전은 '그라운드 제로'란 표현이 1946년 뉴욕 타임즈의 히로시마 피폭지 보도에서 처음 쓰였다고 인용하였다. 대표적인 그라운드 제로로는 히로시마와 나가사키, 9·11 테러 현장 등이 있다(위키백과).

2 https://www.youtube.com/watch?v=whFZCmN__mM, '세상을 바꾸고 싶다면 이 불정리부터 시작해'

3 https://www.youtube.com/results?search_query, 나비드의 전선을 간다

미 해병대(Navy Seal)의 마음가짐

미 해병대 동영상 자료 https://www.youtube/com/watch?v=exNVjo-B37Q

학생들과 첫 만남의 자리인 Orientation에서 IC-PBL를 성공적으로 해결하기 위해 수업 개요뿐만 아니라 수업에 임하는 **'마음가짐'**을 공유하고 나눔

그림 3-1 미 해병대의 지옥훈련과정

(그림 3-1 참고). 이하에서는 Phase 0의 세부 내용을 소개하고자 한다.

3.1.1 경쟁적인 마인드 세팅을 위한 안내

1) 학생들의 수업수강 동기와 본 수업에 대한 기대사항 인지

이 단계에서는 해당 수업에 수강 신청한 학생들의 수강 동기와 기대사항을 파악하여, 한 학기 동안 학생들의 기대가 충족될 수 있도록 수업 운영의 방향을 설정한다. 이를 위해 [그림 3-2]에서 볼 수 있듯이, 포스트잇(Post-it)을 이용하여 학생들이 자신의 기대와 목표를 간단히 적어 공유한다.

2) 강좌의 기본정신과 학생들에게 거는 기대 수준 설명

학생들과 반드시 공유하는 본 수업의 기본정신은 가르치는 교수자별로 그리고 수업의 목적에 따라 다양할 수 있다. [그림 3-3]은 필자가 주로 강조하는 기본정신이다. 어떤 결과나 현상에는 반드시 복수의 원

학생들이 수강동기와 기대사항을 포스트잇에 적어서 교실공간에 붙이고(좌), 교수는 전체를 검토하며 학생들의 니즈를 파악한다(우).

그림 3-2 포스트잇을 이용한 수강동기와 기대사항을 파악하기

인이 있고 그 원인을 팀원들과의 협력과정을 통해 발견해내라는 것이다('원인 없는 결과는 없다'). 또 프로젝트를 수행하는 과정에서 무임 승차자(free rider)는 있을 수 없음을 원천적으로 강조한다('공짜점심은 없다').

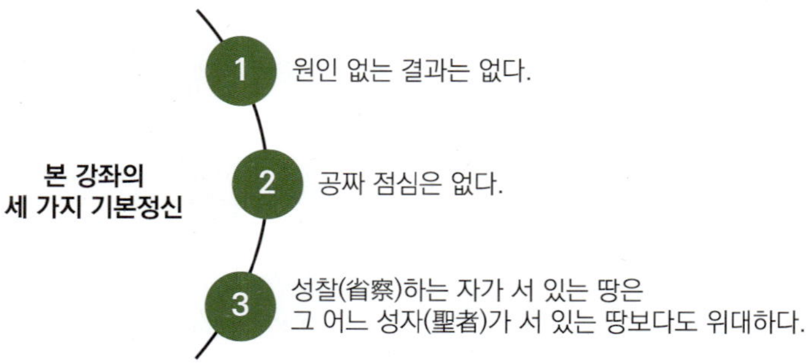

그림 3-3 강좌의 기본정신의 예

팀원들간 회의에 불가피하게 불참하게 되면 차후에 밥이라도 사야 한다. 끝으로 늘 스스로를, 또 자기 팀을 돌아보며 자기반성을 해야 한다('성찰하는 자가 서 있는 땅은 그 어느 성자가 서있는 땅 보다도 위대하다')

여기서 중요한 것은 학생들에게 기대하는 수준을 명확히 전달하는 것이다. 이를 통해 팀원 모두가 노력을 기울이도록 유도할 수 있다. 필자는 주로 도전의식의 정도, 팀워크의 정도, 발표스킬의 정도 이 세 가지 측면에서 기대 수준을 설정하고, 그에 맞는 역할 모델(Role Model)을 제시한다. [표 3-1]은 필자가 각 측면에서 학생들에게 보여주는 동영상들이다. 교수마다 상황에 따라 더 다양한 동영상을 사용할 수 있다. 이 동영상들을 보여주고 나면 학생들 사이에 긴장과 침묵이 흐른다. 그들은 마치 스스로에게 이렇게 묻는 것 같다. "과연 내가 저런 수준에 도달할 수 있을까?". 비록 동영상에 나오는 수준까지 도달하지 못하더라도, 그 방향으로 노력하는 과정에서 프로젝트에 필요한 역량이 쌓인다는 사실을 깨닫게 하는 것이 중요하다.

표 3-1 학생들에게 거는 기대 수준을 나타내는 동영상

기대 수준을 나타내는 질문	예시
본 수업은 어느 정도의 도전의식을 학생들에게 요구하는가?	1만 시간의 법칙(The Law of 10,000 Hours)*
본 수업은 어느 정도의 팀워크나 하모니를 학생들에게 요구하는가?	IL DIVO의 'Nella Fantasia'**
본 수업은 어느 정도의 발표 스킬을 요구하는가?	2018 평창 동계올림픽 유치를 위한 나승연씨의 발표***

* https://www.youtube.com/watch?v=X-DqogHbwog, 1만시간의 법칙

** https://www.youtube.com/watch?v=tz5IXPICCXg, Il DIVO의 'Nella Fantasia'

*** https://www.youtube.com/watch?v=pJsbPUxmva8, 2018평창 동계올림픽 유치를 위한 나승연씨의 발표

3) 'DOs and DON'Ts' 설명

학생들에게 기대 수준을 동영상으로 제시한 후에, 교수는 모든 팀과 팀원들에게 공통적으로 요구하는 태도와 행동규칙을 '해야 하는 것(DOs)'과 '해서는 안 되는 것(DON'Ts)'으로 정리하여 공지한다(표 3-2 참고). 이 단계는 각 팀이 최종 결과물을 만들어 가는(build up) 과정에서 기대 이상의 효과를 발휘한다. 모든 학생들이 유념하고 준수해야 할 공통의 기준을 세움으로써 '목표지향'의 중요성과 시민사회의 일원으로서 '타인에 대한 배려'와 '인격존중'을 배우게 된다.

표 3-2 DOs와 DON'Ts의 태도와 행동정리

DOs	DON'Ts
• 팀원들은 어떤 식으로든지 기여할 것 • 각 팀별 팀 규칙(Ground Rule)을 지킬 것 • 최종보고서는 '한양대학교'라는 이름을 붙여도 손색이 없을 정도의 완성도를 보일 것	• 무임승차 안 됨 • 토론 중 서로 간의 인격을 무시하는 언행 금지

4) 출석에 대한 입장과 성적산출 기준

출석은 비율이 크지 않음에도 불구하고, 중간이나 기말보고서보다 더 중요하게 여기는 학생들이 의외로 많다. 매 시간 출석을 부르고 결석 시 점수를 깎는 행위는 적어도 필자에게는 교수와 학생 간의 갑과 을의 관계를 드러낼 뿐 큰 의미가 없다고 생각한다. 필자는 출석에 대해 두 가지 입장을 가지고 있다(표 3-3 참고). 첫째, 학생들은 강의가 재미있고 유익하다면 출석하지 말라고 해도 출석한다는 자율주의 입장을 따른다. 따라서 학생들의 결석이 많다면 학생들을 탓할 것이 아니라 교수자가 강의 내용이나 방식을 개선하는 것이 더 현명하다고 본다. 둘째, 학생이 결석할 때는 그만한 이유가 있다고 본다. 학생이 결석하는 이유가 단순히 교수의 수업에 참여하여 얻는 가치보다 부족하다고 생각하지 않는다. 학생들의 진정성과 순수성을 믿는 것이 중요하다. 그래서 특별한 사정이 있는 경우 사전에 문자나 이메일로 교수나 조교에게 연락하면 출석을 인정해준다. 또한 수업에 늦게 들어오는 학생을 무안하게 하거나 야단치지 않는다. 오히려 "우리가 먼저 와서 미안하다"고 농담을 던지면 학생들은 두 번 다시 지각하지 않게 된다. 지각한 학생이 원한다면 그루터기 연설(Stump Speech)을 하게 할 수도 있다. 1800년대 미국 정치인들이 나무 밑동에 올라가 자신의 주장을 펼치던 데서 유래한 이 연설은 학생들이 지각한 이유를 정치가처럼 웅변하는 시간과 공간이 된다. 만약 원하지 않는다면 유머나 장기자랑을 할 수도 있다. 때로는 자신의 끼를 보여주기 위해 의도적으로 지각하는 학생도 있다. 하지만 출석을 전혀 부르지 않는 것은 아니다. 출석을 부르는 목적은 학생들의 이름을 확인하고, 그들의 안색이나 건강 상태, 혹은 최근 삶의 질에 대해 묻기 위함이다. 결석한 학생이 있을 경우 그 학생의 팀장은 결석 이유를 교수에게 보고하도록 한다.

표 3-3 출석에 대한 두 가지 입장 및 조치방법

출석에 대한 두 가지 기본입장
• '강의만 재미있고 유익하다면 출석하지 말라고 해도 출석한다'라는 '자율주의' 입장 • 학생이 결석할 때는 그만한 이유가 있다. 학생이 결석하는 이유가 교수의 수업에 참여하여 얻는 가치보다도 못하다고 생각하지 않음
위 입장에 따른 조치방법
• 따라서 특별한 사정이 있는 경우 사전에 문자나 이메일로 담당교수나 조교에게 연락만 하면 출석 인정 • 다만, 팀장은 팀원이 아플 경우 지속적인 모니터링을 하고 담당교수나 조교에게 보고할 것

자료원: 한양대 에리카 IC-PBL센터. 2024년도 1학기 IC-PBL센터 운영위원회 내부자료

5) 성적산출 산식

성적 산출 방식에 대해서는 개강 첫날 오리엔테이션에서 반드시 설명해야 한다(표 3-7 참고). 방식은 간단하다. '출석(10%) + 수업참여점수(15%) + [중간발표(25%) + 기말발표(50%)] X IC-PBL팀 활동 동료 간 평가비율'로 계산한다. 특히, 동료 간 평가의 중요성을 크게 강조한다. 동료 간 평가는 팀 프로젝트에서 각 팀원이 기여한 정도를 평가하는 것으로, 비밀 평가(Confidential Evaluation)로 진행된다. 중간 및 기말 발표에서 각 팀의 팀원들은 동일한 팀 점수(집단 평가 점수)를 받지만, 동료 간 평가 점수는 각 개인별로 다른 가중치로 적용된다. 즉, 팀 점수는 동일하더라도 팀 동료들로부터 좋은 평가를 받지 못하면, 개인 점수는 낮아질 수밖에 없다.

[표 3-4]는 동료 간 평가용지(Peer Evaluation Sheet)의 예시이다. 학생들은 본인을 제외한 팀원들에게 1,000원을 기여도에 따라 배분하고, 그 결과로 개인별 가중치가 산출된다. 예를 들어, 임천익은 박상기, 김승한, 황보효녀에게 각각 350, 300, 350원을 배분했고, 박상기는 세 팀원 모두에게 400원을 균등하게 배분했다. 김승한은 200, 200, 600원을, 황

표 3-4 동료 간 평가용지

여기에 1,000원이 있다고 가정하자. 이번 학기 진행된 프로젝트에서 본인을 제외하고 여러분의 동료팀원들이 기여한 정도에 따라 이 1,000원을 배분해보세요(※ 평가자인 본인에게는 돈을 배분해서는 안 됩니다).

평가자(　　　)

임천익	(　　　) 원
박상기	(　　　) 원
김승한	(　　　) 원
황보효녀	(　　　) 원
합계	1,000 원

보효녀는 350, 350, 300원을 배분했다. 배분한 금액의 합은 1,000원이 되어야 한다. 최종적으로 각 팀원의 점수와 가중치는 다음과 같다:

- 임천익: 950(가중치 0.95)
- 박상기: 1,300(가중치 1.3)
- 김승한: 1,000(가중치 1.0)
- 황보효녀: 1,350(가중치 1.35)

이 가중치를 통해, 임천익은 최종 팀 보고서 점수에 0.95를 곱한 점수를 최종적으로 받게 되고 그 점수가 임천익의 개인별 최종점수가 된다, 마찬가지 방식으로 박상기는 1.3을 곱한 점수를 받는다. 김승한은 팀 점수를 그대로 받으며, 황보효녀는 1.35를 곱한 점수를 받게 된다. [표 3-5]는 팀의 기말 보고서 평가 점수에 각 팀원의 가중치를 곱해 산출한 개인별 최종 점수를 보여준다. 이 팀은 모든 팀원이 프로젝트에 적극적으로 참여했지만, 가중치에 따라 개인별 점수가 달라진다. 동료 간 평가는 팀원들이 서로에게 헌신하고 협력할 수 있도록 유도하는 중요한 요소이다. 예를 들어, 팀 점수가 다른 팀보다 낮더라도 동료 간 평가가

표 3-5 동료 간 평가결과에 따른 개인별 가중치

평가자 \ 피평가자	임천익	박상기	김승한	황보효녀	합계
임천익		350	300	350	1,000
박상기	400		400	400	1,000
김승한	200	200		600	1,000
황보효녀	350	350	300		1,000
합계 (가중치)	950 (0.95)	1,300 (1.3)	1,000 (1.0)	1,350 (1.35)	

표 3-6 개인별 최종점수

내용 / 성명	기말 최종보고서 평가점수	가중치	개인별 최종점수
임천익	70	0.95	66.5
박상기	70	1.3	91.0
김승한	70	1.0	70.0
황보효녀	70	1.35	94.5

좋으면 팀 점수가 높은 다른 팀원들 보다 더 좋은 성적을 받을 수 있다. 따라서 팀 점수가 높다고 안심할 수 없으며, 무임 승차자는 동료 간 평가에서 낮은 가중치를 받아 최종 점수가 낮아진다. 팀 점수에 관계없이 성실하게 참여한 학생은 최종적으로 좋은 성적을 받을 수 있도록 설계된 평가 방식이다. 예를 들어, 임천익은 다른 동료들보다 상대적으로 낮은 평가를 받아 팀 점수를 다 받지 못했으며, 박상기와 황보효녀는 가장 좋은 동료 평가를 받아 상대적으로 높은 최종 점수를 얻게 되었다. 중간 및 기말 평가에서 각각 동료 간 평가를 할 수 있으며, 교수의 상황에 따라 중간과 기말을 묶어 종합적인 기여도 평가를 할 수도 있다.

동료 간 평가를 반드시 시행해야 하는 이유는 다음과 같다. 첫째, 무임 승차자를 미연에 방지할 수 있다. 둘째, 팀 동료들을 위해 희생, 봉사, 솔선수범 등 우리가 젊은 시절에 배워야 할 중요한 가치를 학습하게 된다. 셋째, 최종 학점에 대한 불만을 가진 학생들에게 설득력 있는 설명을 제공할 수 있다. 중간/기말 성적은 좋았지만 최종 학점에 불만을 제기하는 학생에게는 이렇게 말하면 된다. “내가 학점을 준 것이 아니라 너의 팀 동료들이 동료 간 평가에서 너를 그렇게 평가했네. 미안하네. 앞으로는 동료들에게 더 성실하길 바라네.” 이 말을 들은 학생들은 대부분 이의 제기를 철회하고 돌아가곤 한다. 결국, 좋은 성과를 내

표 3-7 성적산출산식 및 동료 간 평가

성적산출산식
출석(10%) + 수업참여점수(15%) + [중간발표(25%) + 기말발표(50%)] × IC-PBL팀활동 동료 간 평가비율

동료 간 평가
• 두 번의 팀 프로젝트에 대한 종합적인 기여도를 학기말에 비밀평가 예정
• 이 수치가 중간/기말 보고서에 대한 개인별 가중치가 됨
• PPPPP(Poor Preparation Provides Poor Performance)

기 위해서는 팀 전체가 한 학기 내내 'PPPPP(Poor Presentation Provides Poor Performance)', 즉 5P의 피 튀기는 경쟁을 펼쳐야 한다.

6) 다양성 기반 팀 구성

다음으로 팀 구성 방식에 대해 설명하겠다. 팀 구성의 기본 방향은 두 가지다. 첫째는 다양성(diversity)을 확보할 것, 둘째는 집단사고(Group Think)를 방지할 것이다(그림 3-4 참고). 이 기준이 중요한 이유는 창의적인 문제해결을 위해서는 다양한 의견, 경험, 사고방식을 가진 학생들이 한 팀을 이루는 것이 문제해결의 수준을 높이기 때문이다. 또한 집단사고를 방지하기 위해서는 의도적으로 반대 의견을 제시할 필요가 있다. 때때로 터무니없어 보이더라도 이들의 비판을 이겨내거나 그 비판을 보완하는 과정을 통해 최종 해결책에 대해 더 강한 확신을 가지게 된다.

다양성의 확보는 말 그대로 여러 가지 방법으로 이뤄질 수 있다. 예를 들어, 두뇌 활용 성향을 측정하거나 MBTI 테스트 후 서로 다른 성향의 학생들끼리 팀을 짜도록 할 수 있다. 또한, 대학 입학 후 아르바이트 경험 개수, 남을 가르쳐 본 기간, 연애 기간 등을 기준으로 팀을 구성할 수도 있다. 이는 아르바이트 경험이 많거나, 남을 많이 가르쳐 보거

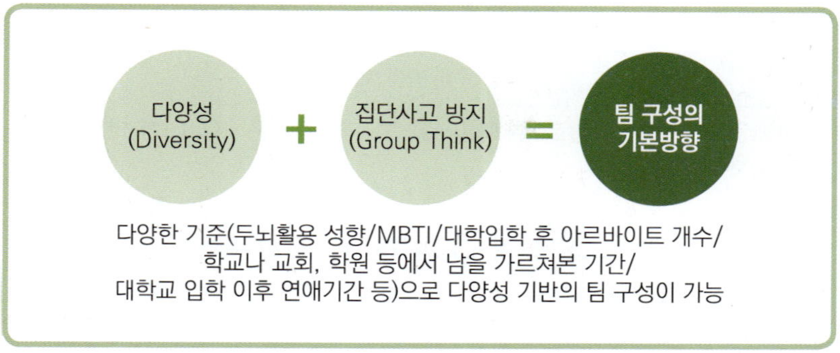

그림 3-4 다양성 기반의 팀 구성

나, 연애 기간이 길수록 다양한 고통스러운 문제에 직면한 경험이 많기 때문에 문제해결 능력이 높을 것이라는 가정에 기반 한다. 학생들은 흔히 자신과 마음이 맞는 사람들과 팀을 구성하려 하지만 서로 모르는 학생들끼리 치열하게 토론하고 갈등을 극복하면서 과거에 상상할 수 없었던 새로운 대안을 도출할 때 더 큰 성취감을 느끼게 된다. 교수자들은 이러한 과정을 통해 학생들이 다양한 경험을 할 수 있도록 유도해야 한다. [표 3-8]은 아르바이트 경험 개수에 따른 팀 구성 방법의 예시이다.

7) 팀 소개 및 팀별 그라운드 룰 정하기

다양성 기반으로 팀 구성이 완료되면, 각 팀은 팀 소개와 확정된 그라운드 룰(Ground Rule)을 발표한다. 일부 팀은 동영상을 통해 팀원들의 특장점을 표현하기도 한다. 예를 들어, 태어난 순간부터 군대에 다녀와 현재에 이르기까지의 삶을 조명한 학생들의 동영상을 보면 수업의 재미가 배가된다. 또한, 각 팀이 정한 그라운드 룰을 발표하면서, 왜 그런 룰을 정했는지 묻는 과정은 MZ세대의 독특한 분위기를 이해하는데 유익하다. [표 3-9]는 디자인과 경영이라는 과목에서 PiCkers 팀의 팀 소개와 그라운드 룰을 보여준다. 특히, 임무 란에 팀장이나 팀원 대

표 3-8 다양성 기반 팀 구성 방법: 아르바이트 개수에 따른 팀 구성

팀 구성 방법 예시
• 학생들 28명 전원을 일렬로 세우되, 아르바이트 개수가 적은 사람이 1번, 많은 사람일수록 뒷 번호에 서게 함. 1, 2, 3, 4, 5, 6, 7, 8, 9, 10, 11, 12, 13, 14, 15, 16, 17, 18, 19, 20, 21, 22, 23, 24, 25, 26, 27, 28 (총 28명) • 총 28명에 대하여 팀 수를 다섯 팀으로 구성하고, 각 팀에 5명씩을 할당하고, 남는 3명을 Team1, Team2, Team3에 각 1명씩 추가 할당(팀 수는 수강학생 수에 따라 달라짐). 아래처럼 팀이 구성되면 각 팀별로 큰 번호일수록 경험과 연륜이 많도록 구성되었으며 팀별로도 다양성이 확보되었다. • Team 1: 1, 6, 11, 16, 21, 26(총 6명) • Team 2: 2, 7, 12, 17, 22, 27(총 6명) • Team 3: 3, 8, 13, 18, 23, 28(총 6명) • Team 4: 4, 9, 14, 19, 24(총 5명) • Team 5: 5, 10, 15, 20, 25(총 5명) • 각 팀의 팀장을 LT(Leader Thinker)로 부르고 팀별 1명의 LT를 선임. 또 팀원을 Thinker로 부름. • 또 늘 반대의견이나 다른 관점을 제시하는 DA(Devil's Advocate)를 선임하여 집단사고(group think)에 빠지지 않게 팀 구성을 함.

표 3-9 팀 소개와 그라운드 룰의 예시

<table>
<tr><th>팀 이름</th><td colspan="4">PiCkers</td></tr>
<tr><th>팀 소개</th><td colspan="4">세상에 없는 것을 'Pick', 새로운 아이디어를 'Pick'하는 Pickers 팀</td></tr>
<tr><th>팀 규칙
(Team Ground Rules: TGR)</th><td colspan="4">• 모든 팀 활동은 기본적으로 계획서를 작성하여 이에 따라 진행한다.
• 매주 금요일 또는 토요일 저녁 9시에 정기적으로 회의를 한다.
• 주요 사항의 결정은 투표를 통해 결정한다.
• 역할은 유동적으로 바꿔가면서 프로젝트를 진행한다.
• 자료 조사 내용은 워크 스페이스에 항시 공유한다.</td></tr>
<tr><th>우리 팀의 문제해결 전략</th><td colspan="4">• 'DO IT PROCESS' 의 과정에 따라 문제해결을 진행한다.
• 자유로운 아이디어 제시로 창의적인 해결 방법을 제안한다.
• 고의적으로 엉뚱한 아이디어를 제안하며 신선한 아이디어를 고안해 본다.
• 정확한 목표를 토대로 문제해결 전략을 계획하고 실행한다.
• 부정적인 측면을 검토하고 최악의 상황을 가정하여 아이디어를 보완한다.</td></tr>
<tr><th rowspan="6">팀원
(Team Crews)</th><th>임무</th><th>이름</th><th>연락처</th><th>주요 업무</th></tr>
<tr><td>Leader Thinker</td><td>황**</td><td>hyh07****
@gmail.com</td><td>전체일정 관리 및 팀 관리 업무</td></tr>
<tr><td>Devil's Advocate</td><td>김**</td><td>klhs****
@naver.com</td><td>전체 프로세스 정리와 프로그램 진행 업무</td></tr>
<tr><td>Thinker</td><td>권**</td><td>hk****
@naver.com</td><td>아이디어 및 프리젠테이션 제작 업무</td></tr>
<tr><td>Thinker</td><td>김**</td><td>san****
@naver.com</td><td>자료조사 및 와이어 프레임 제작 업무</td></tr>
<tr><td>Thinker</td><td>김**</td><td>fnql****
@naver.com</td><td>자료조사 및 인터뷰 등 보충 자료 수집 업무</td></tr>
</table>

그림 3-5 로댕의 생각하는 사람

자료원: https://ko.wikipedia.org/wiki/생각하는 사람

신 LT(Leader Thinker), Thinker, DA(Devil's Advocate)와 같은 직책을 명확히 구분했다. 이 수업은 고민, 사고, 통찰, 성찰을 많이 요구하는 수업이기 때문에, 직책도 '생각하는 사람'[4]을 상징하는 역할로 새롭게 브랜딩되었다(그림 3-5 참고).

8) 선언문 발표

다음으로는 각 팀이 이번 학기에 임하는 의지를 집약하여 선언문 낭독 시간을 갖는다. 이 순간, 비장한 분위기 속에서 타오르는 학생들의 눈빛은 마치 휴전선을 넘어가는 북파공작원의 눈빛과도 다르지 않다. [그림 3-6]은 입사 경쟁률 1000:1로 손꼽히는 마이다스아이티 기업이 맡긴 과제를 수행하기에 앞서, 한조 팀이 출정식을 방불케 한 팀 소개 장면이다. 이 장면에서는 신동엽 시인의 '껍데기는 가라'를 패러디하여 팀의 결의를 표현했다.

4 1880년 프랑스 정부는 로댕에게 새로 건립할 미술관 정문을 장식할 조각을 만들어 달라고 부탁했다. 〈생각하는 사람〉은 로댕이 자기가 좋아하는 단테(Alighieri Dante, 1265-1321)의 〈신곡〉에서 영향을 받아 〈신곡〉의 〈지옥 편〉을 주제로 삼아, 〈지옥의 문〉을 만들기로 하였다. 〈생각하는 사람〉을 〈지옥의 문〉 왼쪽 맨 위에 조각하고, 아담 · 이브 등 인물상도 조각해 넣었다. 그는 이 작품을 만드는 데 무려 17년이라는 세월을 쏟았지만 안타깝게도 완성시키지는 못했다. 〈지옥의 문〉에는 지옥으로 향하는 인간의 고통과 번뇌, 죽음을 보여주는 인물 조각상들이 펼쳐진다. 로댕은 여기에 이들을 재판하는 절대신인 그리스도의 형상 대신 이러한 광경을 지켜보는 생각에 잠긴 사람의 조각상을 문의 상부 중앙에 위치시켰고, 이는 고뇌하는 시인 단테를 염두에 두어 제작한 것으로 알려진다(https://ko.wikipedia.org/wiki/생각하는 사람)

껍데기는 가라
놀거리는 가라
9월도 축제만 남고
놀거리는 가라

무임승차는 가라
4촌이내 경조사만 빼고
무임승차는 가라

그리하여, 다시
무성의는 가라

이곳에선, 팀원들의 짜증을 쥐어짜낸
보노보노와 양재와당체는
우리 ppt 앞에 서서
부끄럼 빛내며
사라질 것 이니

PBL은 와라
집단 지성을 통해
창조적 파괴를 이루어
향그러운 혁신만 남고
그 모든 조직혁신은 와라.

2017년 2학기 조직혁신론 한조 팀의 팀 소개와 선언문 낭독 장면

그림 3-6 팀 소개와 선언문 낭독: "껍데기는 가라"

9) 해당 기업 임직원의 팀 프로젝트 평가를 위한 Rubric 소개

M 유형의 IC-PBL 수업 방식으로 진행할 경우 기업 대표이사 및 경영진의 적극적인 참여가 필수적이다. 경영진의 적극적인 관여와 개입은 M 유형 프로젝트의 성공을 좌우하는 절대적인 필수 조건이다. 특히 회사의 고질적인 문제든, 새롭고 참신한 시각과 아이디어가 필요한 과제든 핵심 임원이 직접 해결해야 할 과제를 발표하고 관련 자료를 제공해야 한다. 또한 회사는 각 팀에 지원을 아끼지 않아야 한다. 예를 들어, 각 팀별로 회사 내 팀장 직책을 맡은 1명씩을 멘토로 임명하여 다양한 지원을 제공해야 한다. 회사의 귀중한 자원이 투입되는 만큼 정량평가와 정성평가를 통해 프로젝트 성과를 측정한다(구체적인 평가용지는 3.5.2에 제시하였다), 여기서 주의할 사항은 정량평가와 정성평가는 가급적 일치하는 방향으로 가야 한다는 점이다. 예를 들어, 정량평가에서 높은 점수를 주었는데 정성평가에서 나쁘게 기술하는 방식은 피해야 한다. 이 두 가지 평가 내용을 오리엔테이션에서 미리 소개하는 이유는 팀들이 평가의 기준과 방법을 사전에 파악하여 팀 운영의 전략적 방향을 설정할 수 있도록 하기 위함이다.

10) 내부코치 및 외부멘토 구성

오리엔테이션의 마지막 순서로, 내부 코치와 외부 멘토를 선정하는 일이 남아 있다. 이들을 두는 이유는 학생들의 최종 산출물에 대해 있을 수 있는 냉소적 평가나 폄하를 방지하고, 결과물의 수준을 업그레이드하기 위함이다. "학생들 작품이 뭐 그렇지 뭐…"나 "학생들이 현장을 알겠어?" 같은 부정적인 반응에 대비해 전문 인력의 코칭을 통해 학부생 수준의 미숙한 결과물을 보완하고 발전시키려는 목적이다. 각 팀마다 내부 코치와 외부 멘토 한 사람씩을 임명한다. 내부 코치는 주로 박사 학위를 소지한 겸임교수나 연구교수로, 학생들과 오프라인에서 간간이 만나 해결책에 대한 보완점이나 미처 생각하지 못한 부분에 대한 피드백을 제공하는 역할을 한다(그림 3-7 참고). 외부 멘토는 해결책의 현실적 적용 가능성을 평가하고, 온·오프라인에서 학생들에게 피드백을 제공하는 역할을 맡는다(그림 3-8 참고). 결국, 각 팀마다 내부 코치와 외부 멘토를 한 사람씩 두어 프로젝트의 완성도를 높이는 것이다(표 3-10 참고).

교내 내부 멘토 지정

맨's Clas 팀 멘토와의 만남

- 연구교수 및 겸임교수 등 박사급 인력으로 배정
- 학부생 수준의 미숙한 결과물을 전문 인력을 통해 코칭

1조 BAS	2조 맨's Clas	3조 상어잡이
멘토 한양대학교 김철민 박사	멘토 한양대학교 김만인 박사	멘토 한양대학교 이강민 박사

2018년 2학기 경영문제해결실습 과목에서 독일의 DHL KOREA 측에서 제시한 과제 수행을 앞두고 내부 코치와 함께한 사진

그림 3-7 연구교수 및 겸임교수 등 박사급 전문 인력으로 내부코치 배정

외부 멘토 지정: DHL e-commerce Team

- 문제해결 과정에서 도움을 받을 수 있는 외부 멘토 지정
- IC-PBL 문제를 받은 해당 기업의 실무 전문가를 중심으로 구성
- 온·오프라인 코칭

DHL 외부 멘토님들과의 만남

BAS팀 DHL 멘토와의 만남

맨's Clas팀 DHL 멘토와의 만남

상어잡이팀 DHL 멘토와의 만남

2018년 2학기 경영문제해결실습 과목에서 독일의 DHL KOREA 측에서 제시한 과제 수행을 앞두고 외부 멘토인 e-commerce 팀의 직원들과 함께 한 사진

그림 3-8 해당 기업체의 실무전문가 임직원들로 외부 멘토 배정

표 3-10 내부 코치 및 외부 멘토 구성

내부 코치
각 팀에 1명씩 연구교수 또는 겸임교수 1명씩 연결하여 주기적인 미팅을 통해 프로젝트를 완성해 감 (학생들 스스로 생각을 할 수 있도록 유도하는 것이 포인트임)
외부 멘토
문제를 제공한 기업의 팀장급을 각 팀에 1명씩 연결시킴 (회사의 상황을 감안하여 개괄적인 프로젝트의 방향을 안내하며 절대 솔루션을 제공하지 않음)

3.2

Phase 1:
문제 상황 제시

해당 기업의 경영진이 문제를 제공

첫 번째 예시는 2017-2학기 '조직혁신론'에서 진행된 마이다스아이티가 제공한 기업 과제이다. 마이다스아이티가 제시한 과제는 "구직

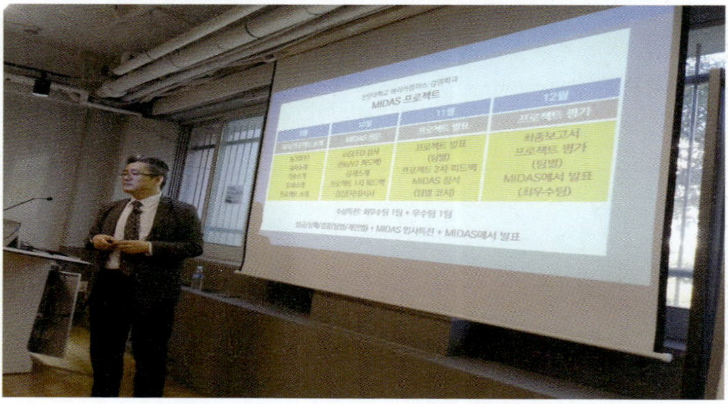

마이다스아이티 최원호 이사의 IC-PBL 문제상황과 프로젝트 수행의 전체일정 발표(청와대 일자리 수석이 마이다스측에 요청한 과제)

그림 3-9 마이다스아이티 최원호 당시 이사(현 대표이사)의 발표

자와 구인기업의 온라인 잡매칭 플랫폼 구축을 위한 혁신적인 DB 구축 방안"이었다. 보다 구체적으로는 두 가지 세부 과제가 있었다. 첫째는 "대한민국 청년 구직자들이 어떻게 자발적으로 마이다스아이티의 플랫폼에 들어오게 할 것인가?"와 둘째는 "우수 인재를 채용하려는 기업들이 어떻게 자발적으로 마이다스아이티의 플랫폼을 사용하게 할 것인가?"이다. 이 과제는 당시 문재인 정부 청와대 일자리 수석이 마이다스아이티 이형우 대표이사에게 요청한 무거운(?) 과제였다. 마이다스아이티는 우리 수업을 통해 참신한 아이디어를 얻고자 이 프로젝트를 진행했다. 프로젝트가 시작되기 전에 한양대학교 경상대 박광호 학장과 마이다스아이티 이형우 대표이사 간에 상호 협력을 위한 MOU가 체결되었다(그림 3-10 참고).

표 3-11 2017-2학기 '조직혁신론'에서 마이다스아이티가 제시한 과제

과제 \ 질문	두 가지 질문	
마이다스 아이티가 제시한 과제	과제 1	직장을 구하려는 대한민국의 청년들을 어떻게 하면 자발적으로 마이다스아이티의 플랫폼으로 들어오게 할 것인가?
	과제 2	우수인재를 뽑으려는 기업들을 어떻게 하면 자발적으로 마이다스아이티의 플랫폼으로 들어오게 할 것인가?

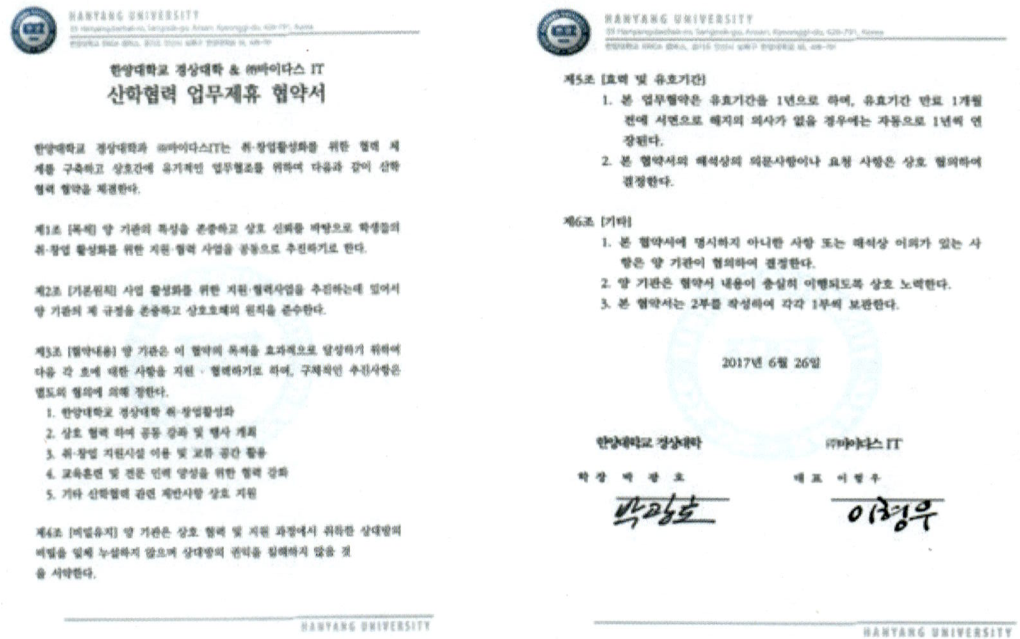

HANYANG UNIVERSITY

한양대학교 경상대학 & ㈜마이다스 IT

산학협력 업무제휴 협약서

한양대학교 경상대학과 ㈜마이다스IT는 취·창업활성화를 위한 협력 체계를 구축하고 상호간에 유기적인 업무협조를 위하여 다음과 같이 산학 협력 협약을 체결한다.

제1조 [목적] 양 기관의 특성을 존중하고 상호 신뢰를 바탕으로 학생들의 취·창업 활성화를 위한 지원·협력 사업을 공동으로 추진하기로 한다.

제2조 [기본원칙] 사업 활성화를 위한 지원·협력사업을 추진하는데 있어서 양 기관의 제 규정을 존중하고 상호호혜의 원칙을 준수한다.

제3조 [협약내용] 양 기관은 이 협약의 목적을 효과적으로 달성하기 위하여 다음 각 호에 대한 사항을 지원 · 협력하기로 하며, 구체적인 추진사항은 별도의 협의에 의해 정한다.

1. 한양대학교 경상대학 취·창업활성화
2. 상호 협력 하여 공동 강좌 및 행사 개최
3. 취·창업 지원시설 이용 및 교류 공간 활용
4. 교육훈련 및 전문 인력 양성을 위한 협력 강화
5. 기타 산학협력 관련 제반사항 상호 지원

제4조 [비밀유지] 양 기관은 상호 협력 및 지원 과정에서 취득한 상대방의 비밀을 일체 누설하지 않으며 상대방의 권익을 침해하지 않을 것을 서약한다.

HANYANG UNIVERSITY

HANYANG UNIVERSITY

제5조 [효력 및 유효기간]

1. 본 업무협약은 유효기간을 1년으로 하며, 유효기간 만료 1개월 전에 서면으로 해지의 의사가 없을 경우에는 자동으로 1년씩 연장된다.
2. 본 협약서의 해석상의 의문사항이나 요청 사항은 상호 협의하여 결정한다.

제6조 [기타]

1. 본 협약서에 명시하지 아니한 사항 또는 해석상 이의가 있는 사항은 양 기관이 협의하여 결정한다.
2. 양 기관은 협약서 내용이 충실히 이행되도록 상호 노력한다.
3. 본 협약서는 2부를 작성하여 각각 1부씩 보관한다.

2017년 6월 26일

한양대학교 경상대학	㈜마이다스 IT
학 장 박 광 호	대 표 이 형 우

HANYANG UNIVERSITY

그림 3-10 경상대학장과 마이다스아이티 대표이사 간에 MOU 체결

두 번째 예시는 2018년 1학기 경영문제해결실습1에서 진행된 강원도 정선에 있는 삼탄아트마인 주식회사가 제시한 기업 과제이다. 2017년 12월, 정선 여행 중에 손화순 대표를 만나 그 기업이 처한 여러 사연을 듣게 되었고, 이를 한양대 에리카 경상대 학생들과 함께 해결해보자고 약속한 것을 2018년 1학기에 실천하게 되었다.[5] 1970년대까지만 해도 우리나라 전기 생산은 주로 석탄 발전을 통해 이루어졌고, 삼탄(삼척탄좌)은 국내 최대 석탄 생산지 중 하나였다. 하지만 정부의 에너지 정책이 석유와 원자력 중심으로 전환되면서 전국의 탄광들이 문을 닫게 되었고 삼탄(삼척탄좌)도 문을 닫게 되었다. 당시 손 대표의 남편 故김민석 대표는 민간인으로서 이 폐광산의 운영권을 정선군으로부터 획득한 후, 이를 문화광산으로 변모시키려는 고집스러운 집념을 가지고 전국의 예술가들과 함께 기획전을 열었다. 지하 100미터 아래의 폐탄광에서 유명 화가, 아티스트, 시인, 문학가들이 모여 매년 기획전을 개최하게 된 것이다.[6] 그러나 남편의 급작스러운 사망 이후, 손 대표는 회사를 맡으며 새로운 도전과 예상치 못한 난관에 부딪히게 되었다. 그중 가장 핵심적인 문제는 1년 중 8개월(10월부터 다음해 5월까지)이 비수기이고, 4개월(6월부터 9월까지)만 성수기였다는 점이다. 이 비수기 동안의 매출 극대화를 위한 마케팅 전략을 개발하는 것이 과제였다(표 3-12 참고). 문제는 학생들이 석탄이 무엇인지조차 잘 알지 못했다는 것이다. 그래서 이 프로젝트는 학생들이 석탄에 대한 공부부터 시작하게 되었다.

5 이 프로젝트를 일명 '동해와 서행의 만남 프로젝트'로 부르기로 하였다. 삼탄아트마인에 관한 기초정보를 알기 위해서는 https://blog.naver.com/nayahklee/221431202140, '폐광에 피어난 예술공간-삼탄아트마인'을 참고하라.

6 송준기와 송혜교가 열연했던 드라마 '태양의 후예'의 촬영지이기도 하였다.

표 3-12 삼탄아트마인의 기업과제

"삼탄아트마인의 기간별 매출을 살펴보면, 성수기와 비수기 간 격차가 매우 크고 연중 비수기 기간이 긴 특징이 있어 운영에 어려움을 겪고 있습니다." **비수기에 매출을 극대화할 수 있는 방안을 제시해주세요.**

손화순 대표가 삼탄아트마인의 기업소개와 기업과제를 설명하고 있다(위). 손화순 대표와 임직원들과 에리카 경상대 학생들의 결의를 다지고 있다(아래).

그림 3-11 삼탄아트마인의 기업과제 소개발표

3.3

Phase 2: 사전 학습(개별 학습)

이 단계는 개인별 학습단계(individual learning)로, 경영진이 제시한 현안 문제를 해결하기 위해 팀원들이 각종 온라인 강좌나 국내외 자료들을 폭넓게 학습하는 과정이다. 이 과정에서 학생들은 '지식 증폭(knowledge amplification)'(Nonaka & Takeuchi, 1995)을 경험하게 된다. 학생들의 학습 방향은 '이 회사가 제시한 문제의 본질이 무엇인지'에 대한 좋은 질문을 발견하는 데 초점이 맞춰진다. 특히, 문제를 의뢰한 기업이 속한 산업에 대한 학습은 필수적이다. 유튜브(YouTube)나 관련 서적을 통해 해당 산업을 이해하는 것이 컨설팅의 기본이다. 산업에 대한 이해 없이는 경영상의 문제를 해결하기 어렵기 때문이다.

예를 들어

- 2017년 2학기 마이다스아이티 과제 수행 시에는 IT산업 및 채용시장에 대한 심층적인 연구를 진행했다.
- 2018년 1학기 삼탄아트마인 컨설팅 때는 석탄 산업에 대해 학습하였다.
- 2018년 2학기 DHL KOREA 컨설팅 때는 물류산업을 연구하였다.
- 2020년 2학기 파크시스템스 과제에서는 원자현미경 산업에 대해 조사하였다.

- 2023년 1학기 새솔 다이아몬드(주) 과제 수행 시에는 다이아몬드 산업을 철저히 분석했으며, 당시 중국 유학생들과 함께 중국의 다이아몬드 산업까지 조사하였다. 또한, 에리카 공학대학 재료화학공학과 교수님의 특강을 요청해 들으며 깊이 있는 학습을 진행하였다. 학생들은 이러한 과정을 통해 다이아몬드 산업에 대한 지식을 쌓아 졸업 후 귀금속 관련 창업도 가능할 정도로 전문적인 지식을 익혔다.
- 2024년 1학기에는 벨기에 Ghent 대학교 글로벌 캠퍼스로부터 해조류 초콜릿 제품 개발을 의뢰받았고, 이에 따라 초콜릿 산업과 해조류에 대한 집중적인 산업 연구를 수행하였다.

이러한 과정을 반복하며 학생들은 특정 전공의 경계가 무의미해졌다. 기업이 제공하는 과제는 예측할 수 없었고, 학생들은 학문 분야 간, 전공 간 경계를 넘나드는 '상호연결(crossover)'을 경험하며, 융복합 인재로 성장하기 시작했다.

3.3.1 온라인 이론학습

온라인 이론 학습과 관련하여 두 가지 접근 방식을 취하였다. **첫째, 사전 학습을 효율적으로 진행하는 방법으로 관련 주제에 대해 K-MOOC과 유튜브를 통해 먼저 온라인 학습을 진행하는 것이다.** 예를 들어, 파크시스템스가 제공한 미국 시장 진출 전략을 수립하기 위해서는 원자현미경의 작동 원리를 반드시 알아야만 한다. 이를 위해 'Atomic Force Microscopy from A to Z'[7]라는 동영상을 반드시 보고 와야 했다. 또 해당 기업의 인사조직 이슈에 대한 최종 보고서를 제출하기 위해서는

7 https://www.youtube.com/watch?v=5YEv0UBN1NA&list=PLH4cAUjlEqR0kSgIXBaMQxqevG8ZF4uQp, Atomic Force Microscopy from A to Z

필자가 촬영한 '창조경영을 위한 인적자원관리, 길을 묻다'[8]를 사전에 학습해야 했으며, 사전 학습 여부에 대한 짧은 평가도 실시했다. [그림 3-12]는 필자의 '창조경영을 위한 인적자원관리, 길을 묻다' K-MOOC 소개 화면이다. 또 [그림 3-13]는 싱가포르 폴리텍 대학교에서 이 동영상을 사용하고 있다는 내용을 담은 편지와 싱가포르 대학생들이 K-MOOC 동영상을 보고 있는 장면이다.

또 다른 접근방법은 오프라인에서는 할 수 없었지만 온라인에서 할 수 있는 것이 무엇인지 고민하는 방식이다. 이는 코로나19 이후 많은 대학에서 온라인 강의가 보편화되었지만 근본적인 교육 방식에는 변화가 없었다는 반성에서 출발한다. 예를 들어, 줌(Zoom)을 기반으로 한 온라인 수업에서는 수업 이후 교수자가 녹화된 영상을 돌려보며 학생들의 발언을 분석하고 평가할 수 있다. 이는 온라인이라 가능해진 방법이다. 코로나19 시절 대부분의 대학에서는 1명의 교수가 줌 수업을 통해 수십, 수백 명의 학생에게 일방적으로 지식을 전달하는 강의를 했다. 안타깝게도 이는 오프라인 강의에서 저지르던 실수를 온라인에서도 반복한 것이다.

3.3.2 오프라인 이론학습

오프라인에서도 다양한 분야의 책을 소개하고 읽히도록 한다. 인사조직 분야에 대해서는 필자의 저서인 「창조경영을 위한 인적자원 길을 묻다」(도서출판 창명, 2020)를, 그리고 경영 전반의 안목을 깨우치고 기업 과제의 컨설팅을 능동적으로 수행하기 위해서는 광운대 이홍 교수와 필자가 함께 공저한 「실패하는 비즈니스에는 이유가 있다」(삼성글로벌리서치, 2023)를 반드시 학습하도록 했다. 특히, 이홍 교수와 공

---

8 http://www.kmooc.kr, 창조경영을 위한 인적자원관리, 길을 묻다(한양대 전상길). 2016년 교육부산하 국가평생교육진흥원으로부터 K-MOOC사업에 선정되어 영문자막을 비롯한 촬영에 관한 모든 비용을 지원받아 매우 고퀄리티로 만들어졌다.

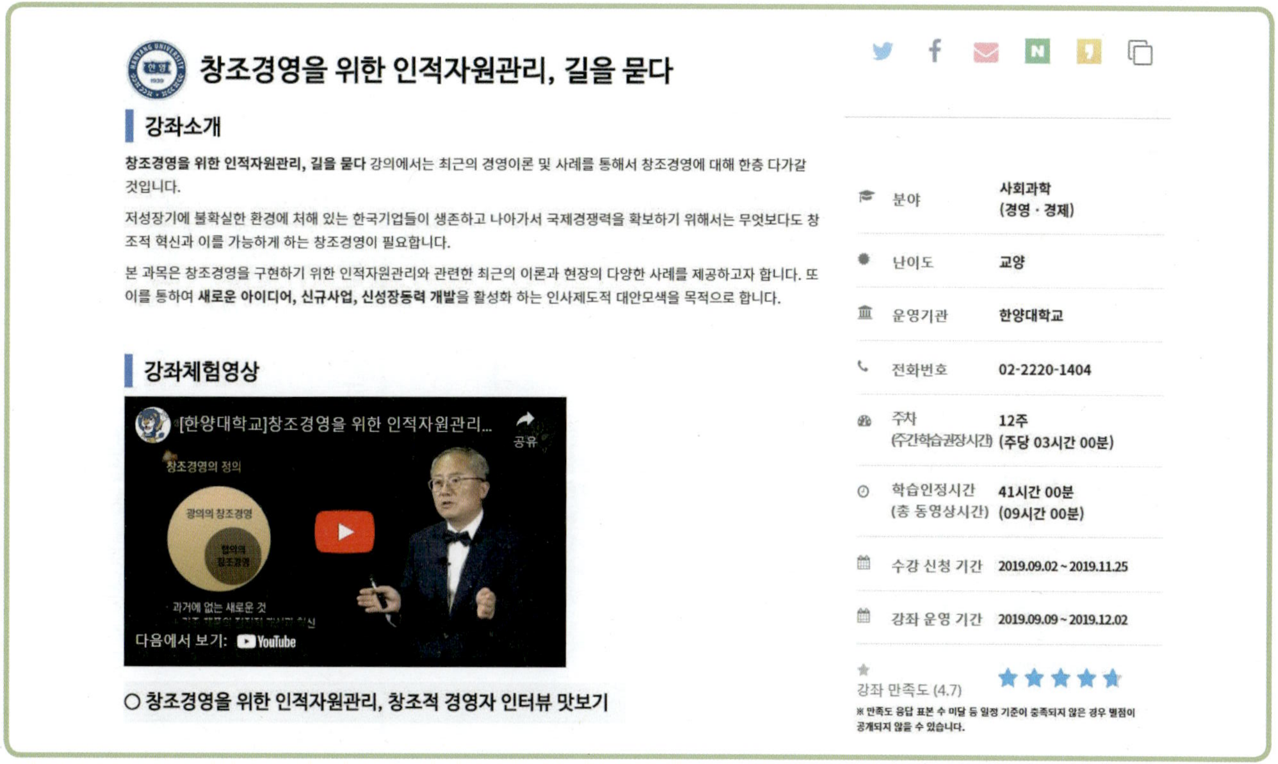

그림 3-12 K-MOOC(창조경영을 위한 인적자원관리, 길을 묻다) 소개

9 Woodlands Avenue 9, Singapore 738964
Tel: (65) 6510 3000 Fax: (65) 6415 1310
www.rp.edu.sg

REPUBLIC POLYTECHNIC

24 April 2017

Dr. Jeon, Sang-Gil
Professor
College of Business and Economics
ERICA Campus, Hanyang University
The Republic of Korea

Dear Dr. Jeon,

LETTER OF CERTIFICATION

On behalf of Republic Polytechnic, this is to certify that **B2330C Learning and People Development** module at School of Management and Communication is currently running with one of the Korean Massive Open Online Courses (K-MOOC), '창조경영을 위한 인적자원관리, 길을 묻다' by Hanyang University (Course No. HYUKMOOC2016-3k).

Enclosures:
B2330C class pictures

Yours Sincerely,

Kim Chang Hee

Mr. Kim, Chang-Hee
Lecturer
Diploma in Human Resource Management with Psychology
School of Management and Communication
Republic Polytechnic, Singapore.

그림 3-13 싱가포르 폴리텍 대학교에서 온 편지

저한 책은 경영학 4년 동안 배운 것을 한 학기 동안 조망할 수 있는 교재이다. 이 책은 2024년 우즈베키스탄어로 번역되어 출간되었으며(그림 3-15 참고), 2024년 사회과학분야 교양부문 세종도서로 선정되었다(그림 3-14 참고).

싱가포르의 폴리텍 대학교에서 'Learning and People Development' 과목에서 필자의 동영상을 사용하고 있다는 확인과 실제 수강하고 있는 학생들의 모습을 사진으로 찍어 보내왔다.

그림 3-14 오프라인 학습에서 주로 사용하는 도서

한양대학교 대학원에서 박사학위 과정중인 Dilshod, A군이 번역을 하였다. ('Muvaffiqiyatsiz biznesning sabablari', Fan ziyosi nashriyoti, 2024)(좌). 사진은 역자와 두 저자가 한양대학교 에리카의 호수공원 앞에서 찍은 사진이다(우).

그림 3-15 '실패하는 비즈니스에는 이유가 있다'(이홍과 전상길, 2023)의 우즈베키스탄어 번역서

3.3.3 토론을 위한 보조교재

학생들의 치열한 토론과 논리적 전투를 지원하기 위한 추천 보조교재로는 DBR(동아비즈니스 리뷰), Weekly Biz(그림 3-16 참고), Harvard Business Review(국 · 영문), 그리고 TTimes 등을 권장한다. 이 Phase 1, 즉 사전 학습 단계에서는 수강생 개개인이 엄청난 양의 학습을 해야 한다. 많은 학생들이 경영학 4년 동안의 학습보다도 더 많은 공부를 했다고 느낀다. 학생들은 스스로 게으름을 피우면 팀 평가뿐만 아니라 동료 평가에서 낮은 점수를 받을 것이라는 사실을 잘 알고 있다. 또한 경영학을 넘어서 타 학문 분야까지 스스로 탐구하고 넘나드는 놀라운 성취감을 경험하게 된다.

그림 3-16 토론을 위한 보조교재: DBR & WEEKLY BIZ

자료원: (좌)동아일보, "[DBR]AI 시장 선점을 위한 '2차선' 전략", 2024.01.29.; (우)조선일보 "[WEEKLY BIZ LETTER] '중진국 덫'을 뛰어넘은 한국의 비결", 2024.08.09.

3.4

Phase 3: 창조적 문제해결(집단 학습)

3.4.1 DO IT PROCESS의 개관

DO IT PROCESS는 Robert W. Olson의 저서 「The Art of Creative Thinking」(1980)에 소개된 창조적 문제해결 방법론으로, 상상력 기반의 혁신적 문제해결이 필요한 모든 사회현상에 적용 가능한 체계적인 방법론이다. Olson의 저서는 창의적 문제해결 방법에 관한 책 중에서도 철학적·심리학적 배경 지식을 바탕으로 실제 문제해결에 응용한 드문 역작으로 평가받고 있다. Olson은 창의적 문제해결의 전체 과정을 [그림 3-17]에서 보는 바와 같이 구성하였다. 우선은 문제를 정의하는 단계에서 3개의 M, 정의된 문제를 해결하기 위한 창의적 아이디어 도출에 4개의 M, 그리고 도출된 아이디어 중 최적의 아이디어를 선정하는 단계에 3개의 M, 이렇게 총 10개의 촉매 기법(Facilitating Techniques)을 제시하고 있다.

DO IT PROCESS는 기본적으로 문제를 정의하는 단계, 정의된 문제를 해결하기 위해 무한정으로 아이디어를 도출하는 단계, 도출된 아이디어 중에서 최선의 혹은 최적의 아이디어를 선정하는 세 단계로 구성된다.

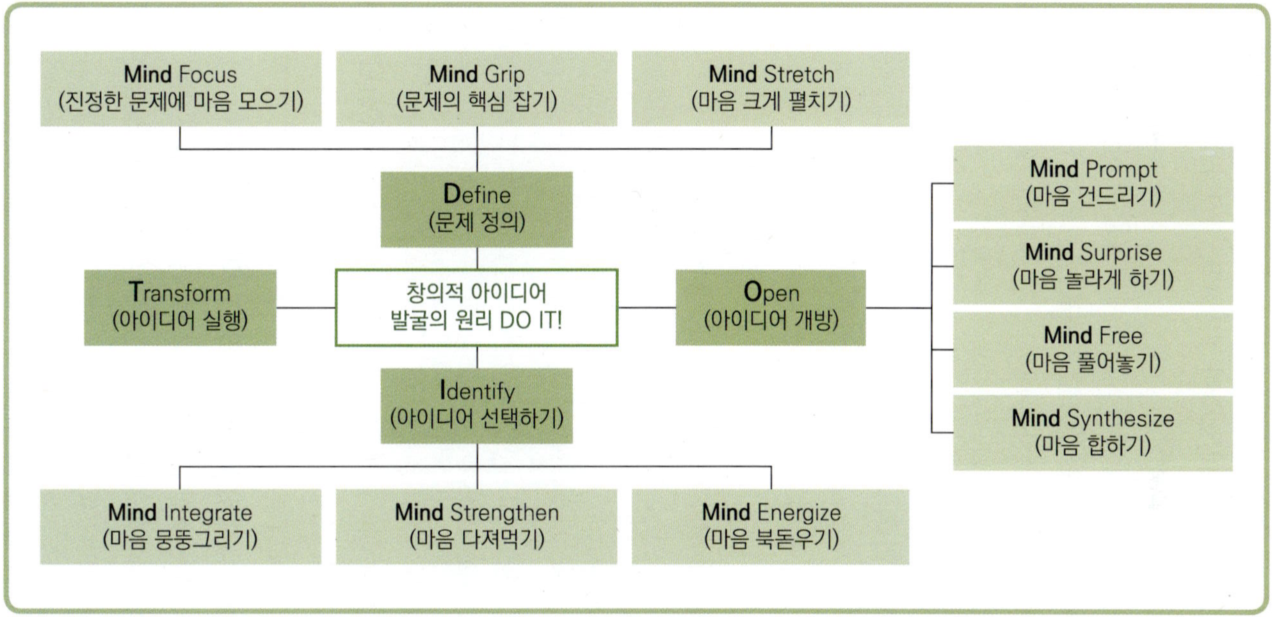

그림 3-17 DO IT Process의 10가지 촉매기법

자료원: Olson, Robert, W.(1980). 'Summary of the DO IT Process and Catalysts' in *The Art of Creative Thinking: A Practical Guide including Exercises and Illustrations*, Harper & Row, Publishers, p.221에서 수정 인용

이 과정은 창의적 문제해결을 위한 체계적인 방법론으로 각 단계에서 촉매 기법을 통해 문제를 더 명확히 정의하고, 혁신적인 해결책을 도출하고 선택하는 데 중점을 둔다.

IC-PBL을 위해서는 각 단계의 모든 촉매기법을 다 사용할 수도 있겠지만 시간의 제약이 있다면 필요한 촉매를 중심으로 선택적으로 사용해도 무방하다. 하지만 가르치고 배우는 입장에서는 이 전체 과정을 모두 학습하는 것이 필요하리라 생각된다.

1) 문제의 정의를 위한 촉매

문제 정의를 위한 단계는 마음 모으기(Mind Focus), 문제의 핵심 잡기(Mind Grip), 마음 크게 펼치기(Mind Stretch) 세 단계가 진행된다.

(1) 진정한 문제 혹은 문제의 본질에 마음 모으기(Mind Focus)

- 어떠한 문제라도 그 문제를 간단명료하게 정리하는 것이 문제를 해결하는 것보다 훨씬 어렵고 중요하다. 따라서 우리는 문제해결에 쏟는 에너지를 집중시킬 하나의 초점을 의식적으로, 무의식적으로 발견해야 한다.
- 문제를 해결하려는 노력의 가치는 우리가 얼마나 정확하게 문제의 가장 중요한 핵심에 초점을 맞출 수 있는가에 달려있는 것이다.

누군가가 창의적으로 문제를 해결하는 과정에서 가장 중요한 것이 무엇이냐고 묻는다면, 문제의 본질을 정확하게 정의하는 것이라고 단언할 수 있다. 어떤 문제의 본질을 정확하게 정의할 수 있다면, 그 문제의 해결 가능성은 매우 높아진다. 아인슈타인도 이렇게 말했다: "어떤 문제를 간명하게 정의하는 것이 그 문제를 해결하는 것보다 훨씬 어렵고 중요한 경우가 많다. 문제의 해답은 단순한 수학적 계산이나 실험 결과로 얻어질 수 있기 때문이다"(Olson, 1980, p.101).

예를 들어, 우리나라에 사계절이 나타나는 이유는 무엇일까? 우리

자료원: ChatGPT로 그린 그림

가 그 원인을 쉽게 떠올리기는 쉽지 않다. 여러분은 이 질문에 대해 어떻게 답하겠는가? 많은 사람들이 지구가 타원형 궤도를 따라 돌기 때문에 계절이 변한다고 생각하지만, 사실 계절 변화는 지구의 자전축이 23.5도 기울어진 상태에서 자전[9]을 하고, 동시에 태양 주위를 공전하기 때문에 나타나는 현상이다(그림 3-18 참고). 즉, 사계절은 지구의 자전축 기울기와 공전으로 인해 생기며, 이로 인해 반구마다 일 년 내내 받는 태양 광선의 양이 달라지게 된다. 지구의 반구 중 하나가 태양을 향할 때 봄과 여름을 경험하고, 태양에서 멀어지면 가을과 겨울이 된다(그림 3-19 참고). 만약 지구의 자전축이 기울어져 있지 않거나 기울어진 상태에서 자전만 한다면 계절 변화는 일어나지 않을 것이다.[10] 이처럼 천체의 운동 원리를 정확히 이해하지 못하면 사계절이 나타나는 원인을 밝히는 것은 불가능할 것이다.

우리는 살아가면서 종종 잘못된 문제나 모호한 문제에 많은 시간을 소비하며, 거기에만 매달려 좋은 해결책을 찾으려 애쓴다. 이로 인해 진정 중요한 문제의 본질을 간과하는 경우가 많다. 그 중요성을 일깨우는

9 더 엄밀히 얘기하면 지구의 자전축 기울기는 약 41,000년을 주기로 22.1도에서 24.5도 사이에서 변동한다(위키백과).

10 https://if-blog.tistory.com/4925, 봄, 여름, 가을, 겨울…계절이 변하는 이유는?

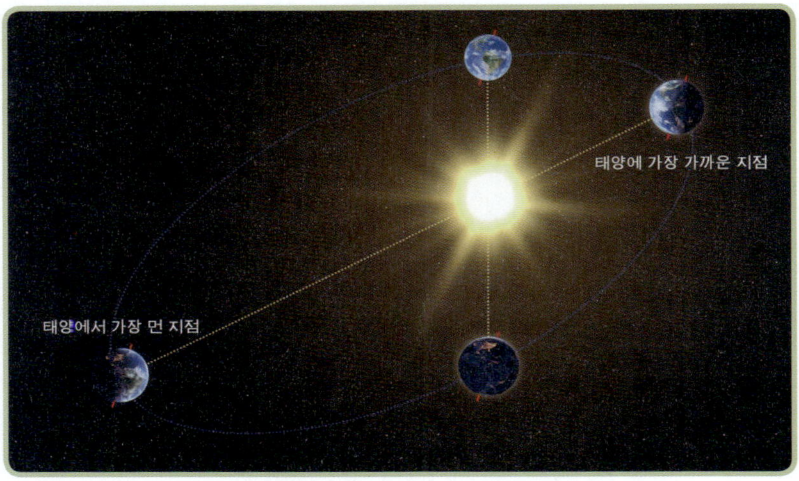

태양 주위를 도는 지구의 타원형 공전 궤도를 과장되게 표현한 그림

그림 3-18 23.5도 지구가 기울어진 상태에서 자전을 하고
타원형 태양궤도를 따라 공전하는 모습

자료원: https://starwalk.space/ko/news/what-causes-the-seasons-to-change

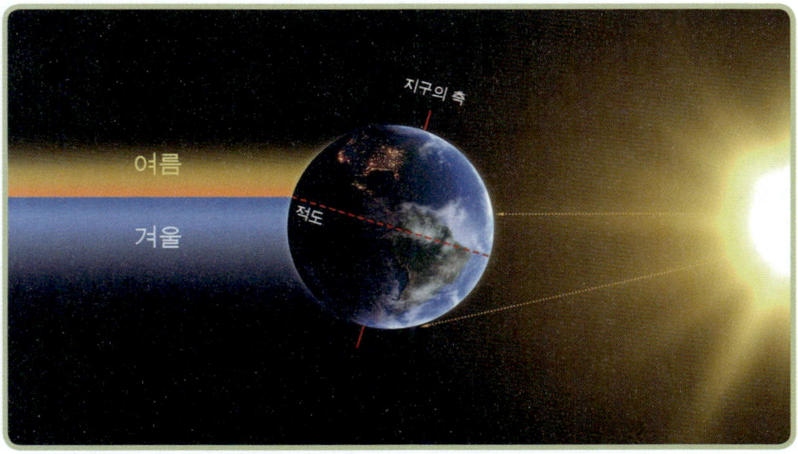

그림 3-19 지구의 기울기로 인해 반구마다
일 년 내내 받는 태양광선의 양이 달라짐

그림 3-20 고래 입 속에서 살아 돌아온 남성

자료원: https://www.hankyung.com/article/2021061452207

또 다른 예로, 2021년 6월 13일에 발생한 마이클 패커드(Michael Packard)의 이야기를 들 수 있다.

당시 56세였던 패커드는 바닷가재를 잡으러 바다에 들어갔다가 뜻밖에 고래에게 삼켜지는 상황을 겪었다. 그는 나중에 미국 CBS 방송에 출연해 이 경험을 회상하며, 물속에서 고래에게 삼켜지던 순간을 "순간적으로 큰 충격을 느꼈고, 모든 것이 어두워졌다"고 설명했다. 처음에는 상어의 공격을 받았다고 생각했지만, 손으로 주변을 더듬어보니 이빨이 없어서 고래라는 사실을 알게 되었다고 한다. 패커드는 그 순간, "내가 고래 입에 들어왔고, 고래가 날 삼키려 한다"며, "이게 끝인가 보다. 나는 곧 죽을 것 같았다"는 생각을 했다. 그는 고래의 거대한 힘에 압도되어, 그 동물을 이길 수 없다는 것을 깨달았다며, 자신은 그 상황에서 고래의 결정에 따를 수밖에 없었다고 말했다. 고래가 자신을 삼키거나 내뱉거나 둘 중 하나였다고 회상했다. 하지만 패커드는 고래의 입 속에서도 잠수 탱크 덕분에 숨을 쉴 수 있었고, 그 덕분에 "어떻게 하면 살아서 빠져나갈 수 있을까?"라는 생각을 할 수 있었다. 이 사례는 문제를 정확하게 정의하는 것의 중요성을 보여준다. **패커드가 처음에 상어라고 생각했을 때 공포를 느꼈고, 고래라는 사실을 깨달은 후에는 상황을 다르게 인식했다. 이는 문제정의가 상황을 어떻게 다르게 볼 수 있게 하는지를 잘 보여준다.**

여러분이 패커드였다면, 그 절체절명의 순간에 가장 먼저 어떤 질문을 던졌을까? "어떻게 하면 고래를 죽이지?" "어떻게 하면 여기서 빠져나갈까?" "기왕이면 멋있게 죽는 방법은 무엇일까?" 혹은 "어떻게 하면 마지막 유언을 남겨 가족에게 전할 수 있을까?" 등 순간 여러 질문이 떠오를 수 있을 것이다. 그러나 고래를 죽이는 방법을 찾는다면, 그 과정에서 본인도 죽을 가능성이 있으며, 고래 뱃속에서 나온다 해도 죽은 상태로 빠져나온다면 아무런 의미가 없을 것이다. 또 멋지게 죽는 방법이나 유언을 남기는 방법을 고민하는 것은, "어떻게 하면 살아서 빠져나갈 수 있을까?"라는 핵심 질문에 비하면 비교할 수 없이 하찮은 문제일 것이다. **문제해결의 출발점은 정확한 질문을 통해 문제의 본질에 초점을 맞추는 것이다.**

[연습 2]에서 눈 덮인 바위산에 숨은 두 마리의 표범을 찾아보라. 30초 안에 발견할 수 있을까? 이 문제는 과거에 알았던 문제가 아니라면, 쉽게 찾기 어려울 것이다. 눈 덮인 바위와 표범의 색이 유사하기 때문에 표범을 구별하기가 어려울 수 있다. 표범이 이런 환경에 잘 적응할 수 있는 것은 생존 확률을 높이는 중요한 요인이다. 우리가 문제를 해결할 때, 나무 때문에 숲을 보지 못하는 경우가 있듯이, 숲 때문에 나무를 보지 못하거나, 나무 때문에 잎을 보지 못하는 경우도 많다. 명확하게 보고자 하는 것을 찾기 위해서는 우리의 집중력에 분명한 초점이 있어야 한다. 이처럼, 마음 모으기는 그 초점을 찾는 가장 중요한 문제해결의 출발점이다.

[연습 2] 30초 안에 눈 덮인 바위산에 숨어있는 두 마리 표범 찾기

자료원: https://www.newspenguin.com/news/articleView.html?idxno=16656

(해답은 p.262에 있음)

표 3-13 세상과 삶을 바꾼 위대한 질문들

- 사과나무의 사과는 떨어지는데 왜 달은 안 떨어지지? (I. Newton)
- 깨지지 않는 유리는 없을까? (Corning Glass사)
- 교통사고를 근본적으로 없애는 방법은 없을까? (Google의 자율주행차 웨이모 개발)
- 라이터는 꼭 담배를 피우기 위해 존재하는가? 담배를 줄이기 위한 건강 라이터는 없을까? (장송곡이 나오는 건강라이터를 개발한 어느 중소기업 사장님)
- 왜 술은 마셔야 하는가? 씹어 먹는 술은 없을까? (충청대 허권, 도대홍 교수, 고체로 만든 술 개발)
- 저장을 많이 할 수 있는 수박은 없을까? (사각형 수박을 개발한 일본의 어느 농부)

문제해결에서 가장 중요한 것은 본질을 꿰뚫는 질문을 던지는 것이다. 이러한 질문은 때로는 산업의 역사나 삶의 패러다임을 바꾸는 게임체인저(game changer) 역할을 하기도 한다. [표 3-13]은 세상과 삶을 바꾼 위대한 질문들을 정리한 것으로, 이를 통해 마가복음 10장 38절의 "너희는 너희가 구하는 것이 무엇인지를 모르고 있다(You don't know what you are asking for)"라는 말씀의 의미를 새삼 깨닫게 된다.

[표 3-13] 질문들의 공통점은 모두 고정관념에 도전했다는 점이다. 즉, 중력을 가지고 있는 이 세상의 모든 물체는 떨어지기 마련인데 떨어지지 않는 초저녁달에 대한 이유를 찾던 중 청년 뉴턴은 결국 만유인력의 법칙(Newton's law of universal gravitation)을 발견했다. 또 이 세상의 모든 유리는 깨져야 한다는 고정관념을 뒤집고 깨지지 않는 유리를 개발한 코닝 글래스, 교통사고를 원천적으로 없애기 위해 자율주행차 웨이모를 개발한 구글, 라이터를 켜면 장송곡이 나와 담배 필 마음을 없애주는 건강 라이터를 개발한 어느 중소기업의 사장님, 야구장에서 관중이 술병을 던지는 것을 보고 씹어 먹는 고체술을 착안하였다는 허권 교수, '사각형이면 냉장고에 넣기 편하지 않을까'라는 생각으로 수박은 둥글어야 한다는 고정관념을 깨고 사각수박[11]을 개발한 일본 가가와현 젠쓰지시의 어느 농부의 질문이 그것이다.

LG그룹 8개사의 연구진 2만 1천여 명이 서울 마곡 LG사이언스파크에서 열린 'LG테크 페어'에 모였다. 취임 7년차를 맞은 구광모 회장은 각 사별로 게임 체인저가 될 신기술 개발을 주문했고, LG전자 연구원들은 "세탁에 물이 필요할까?"라는 질문을 던졌다. LG전자는 물 없는 친환경 세탁기 기술을 개발 중인데, 이 기술은 이산화탄소를 냉각·압축해 액체로 만들어 물 대신 사용하는 방식이다. 물과 세제가 필요 없고

11 사각수박은 익기 전의 수박을 정육면체 플라스틱 용기에 넣고, 10일간의 성형기간을 거치면서 사각으로 변하게 된다. 장식용 수요가 늘면서 최근에는 하트, 삼각형 등 다양한 수박형태에 도전하는 농가가 생겨나고 있다(일요신문, 2020.08.05.).

10일간의 성형 기간을 거쳐 생산된 사각 수박. 한 통에 11만 원선이다.

그림 3-21 가가와현 젠쓰지시의 사각 수박

자료원: 젠쓰지시 페이스북

폐수도 발생하지 않는다(조선일보, 2024.08.27.). 세탁기 시장에 큰 변화가 일어날 것으로 보인다.

이렇게 본질에 접근하는 질문을 하고 토론을 하는 방법을 가정교육은 물론 대학의 교육과정 속에 철저하게 내재화시킨 국가는 이스라엘[12]

12 이스라엘은 강원도 면적에 불과하지만 세계경제의 혜성으로 등장하였다. 인구는 780만, 세계 유대인공동체 309만, 노벨상의 22%, 세계 3위의 인적자원, 세계 경제위기시 단 하나의 은행도 망하지 않은 유일한 나라. 경제성장율은 선진국 중 압도적인 1위, 벤처캐피탈 투자 미국의 2.5배. 나스닥 63개(일본 6, 영국 5, 한국 3, 독일 2). 인구 800명당 1창업. 1개 대학 연간특허료 1조원 매출(윤종록(2016), 「후츠파로 일어서라」, 멀티캠퍼스).

이다. 이스라엘은 척박한 환경에서 생존하고 번영해야만 했던 그들의 고단한 역사 속에서 생존을 위해서라도 '문제의 본질'에 접근해야만 했다. 또 그것을 가능하게 한 것이 '하브루타(Havruta 또는 Chavruta)'[13]라는 유대인의 전통 학습방법이다(위키백과). 하브루타 학습은 두 사람이 짝을 이루어 특정 주제에 대하여 학습과제를 각자가 구두로 설명한다. 또 그 과제에 대해 각자가 분석하고 생각한 내용을 조직화하여 상대방에게 설명하고, 또 상대방의 얘기를 들으면서 서로의 생각에 대해 질문하고, 상대의 논증에서 오류를 찾아낸다. 이 과정을 통해 예상하지 못했던 새로운 관점을 발견하고 통찰력을 갖게 된다. 하브루타는 학생들이 배움에 집중하며, 추리력을 날카롭게 하고, 생각을 말로 발전시켜 논리적인 논쟁으로 그의 생각을 정리하도록 돕는다. 이러한 유형의 학습은 모호하게 유지될 수 있는 아이디어에 정밀성과 명확성을 부여한다.

한편 이러한 하브루타의 깊은 이면에는 이스라엘 민족의 '후츠파(Chutzpah)정신'이 있다. 후츠파란 도전적이고 실패를 두려워하지 않는 태도를 의미한다. 이 정신은 형식과 권위에 얽매이지 않고 자유롭게 도전하며, 실패를 두려워하지 않는 태도를 장려한다. 특히 기존의 권위에 도전하고 형식을 깨는 데 중요한 역할을 하며, 특히 스타트업 문화에서 필수적이다. 그 결과 이스라엘을 창업의 천국으로 만들었다(윤종록, 2016).

문제의 본질로 다가가고자 하는 후츠파 정신으로 이스라엘의 테크니온 공대 졸업생들은 실리콘 밸리는 물론 미국의 곳곳에서 산업기술을 주도하고 있다. 실리콘 밸리의 카페에서 열띤 토론을 하고 있는 사람들 대부분이 이스라엘의 테크니온 공대 출신임을 의심할 사람은 없다.

13 하브루타는 '우정' 또는 '동반자 관계'를 의미하는 아람어 단어이지만 현대에 와서 '학습파트너'로 정의된다. 정통 유대교에서, 하브루타는 2명의 학생이 하나 하나를 배우는 것을 말한다. 3명 이상의 학생들이 함께 배울 때는 chavurah라고 한다. 개혁 유대교는 하브루타의 아이디어를 함께 공부하는 2명, 3명, 4명 또는 5명을 포함하는 것으로 확장시켰다(위키백과).

테크니온 공대는 이 후츠파 정신을 교육과정에 적극 반영하고 있다. 학생들은 혁신적인 프로젝트 기반 학습, 스타트업 인큐베이션 프로그램, 산업체와의 협력연구 등을 통해 후츠파 정신을 실천적으로 배운다. 이런 교육 방식은 졸업생들이 실제 산업현장에서 빠르게 적응하고 혁신을 주도할 수 있는 원동력이 되고 있다. 실제로 미국의 주요 빅테크 기업의 엔지니어 가운데 약 25%가 테크니온 출신이다. 한 졸업생은 엔비디아에서 소프트웨어 검증 엔지니어로 제품의 안정성을 높이는데 기여하고 있다. 또 다른 졸업생은 텔아비브 연구소에서 딥 러닝 알고리즘 연구를 주도하고 있다. 구글에서는 머신러닝 분야에서, IBM에서는 혁신적인 기술개발 분야에서 테크니온 공대 졸업생들이 기술적 리더십을 발휘하고 있다.[14]

예시바 대학도서관에서 학습자들이 나란히 또는 마주보고 앉아서 하브루타 학습법으로 대화하고 있다.

그림 3-22 예시바 대학 도서관 — 하브루타 학습법으로 대화하는 학생들

자료원: 위키백과

14 https://blog.naver.com/imkyungwon/223496237269, 후츠파 정신의 힘, 테크니온 공대 졸업생들이 미국 기술 산업을 바꾸는 방법, 실리콘밸리의 이스라엘 혁명

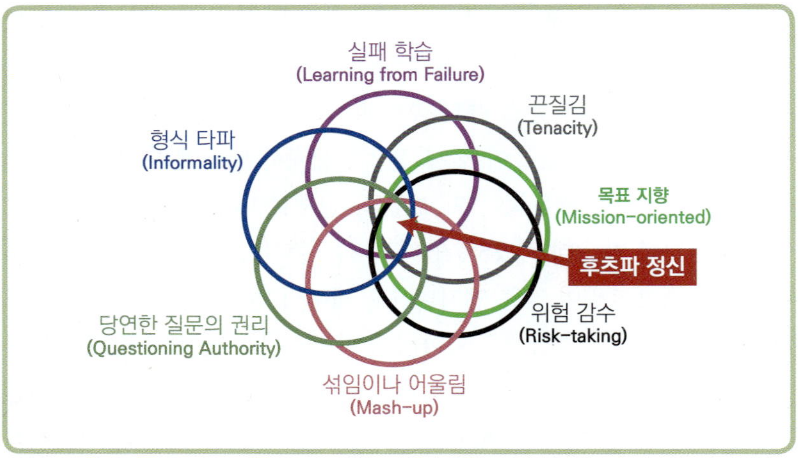

그림 3-23 후츠파 정신을 구성하는 하위정신

자료원: 매일경제, 2015.04.28.

최근 한양대 서울캠퍼스와 에리카캠퍼스에서는 2023년부터 양 캠퍼스 학부 및 대학원생들 모두를 대상으로 질문대회(ASKTHON)를 열고 있다. 주제는 자유주제이고 전공영역에 제한이 없다. 접수는 한양대학교에리카 비교과통합관리시스템인 하이루이(hylu-e.hanyang.ac.kr)에서 한다.

애스크톤은 학생들이 자신의 전공과 다양한 경험을 바탕으로 스스로 질문을 던지며 새로운 생각의 움직임을 만드는 질문 경진대회이다. 이 대회는 질문 능력의 중요성을 강조하고, 학생들 스스로가 사회적·학문적 문제에 대한 새로운 관점을 제시할 수 있도록 돕기 위해 기획되었다. 예선을 거쳐 각 캠퍼스별로 9개의 팀이 본선에 진출하였고, 본선에 진출한 학생들이 제작한 영상으로 본선 심사가 진행된다. [표 3-14]는 양 캠퍼스 출신 팀 가운데서 본선 진출 팀들의 질문리스트이다.

그림 3-24 한양대 질문대회(ASKTHON)

자료원: 한양대학교 에리카캠퍼스 IC-PBL센터 제공

표 3-14 본선 진출 팀들의 질문리스트

서울 캠퍼스 본선 진출팀	
팀명	질문
AH!	대화형 AI 시대의 도래, 인간의 대화가 갖는 가치는 무엇인가?
PHILOGMA (필로그마)	AI 시대의 대체 불가능한 인재란?
Renewable Nexus	기술의 발전과 사회적 수용의 갈등을 어떻게 해결해야 하는가?
WeBE	누구를 위한 헬스케어인가?
럭키웨이브	행복집착의 시대에서 지속 가능한 행복이란 무엇일까?
영구기관	AI에게 묻습니다 : 무엇이 잘 질문하게 하나요?
인텔렉투스	오래 살면 행복해지는가?
자유로운 AI를 봐 자유로워	인공지능의 발전은 인간의 자유에 어떤 변화를 가져오는가? - 의사결정의 자유를 중심으로
해바바 HBB	당신은 몇 퍼세트(%) 확신할 때 실행으로 옮기는가?

표 3-14 본선 진출 팀들의 질문리스트 (계속)

ERICA 캠퍼스 본선 진출팀	
팀명	질문
CRACKER	감정은 과연 인간만의 것인가?
I3ST	우리는 스트레스에 대해 정확히 알고 있는가?
가면감	무엇이 당신의 외로움을 덜어줄 수 있을까?
궁금해요	질문의 의미는 무엇인가?
나비효과	우리의 광고 건너뛰기 한 번이 미래에 얼마나 큰 영향을 미칠까?
날 떠나지마	인간은 왜 반려를 찾는가?
류드밀라	우리는 왜 경험하지 않은 시대에 대한 노스탤지어를 느끼는가?
박후민	지구에서 대하가 사라진다면?
지성인하지성	인공지능 시대, 학습자의 질문을 확장하기 위한 AI는 어떻게 응답해야 하는가?

자료원: 한양대학교 에리카캠퍼스 IC-PBL센터 제공

(2) 문제의 핵심잡기(Mind Grip)

- 그 문제의 목표를 두 마디로 된 말로 최소한 3개 이상 써 본다.
- 그 중에서 당신이 풀고자 하는 문제를 가장 정확히 표현한다고 생각하는 것을 골라라.
- 그리고 그것을 사용하여 당신의 문제를 더욱 정확하고 효과적인 말로 다시 한 번 써 본다.

운동선수 가운데 헤비급 세계 챔피언이었던 무하마드 알리(1942~2016) 만큼 많은 명언을 남긴 이도 드물 것이다. "챔피언은 체육관에서 만들어지는 것이 아니다. 꿈, 욕망, 식견처럼 내면에서 만들어진다", "지나간 날들에 가치를 매기지 말라. 남아있는 날들을 가치 있게 만들어라" 그리고 그의 가장 대표적인 발언으로 "나비처럼 날아 벌처럼 쏜다"와 같은 명언을 남겨 철학자와 같은 권투선수로서의 이미지를 세상에 남겼다. 그는 시합을 할 때 가벼운 펀치로 탐색전을 펼치면서 상대방의 힘을 뺀 뒤 결정적인 순간에 큰 펀치를 날려서 상대를 KO(knockout)시키곤 했다.

무하마드 알리 방식의 문제 정의 내리기는 큰 해결책을 내기 전에 작은 탐색을 진행하여 문제의 본질을 파악하는 과정이 중요하다. 이는 골프나 사격, 피아노 연주 등에서도 마찬가지다. 예를 들어, 골프에서는 골프채를 잡는 손, 손가락, 엄지 등의 위치가 조금만 어긋나도 골프공은 코스에서 벗어나거나 OB(out of bounds)가 날 수 있다. 사격에서도 작은 차이가 목표에 큰 영향을 미친다. 과녁을 제대로 겨누었다 하더라도 총을 잡은 왼쪽 엄지손가락과 검지손가락의 위치, 왼쪽 팔꿈치의 위치, 발의 자세 등의 미세한 차이만으로도 목표에 큰 영향을 미친다.

이처럼 '문제의 핵심잡기'는 불분명하고 애매하게 정의된 문제를 단단히 그리고 정확하게 파악하도록 도와준다. 문제정의 단계에서는 비록 조그마한 정도의 차이라 할지라도 문제해결 단계에서는 바로 그 조그마한 차이 때문에 엄청난 질적인 차이가 발생한다. '문제의 핵심잡기'의 본질은 모호한 문제 서술을 문제의 핵심을 나타내는 단 두 마디의 짧은

그림 3-25 올바른 그립 잡기

자료원: http://www.geconomy.co.kr/mobile/article.html?no=281196

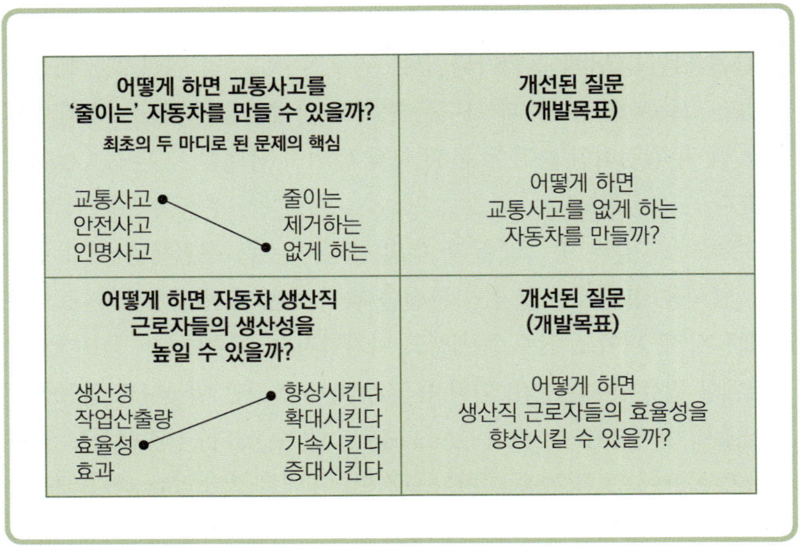

그림 3-26 문제의 핵심잡기 — 사례1

서술로 바꾸어 놓는 것이다. 이를 경영학의 격언으로 KISS(Keep It Simple Stupid. 단순하고 우직하게 매달려라)라고 표현한다.

[그림 3-26]에는 두 가지 예를 제시하고 있다. 하나는 '어떻게 하면 교통사고를 줄이는 자동차를 만들 수 있을까?'라는 문제에서 최초의 두 마디로 된 문제의 핵심은 '교통사고를 줄이는' 것이었다. 하지만 유사한 낱말의 표를 만들어 진정으로 해결하고자 하는 문제를 파악해 보니, 진정으로 해결하고자 하는 과제는 '교통사고를 없게 하는' 것임을 깨닫게 된다. 따라서 개선된 질문은 "어떻게 하면 교통사고를 없게 하는 자동차를 만들까?"라는 새로운 개발목표를 확보하게 된다. '교통사고를 줄이는 것'과 '교통사고를 없게 하는' 이 두 핵심 문장의 차이는 별로 크지 않아 보이지만 결과적으로는 전자의 문제정의로는 '운전자 교육강화', '교통법규 강화', '신호체계개선' 등과 같은 해결책이 도출된다. 반면에 후자의 문제정의 하에서는 구글의 자회사인 웨이모(Waymo)가 개발한

우리은행의 할인 대출 상품 ☑즉시 24시간 무조건	**개발목표: 즉시대출** 어떻게 하면 즉시 대출을 할 수 있게 할까?
담배를 끊게 하는 라이터 ☑줄이게 하는 부드럽게 하는 맛있게 하는	**개발목표: 담배를 줄이게 하는 라이터** 어떻게 하면 담배를 줄이게 하는 라이터를 개발할 것인가?

그림 3-27 문제의 핵심잡기 — 사례2

자율주행차 '로보택시'나 테슬라의 완전자율주행 Level 4와 같은 인류의 꿈에 해당하는 자동차를 개발하는 해결책이 제시된다.

또 다른 하나는 "어떻게 하면 자동차 생산직 근로자들의 생산성을 높일 수 있을까?"라는 최초 문제에서 유사한 낱말 조합을 고민한 끝에 '효율성을 향상시킨다'라는 단어 조합을 선택했다면, 문제 서술은 "어떻게 하면 생산직 근로자들의 효율성을 향상시킬 수 있을까?"로 수정될 수 있다.

이와 같은 방식으로, [그림 3-27]에서도 비슷한 명사, 형용사, 부사의 미세한 차이가 최종 제품이나 서비스의 가치에 큰 차이를 가져올 수 있음을 알 수 있다. 이러한 사실은 앞으로의 신제품 및 신기술 개발에는 언어감각이 뛰어난 인문학적 소양과 감수성이 뛰어난 인재를 확보하는 것이 중요함을 의미한다.

한걸음 더 나아가 개발목표 혹은 추구하고자 하는 목표가 정해졌다면 목표달성을 위한 창의적인 아이디어를 도출하는 문제가 기다리고 있다. 이와 관련하여 다양한 방법이 있다.[15] 하지만 여기서는 간략히 인류 역사상 최고의 야구선수라 불리는 LA다저스의 오타니 쇼헤이가 고등학교 1학년 때 작성하여 유명하게 된 만다라트(Mandal Art) 혹은 만다라 차트(Mandala Chart)를 소개하고자 한다.[16] 만다라트는 그 스스로가 자기관리를 철저하게 하기 위하여 만든 실천도구였으며 그 실천의 결과 현존하는 세계최고의 야구선수가 되었다.

일본에서는 양손에 칼 또는 검을 쥐고 공격과 방어를 하는 기술을 니토류(二刀流)라고 한다. 이 말이 유행한 것은 LA다저스와 10년 7억 달러(9,324억 원)의 역사적인 계약을 한 오타니 쇼헤이(大谷翔平)라는 야구선수 때문이다. 타자와 투수를 겸한 선수라는 의미에서 니토류라고 하지만 한 가지도 잘하기 어려운 프로 세계에서 양쪽을 다 잘하는 겸업선수가 성공한다는 것은 1910년대 베이브 루스이후 100년 만에 처음 있는 일이다.

고교시절부터 '8개 구단으로부터 드래프트 1위'라는 확실한 목표를 세운 오타니는 이 목표를 달성하기 위하여 8가지 세부목표를 정하였다. 또 각각의 세부 목표에 대해서 8개의 실천 목표를 정했다. 특히 그는 야구를 잘 하기 위한 기술적 목표인 몸만들기, 컨트롤, 예리함, 구속 160km/h, 변화구뿐만 아니라 멘탈, 인간성, 운과 정신심리적 목표까지 달성하려는 노력이 돋보인다. 예를 들어, 좋은 운을 잡기 위해서 해야 할 일로 ① 인사하기, ② 쓰레기 줍기, ③ 방 청소, ④ 물건을 소중히 쓰기, ⑤ 심판에 대한 태도, ⑥ 긍정적 사고, ⑦ 응원을 받는 사람이 되기, ⑧ 책 읽기 등 쉽게 할 수 있지만 잘 하지 않는 세부목표를 정했다. 오타니가 경기장에서 쓰레기를 줍는 모습도 그에게는 행운을 줍기 위한 실천행동이었다.

---

15 목표가 주어졌을 때 목표달성을 위한 수단을 확보하기 위한 창의적인 아이디어를 도출하는 방법으로는 만다라트 외에도 와이 파이(Why Pie) 발상법, 어골도(Fishbone Diagram) 등이 있다. 구체적인 내용은 박수홍 외(2022)를 참고하기 바란다.

16 오타니 쇼헤이는 2023년에는 WBC (World Baseball Classic)에서 우승을 거머쥐며 대회 MVP가 되었다. 2024년도 연봉 3000만불 (한화 약392억 5000만원)(https://metamns.tistory.com/15)

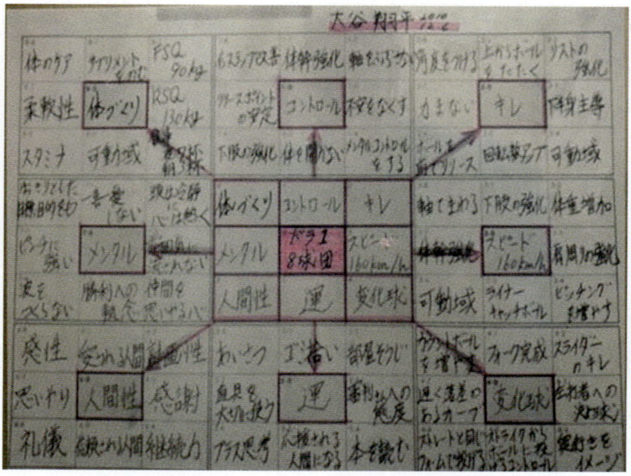

몸관리	영양제 먹기	FSQ 90kg	인스텝 개선	몸통 강화	축 흔들지 않기	각도를 만든다	위에서부터 공을 던진다	손목 강화
유연성	몸 만들기	RSQ 130kg	릴리즈 포인트 안정	제구	불안정 없애기	힘 모으기	구위	하반신 주도
스테미너	가동역	식사 저녁7숟갈 아침3숟갈	하체 강화	몸을 열지 않기	멘탈을 컨트롤	볼을 앞에서 릴리즈	회전수 증가	가동력
뚜렷한 목표·목적	일희일비 하지 않기	머리는 차갑게 심장은 뜨겁게	몸 만들기	제구	구위	축을 돌리기	하체 강화	체중 증가
핀치에 강하게	멘탈	분위기에 휩쓸리지 않기	멘탈	8구단 드래프트 1순위	스피드 160km/h	몸통 강화	스피드 160km/h	어깨 주변 강화
마음의 파도를 안만들기	승리에 대한 집념	동료를 배려하는 마음	인간성	운	변화구	가동력	라이너 캐치볼	피칭 늘리기
감성	사랑받는 사람	계획성	인사하기	쓰레기 줍기	부실 청소	카운트볼 늘리기	포크볼 완성	슬라이더 구위
배려	인간성	감사	물건을 소중히 쓰자	운	심판을 대하는 태도	늦게 낙차가 있는 커브	변화구	좌타자 결정구
예의	신뢰받는 사람	지속력	긍정적 사고	응원받는 사람	책 읽기	직구와 같은 폼으로 던지기	스트라이크 볼을 던질 때 제구	거리를 상상하기

그림 3-28 오타니 만다라트

자료원: https://www.noblesse.com/home/news/magazine/detail.php?no=13355(상); https://www.hankookilbo.com/News/Read/A2023032310060000001(하)

그림 3-29 쓰레기 줍는 오타니

자료원: https://www.hankyung.com/article/2024031883287

(3) 마음 펼치기(Mind Stretch)

- 당신이 원하는 바 만족스런 문제해결책의 목표, 목적이나 기준을 적어본다. (극복해야 하는 장애물을 생각하라)
- 그 다음 각 목표, 목적 혹은 기준에 대해 생각을 펼치고 그때 떠오른 아이디어를 모두 적어보라.

사회심리학 대가인 미시건 대학교의 칼 와이크(Karl Weick, 1979)는 “인간은 자기가 그어 놓은 선에 의해 넘어지게 마련이다”라고 주장하며, 인간이 세상을 선입견과 가치체계로 바라보는 것이 오히려 더 객관적인 평가를 방해할 수 있음을 강조했다. 그의 말은 우리의 사고와 행동이 고정관념에 의해 제한될 수 있다는 점을 지적한다. 다음의 두 가지 익히 잘 알려진 사례를 살펴보자.

[연습 3] 펜이나 연필로 원을 칠해 보세요.

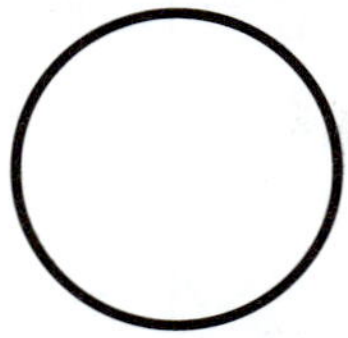

(해답은 p.262에 있음)

[연습 3]은 지름 2cm의 원을 색칠해보라는 문제다. 이때, 대부분의 사람들은 본능적으로 원 밖을 넘어서지 않으려 한다. 원 안에서만 색을 칠해야 한다는 암묵적인 기준을 스스로 만들어 그 안에서만 행동한다. 이 사례는 우리가 생각하는 틀이나 경계가 실제로는 존재하지 않음에도 불구하고, 스스로의 사고와 행동을 제한하는 방식을 잘 보여준다. 우리의 사고는 이처럼 무의식적으로 경계를 그려 자신을 제약한다. 우리가 이 경계를 넘어서지 못하는 한 우리의 상상력과 창의력은 한계에 갇히게 된다. 고정관념과 사고의 프레임을 깨고 더 넓은 사고로 나아가야 한다.

[연습 4]

다음의 점들을 지나는 4개의 직선을 긋되 각 직선은 계속 연결되어야 하며 아홉 개의 점을 모두 지나야 한다. 단 각 직선은 상호 교차할 수는 있으나 중복되어서는 안 된다.

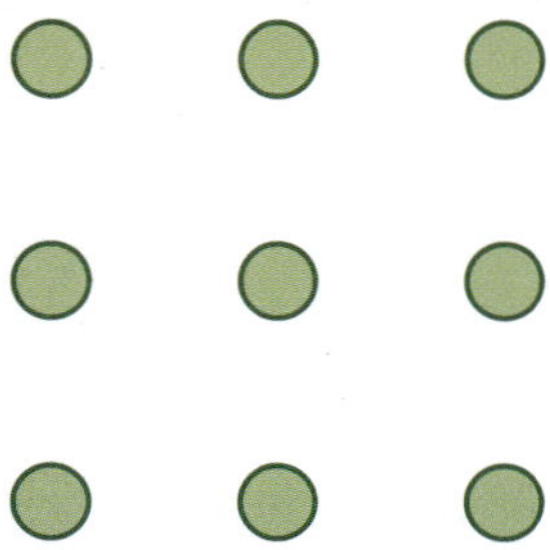

(해답은 p.263에 있음)

[연습 4]는 9개의 점을 4개의 직선으로 연결하는 문제다. 이 문제도 앞선 예와 비슷하게, 많은 사람들이 9개의 점 안에서만 해결책을 찾으려 하지만, 이 틀을 벗어나지 않으면 해답을 얻을 수 없다. 즉, 해결의 전제에서 벗어나야 비로소 답을 찾을 수 있다. 이 두 가지 사례 모두 인간이 가지고 있는 제도와 규범, 가치기준들이 우리의 사고와 상상, 그리고 행동의 자유도(degree of freedom)를 얼마나 제한하는지를 잘 보여준다.

다음 사례는 제약과 한계를 뛰어넘어 새로운 틀을 만들어낸 일본 오사카 히가시오사카시(市)의 작은 마을 후세(布施)의 이야기이다.[17] 후세의 상점 골목은 한때 폐점이 잇따라 '샷타도리(シャッター通り, 폐점가게가 많은 거리)'로 불렸으나, 최근 아침부터 붕어빵집, 고로케집, 떡집 등이 손님들로 북적이는 활기찬 여행지로 탈바꿈했다. 관광 자원이나 숙소도 부족한 이 쇠퇴하던 마을이 어떻게 이렇게 변화할 수 있었을까?

후세 마을의 성공적인 변화는 개별 가게나 시설물의 경계를 넘어서 '마을 전체를 하나의 호텔'로 개념화한 혁신적인 아이디어에서 비롯되었다. 이 '마을 전체 호텔'은 기존 상점, 식당, 카페 등을 호텔과 같은 편의시설로 묶어 운영하는 방식이다. 후세는 빈 점포를 객실로 개조하고, 숙박객들이 동네를 체험하도록 하여 관광객을 끌어들이고, 마을 전체가 활기를 되찾았다.

마을의 변화는 2018년 '세카이 호텔'이 문을 열면서 시작되었다. 지역 부동산 회사는 방치된 빈 점포들과 주택을 하나씩 매입해 리모델링했고, 일반적인 호텔처럼 한 건물 안에 모든 객실이 있는 것이 아니라, 마을 전체가 호텔의 일부가 되는 방식으로 운영했다. 각 객실은 예전의 낡은 점포였던 흔적을 찾아볼 수 없을 정도로 깔끔하게 꾸며졌지만, 상점의 옛 간판은 그대로 남겨두어 레트로풍의 분위기를 유지하고 있다. 예를 들어, 옛날 기모노 가게였던 곳을 프런트로 사용하고, 과자

---

17 WEEKLY BIZ. "마을 전체가 호텔로 변신..쇠락하던 마을이 살아났다". 2024.08.10.

점, 물리 치료원, 다방 등을 객실로 사용하는 것이다. 호텔 숙박객들은 목에 파란색 명찰 목걸이를 걸고 다니는데, 이것은 마을 상점가에서 사용되는 '프리패스(자유이용권)'로, 마을 내 음식점과 상점에서 할인을 받거나 특별 서비스를 제공받을 수 있다. 예를 들어, 동네 화과자 집에서는 생딸기와 키위가 들어간 생크림 모찌를 무료로 받을 수 있고, 야키토리 집에서 식사를 하면 생맥주를 서비스로 제공한다. 모든 가게가 무료 서비스를 제공하지는 않지만 여덟 곳은 완전 무료 음식을 제공하며 나머지 가게들은 상황에 따라 덤이나 할인 혜택을 준다. 이러한 독창적인 아이디어는 쇠퇴해 가던 마을을 관광지로 탈바꿈시키는 데 큰 역할을 했다.

후세 마을에서는 현지 생활을 체험할 수 있는 패키지를 종일 제공한다. 우선 조식은 호텔뷔페가 아닌 동네 낡은 '낏차점(일본식다방)'에서 제공되며, 동네어르신들이 수다를 떠는 사랑방에서 특제메뉴인 달걀샌드위치를 먹는 경험을 할 수 있다. 저녁은 동네 이자카야나 야키소바 가게에서 먹고, 밤에는 60년 된 동네 목욕탕을 이용하는 등 진정한 로컬 체험을 할 수 있다. 이런 체험은 관광객에게 특별한 경험을 제공하고, 동네 소상공인들에게는 새로운 손님 유입으로 상생의 효과를 주고 있다. 동네상인들은 '마을전체호텔' 효과를 톡톡히 누리고 있다.

후세 마을의 마을 전체 호텔은 총 19개 객실을 운영하며, 지난해 한 해 동안 5,438명의 숙박객이 방문했다. 이는 2018년 개점 당시의 310명에서 크게 증가한 수치로, 5년 만에 18배 가까이 성장했다. 객실 가격은 1박 3,000엔(약 2만 8,000원)짜리 캡슐호텔부터 6명이 묵을 수 있는 독채(1박 약 37만 원)까지 다양하다. 숙박객 대부분은 20~30대 젊은 층으로, 일본의 쇼와시대 분위기를 체험하고 싶어 찾아오는 경우가 많다. 기타가와 매니저는 "후세는 일본 쇼와시대의 풍경을 고스란히 간직한 곳이라, 그 시절의 분위기를 느껴보고자 하는 젊은이들이 많이 찾는다"고 설명했다.

거리 곳곳에 호텔 객실과 시설이 숨어 있어 돌아다니는 재미가 있다. 사진에 보이는 작은 노란 간판의 '끽차점(일본식 다방)'에선 동네 주민과 아침 식사를 할 수 있다.

그림 3-30 일본 히가시오사카시(市)의 작은 마을 후세 마을 상점가

자료원: WEEKLY BIZ, 2024.08.10.

후세의 '마을전체호텔'에선 떡집, 고로케집 등에서 무료 음식을 받아 걸어 다니며 간식을 먹을 수도 있다(좌). 후세의 '마을전체호텔'에서 프런트는 여성용 기모노 가게를 리모델링 해서 만들었다. 옛 정취를 불러일으키는 간판은 여전히 남아있는 상태다(우).

그림 3-31 후세 마을 풍경

자료원: WEEKLY BIZ, 2024.08.10.

후세의 '마을 전체 호텔' 사업을 보면서 한국에서 진행되고 있는 도시재생사업이 성공하려면 '관점의 확장'이 필요함을 새삼 느끼게 된다. 관점의 확장과 관련하여 [ERICA 산책 1]에서 보는 바와 같이, 플라톤의 '국가론' 제7권에 등장하는 '동굴의 비유'를 다시 한 번 깊이 생각해 볼 필요가 있다.

[ERICA 산책 1] 교육의 본질과 플라톤의 동굴비유

플라톤이 말한 지하 동굴에는 '죄수'들이 산다. 어릴 적부터 발과 목이 묶여 앞만 볼 수 있다. 죄수 뒤에 있는 불타는 장작더미의 불빛을 받아 동굴 밖의 동물들을 본뜬 인형들의 그림자가 동굴 벽에 비친다. 그리고 죄수는 발과 목이 묶여서 동굴 벽에 비친 인형들의 그림자만 볼 수 있다. 그러다가 죄수들 중 1명이 풀려나서 몸을 돌려 인형들과 불을 본다. 그 다음에 그는 동굴 밖으로 나가게 되지만 처음에는 눈이 부셔서 사물들을 직접 보지 못하고 그들의 그림자나 물에 비친 영상들만을 볼 수 있다. 빛에 익숙해진 다음 그는 진짜 사물들을 볼 수 있게 되고 종국에는 태양도 보게 된다. 그는 태양에 대해서 계절과 세월을 가져다주며, 보이는 영역에 있는 모든 것을 지배하며, 동료들이 보았던 모든 것의 원인이 된다고 깨닫게 된다. 그리고 다시 동굴로 들어가 사람들에게 밖에 빛이 있다고 말하지만 사람들은 믿지 않았다. 이렇듯 동굴 밖으로 나간 죄수들은 '깨달음'이라는 것이 무엇인지 알게 된 죄수들이며 해방된 죄수들은 실제 사물과 현실을 보고 이전에 본 것이 환상이라는 점을 깨닫게 된다는 것이다. 그는 이러한 깨달음을 얻게 된 자신은 행복하다고 여기되, 나머지 죄수들을 불쌍히 여기게 된다. 이야기는 여기까지이다.

플라톤의 입장에서 보면 우리가 감각적으로 접하는 것들은 모두 동굴 속 그림자에 지나지 않는다. 육안의 눈을 통해서 본 것은 불완전한 지식, 변화하고 생성하는 세계를

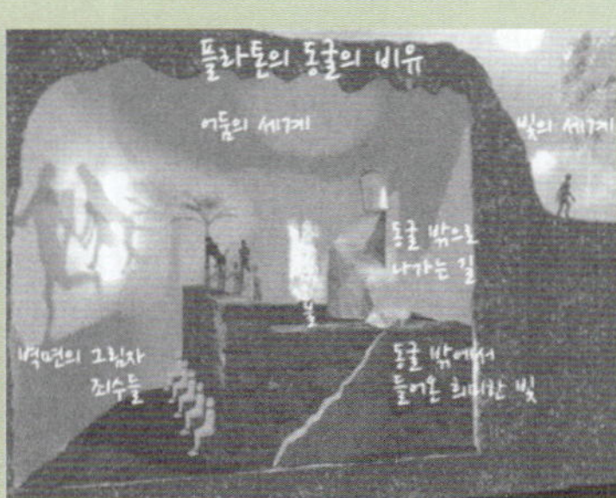

대상으로 하는 지식은 참지식이 아니라고 하였다. 이데아의 세계를 관조할 수 있는 지식이 참지식이며, 플라톤은 그것을 육안의 눈이 아닌 지성의 눈으로 볼 수 있다고 하였다. 그의 관점에서 보면 우리가 보통 안다고 생각하는 종류의 지식은 결코 완전한 앎이라고 할 수 없는 것이다. 더불어 '깨달은' 삶을 존중하면 해방된 것이지만 '깨달은' 삶에 무지하거나 혹은 그 삶을 무시한다면 평생 동굴 속에 갇혀 있을 것이다. 이런 생각에 다다르게 되면 교육이란 지식의 주입 즉, 형상의 주입이 아니라 몸을 돌려 태양을 보듯이 영혼을 돌려 실재를 보게 하는 것이다. 즉, 교육은 방향을 돌려 참된 진실을 보게 하는 것임을 알 수 있다. 지금 이 시점에서 이 책을 읽고 있을 독자들에게 하고 싶은 말이 있다. "쇠사슬을 끊고 밖으로 나가라! 횃불 앞에서 일렁거리는 환영의 실체를 보라! 그리고 더 나아가 동굴 밖으로 나아가 태양을 보라!."

자료원: 장영란(2009), 「플라톤의 교육-영혼을 변화시키는 힘」, 살림출판사; 전상길(2020), 「창조경영을 위한 인적자원관리, 길을 묻다」, 도서출판 창명, p.302에서 재인용.

플라톤은 진리의 본질을 이해하기 위해서는 각자가 속한 자기만의 동굴을 벗어나야 한다고 강조한다. 이 비유는 단순히 진리 탐구에 그치지 않고, 문제해결의 본질과 교육의 본질에 대해 중요한 교훈을 제공하며, 우리에게 더 넓은 시각과 깊이 있는 사고를 요구하는 단초가 될 수 있다.

그림 3-32 거울에 비친 사과

자료원: ChatGPT로 그린 그림

결국, [그림 3-32]에서 보여주는 것처럼 **우리 눈에 보이는 것이 모든 진실이 아님을 알 수 있다. 이는 우리가 인식하는 세계가 한정된 시야와 관점에 의해 왜곡될 수 있음을 시사하며, 보다 넓은 관점과 열린 사고가 필요하다는 것을 강조한다.** 플라톤의 동굴의 비유처럼, 우리가 진정한 본질을 이해하기 위해서는 보이는 것 너머의 본질에 대해 탐구하고, 고정관념에서 벗어나 더 깊이 있는 사고를 해야 한다.

이상의 '마음 펼치기'에 관한 관념적인 내용을 실제 산업현장의 문제를 해결하기 위해서는 [표 3-15]에서 보는 바와 같이 응용할 수 있다.

표 3-15 마음 펼치기의 예(문제: 농심 짜장면의 제품혁신)

목표(제약): 농심의 새로운 짜장면은 수프가 면에 잘 비벼지고, 보다 진한 맛이어야 하고, 제품명도 독창적이어야 한다.

본래의 설계 목표	펼쳐진 목표	도출 가능한 해결책
면에 잘 비벼지는 수프	밀가루에 잘 녹아야 한다	고운 가루형태로 균일한 맛을 내는 수프(그래뉼 공법)
보다 진한 맛의 수프	맛이 진하게 되는 방법 찾기	춘장과 양파를 볶을 것, 푸짐한 건더기, 조미유를 첨가할 것
독창적인 제품명일 것	어린이들이 좋아하는 제품명일 것	아이들이 좋아하는 짜장면과 스파게티의 합성어인 '짜파게티'로 한다.

[표 3-15]는 농심이 짜파게티를 성공적으로 개발한 과정을 요약한 것이다. 1984년 출시된 짜파게티는 한국인이 좋아하는 짜장면을 집에서 간편하게 즐길 수 있도록 오랜 연구와 시행착오 끝에 완성되었다. 농심은 1970년 최초로 '짜장면'을 개발한 후, 새로운 품질의 짜장라면을 만들기 위해 발로 뛰며 다양한 레시피를 연구했다. 그 결과, 짜파게티는 차별화된 맛과 독창적인 이름으로 40년간 꾸준히 사랑받으며 49억 개 이상의 판매고를 기록했다.

농심의 '짜장면'은 저렴한 가격과 좋은 맛 덕분에 초기에는 큰 인기를 끌었으나, 경쟁사들의 모방 제품이 쏟아져 나오면서 판매가 빠르게 위축되었다. 특히 제품명이 '짜장면'이라는 일반명사였기에 차별화가 어려웠다. 이러한 경험을 바탕으로 농심은 1980년대에 들어 품질을 획기적으로 개선하고 쉽게 따라 할 수 없는 짜장라면을 개발하기로 했다. 이때 신제품 개발의 세 가지 핵심 목표는 '면에 잘 비벼지는 스프 개발', '더 진한 맛 구현', 그리고 '독창적인 제품명'이었다.

'면에 잘 비벼지는 스프'는 연구원이 커피를 마시다 얻은 의외의 아이디어에서 비롯되었다. 그는 커피 알갱이처럼 동일한 맛을 내는 스프를 떠올렸고, 이를 발전시켜 국내 최초로 '그래뉼 공법'[18]을 사용한 과립 스프를 개발했다. 이를 통해 면과 스프가 균일하게 섞이면서도 일관된 맛을 구현할 수 있었다. 또한, 춘장과 양파를 볶아 만든 스프, 풍부한 건더기, 조미유를 더해 짜파게티의 맛을 완성했다.

제품명은 '짜장면'과 '스파게티'를 결합한 짜파게티로, 당시 대부분의 짜장라면 이름이 '00짜장'으로 통일된 것과는 달리 파격적인 이름으로 주목받았다. 감각적인 이름은 어린이들의 관심을 끌었고, 가격이 기존 제품보다 50원 더 비쌌지만 큰 인기를 얻었다. 모방 제품이 나왔음에도 짜파게티는 차별화된 품질과 독창적인 이름 덕분에 40년이 지난 지금까지도 꾸준히 사랑받으며 시장에서 독보적인 점유율을 유지하고 있다(그림 3-33 참고. 조선일보, 2024.08.21.).

[표 3-15]에서 알 수 있듯이, 신제품 개발의 주요 포인트는 '면에 잘 비벼지는 스프 개발', '더 진한 맛 구현', '독창적인 제품명'이었다. 이러한 기준은 [연습 2]의 원과 [연습 3]의 9개의 점, 그리고 플라톤의 동굴 비유와 마찬가지로 기존의 틀에 해당한다. 그러나 더 나은 해결책

18 분말을 가공하는 형태 중 하나인 그래뉼(granule) 공법을 활용하여 만든 식품은 우유나 찬물에 잘 녹게 설계되어 있다. 분말 입자들의 비율이 균일하게 뭉쳐있기 때문에 흡수력이 빨라 쉽고 간편하게 음용하기 좋다. 주로 가루 형태의 단백질 영양식이나 라면 스프 등의 식품에 많이 활용된다(네이버 지식백과).

농심이 대표 제품 '짜파게티' 출시 40주년을 맞아 지난 5월 출시한 신제품 '짜파게티 더 블랙'. 면을 건면으로 바꿔 칼로리를 20% 이상 낮추고 풍미를 끌어올렸다. 농심 짜파게티는 1984년 출시된 후 올해까지 약 49억 개가 판매됐다.

그림 3-33 '짜파게티' 출시 40주년 기념 신제품 '짜파게티 더 블랙'

자료원: 조선일보. "국민라면 '짜파게티', 불혹에도 잘 나가네", 2024.08.21.

을 찾기 위해서는 이 기존 틀을 해체할 필요가 있다. [표 3-15]에서 기존 설계목표가 해체된 후, 더 많은 양질의 해결책이 도출될 수 있음을 보여준다.

2) 아이디어 도출을 위한 촉매

정의된 문제를 해결하기 위해 무한정으로 아이디어를 도출해야 하는데, 아이디어 도출을 위한 촉매 단계에서는 마음 건드리기(Mind Prompt), 마음 놀라게 하기(Mind Surprise), 마음 풀어놓기(Mind Free), 마음 합하기(Mind Synthesize) 네 가지 활동을 진행한다.

(1) 마음 건드리기(Mind Prompt)

- 다양한 지식과 지성 그리고 배경을 가진 다른 사람들에게 당신의 문제해결책에 관해 상의해 본다.
- 그들의 의견을 당신 자신의 아이디어를 위한 자극제로 사용한다.

빈센트 반 고흐나 에디슨과 같은 창의적인 사람들은 다양한 출처에서 아이디어를 얻는다. 이러한 출처는 타인과의 대화, 책이나 자료, 사물에 대한 끈질긴 관찰, 그리고 무의식적인 마음 등에서 비롯된다. 이 모든 것이 아이디어의 원천이 될 수 있다. 영국의 수상 윈스턴 처칠도 "우리는 아무리 엉뚱한 아이디어라도 모두 고려해야 하며, 탐구적이고 끈질긴 시선으로 그것들을 살펴보아야 한다"고 주장한 바 있다(Olson, 1980, pp.131-132).

'마음 건드리기'란 다양한 지식과 지성을 가진 사람들과 문제해결 방안을 논의하면서 그들의 의견을 문제해결의 자극제로 삼는 과정을 말한다. 근대 영미문학의 대표적인 작가인 헨리 제임스는 그의 소설, 「포인턴의 전리품(The Spoils of Poynton)」의 아이디어를 이웃과의 우연한 대화에서 얻었다고 한다. 그 이웃은 자신도 모르게 대화 중 아이디어의 씨앗을 '대화의 흐름 속에 떠내려가는 작은 티끌'처럼 떨어뜨렸다. 제임스는 그러한 산만한 암시나 무질서한 말들이 그의 상상력을 자극하여 새로운 소설의 탄생을 이끄는 씨앗이 되었을 것이라고 믿었다(Olson, 1980, p.133).

예를 들어, 한 유명한 기업가는 기업 경영에 대해 전혀 모르는 아내나 어린아이에게 기업 투자 아이디어를 묻곤 한다. 저자의 경우에도 교육 혁신 방법론에 대해 부동산 중개인이나 예술가 친구들과 상의하곤 한다. 이렇게 얻은 아이디어는 명확하거나 완성된 형태는 아닐 수 있다. 그러나 그것은 새로운 사고의 방향을 자극하고, 창의적인 아이디어로 발전하는 계기가 될 수 있다(그림 3-34 참고).

그림 3-34 마음 건드리기의 예시

자료원: Olson(1980). The Art of Creative Thinking: A Practical Guide including Exercises and Illustrations, Harper & Row, Publishers, p.134.

다양한 관점에서 현상을 바라보려는 이러한 시도는 영화 〈죽은 시인의 사회(Dead Poets Society)〉의 마지막 장면에서 잘 드러난다. 키팅 선생님은 망설임 없이 교탁 위로 올라선다. 그리고 자신이 왜 그 자리에 올라와 있는지 학생들에게 묻고, 그 질문을 시작으로 대화가 이어진다.

영화 〈죽은 시인의 사회〉에서

학　　생: "키가 커 보이고 싶어서요."
키팅 선생님: "그게 아니지."
"사물을 다른 각도에서 다르게 보려는 거야."
"여기선 세상이 달라 보인다. 믿어지지 않겠지만."
"직접 와서 봐라."
"어떤 사실을 안다고 생각할 때 다른 각도에서 보라."

"비록 틀린 것 같고 우스워 보일지라도 시도해 보라."
"책을 읽을 때 저자의 생각보다 너희들의 생각을 중요시 여겨라."
"너희들의 소리를 찾아라."
"과감하게 도전하여 새로운 세계를 보라."

그는 교탁 위를 1명씩 오르내리고 있는 학생들에게 계속 요구한다.

키팅 선생님: "그렇게 물러나지 마라. 단순히 올라갔다 내려오지만 말고 주위를 둘러보라."

자료원: https://ddabong99.com/

필자는 어느 날 4호선 전철을 타고 당고개에서 오이도로 가던 중, 우연히 전철 안에서 잡화를 파는 상인을 목격한 적이 있다. 그 상인은 '담배를 줄이게 하는 라이터'를 팔고 있었는데, 원래 1만 원에 판매하던 것을 5천 원에 할인해서 판다고 했다. 일반적인 라이터는 담배를 피우기 위해 필요한 도구인데, 이 라이터가 담배를 줄여준다는 말에 흥미가 생겨 그의 행동을 계속 지켜보게 되었다. '어떻게 저 라이터가 담배를 줄일 수 있을까?' 궁금해 하며 살펴본 결과, 라이터를 켜자 장송곡이 흘러나오는 것이 아닌가. 담배를 피우고 싶은 순간에도, 그 장송곡이 나오는 즉시 담배에 대한 욕구가 사라질 것 같았다. 동시에 그 회사가 왜 부도가 났는지도 이해할 수 있을 듯했다. 만약 필자가 '마음 건드리기'를 이용해 이 라이터를 개발했다면, 다음과 같은 방식으로 시도했을 것이다. 물론, 회사도 망하지 않게 했을 것이다(표 3-16 참고).

표 3-16 개발목표: 담배를 줄이게 하는 라이터

출처	자극제	가능한 아이디어 변형
시멘트회사 직원	시멘트로 만들어진 라이터	라이터 표면을 가는 시멘트로
제지회사 직원	부드러운 라이터	라이터 표면을 코팅처리
자동차회사 직원	자동차 모형의 라이터	자동차 모형의 라이터
코메디언	웃기는 라이터	라이터를 켤 경우 여러 사람에게 창피를 당하도록

또한, [표 3-17]에서 볼 수 있듯이, 미래 주택이 가져야 할 새로운 특징들을 탐색하는 과정에서 아이디어들은 '직접적'으로 혹은 '액면 그대로' 받아들여지기보다는 사용 가능한 훌륭한 아이디어를 이끌어내는 촉매제나 자극제로 활용될 수 있다.

표 3-17 개발목표: 미래의 주택이 지녀야 할 새로운 특징

출처	자극제	가능한 아이디어 변형
기술자	전기불 전체의 조종 장치를 주방에 설치한다.	전기와 온도를 조절하는 총 조종 장치를 안방에 설치한다.
다섯 살 먹은 꼬마	침실에서 마실 물이 나와야 한다.	목욕탕에서 마실 물이 나오게 한다.
가정부	먼지 없는 집이 좋다.	공기 중에 있는 먼지를 계속 없애주는 강력한 여과기를 설치한다.

이처럼 하나의 해결책의 일부는 종종 자기 외부의 출처에서 아이디어가 도출되곤 한다. 에디슨 역시 그의 창조적 아이디어를 칭찬받았을 때, "아이디어는 공중에 떠다닙니다. 제가 잡지 않았더라도 다른 누

군가가 잡았을 겁니다"라고 말한 적이 있다. 아이디어는 공중에 떠있지만, 우리는 그것을 인식하지 못한다. 이는 우리가 타인, 인쇄물, 관찰 등 외부로부터 나오는 자극을 받아들이지 않기 때문이다. 윌리엄 제임스가 "천재란 사실상 기존의 습관에서 벗어나 사물을 지각하는 능력에 불과하다"라고 주장한 것도 이와 같은 맥락에서 이해할 수 있다(Olson, 1980, p.133). 그 대표적인 예로, 노키아는 휴대폰을 단순한 전화기로 인식했지만, 스티브 잡스는 휴대폰을 컴퓨터로 인식했다. 이러한 '관점의 전환'의 결과, 그는 세계 최초로 스마트폰을 개발하여 인류에게 새로운 산업을 선사했다. 이것이 스티브 잡스를 천재의 반열에 올려놓은 이유다. 또한, 한국 식품업계에 돌풍을 일으키고 있는 코스닥 상장사 '보라티알'의 김대영 회장도 독특한 관점의 전환을 보여주고 있다. 그는 메가커피(MGC)를 인수하고 운영하는 과정에서 "메가커피는 단순한 커피 프랜차이즈가 아니라 패션기업입니다. 패션기업은 계절에 따라 연 4번 옷이 바뀌는데, 메가커피는 매월 메뉴와 디자인이 나옵니다"라고 말했다(중소기업신문, 2024.06.28.). 이는 커피 산업을 패션 산업으로 바라보는 새로운 관점의 전환을 보여준다.

(2) 마음 놀라게 하기(Mind Surprise)

- 괴상하고 웃기는 생각을 적어본다.
- 그런 생각들을 이용하여 보다 합리적으로 사용 가능한 문제해결책을 이끌어 보라.

인간의 욕구 5단계 이론으로 유명한 아브라함 H. 매슬로(Abraham H. Maslow)는 "참으로 새로운 아이디어는 처음에는 미친 생각처럼 보인다"고 말한 바 있다. N. 화이트헤드(N. Whitehead) 또한 "진정으로 새로운 아이디어들은 처음 등장할 때 거의 모두가 우스꽝스러운 속성을 띤다"라고 강조했다(Olson, 1980, p.142). 그렇다면 우리도 신선하고 훌륭한 아이디어와 통찰을 촉진하기 위해, 의도적이고 고의적으로 바보스럽고 엉뚱한 아이디어를 생각해보는 전략을 시도할 수 있지 않을까?

저자의 견해로는 '마음 놀라게 하기'가 그 방법 중 하나로 최적이라 생각된다. 먼저 전혀 가능성 없을 것 같은 괴상하고 웃기는 생각들을 적어본다. 그런 생각들을 토대로 더 합리적이고 실질적인 문제해결 방안을 도출해보는 것이다. 예를 들어, 브레인스토밍 세션에서도 마음속에 떠오르는 아이디어가 무엇이든, 아무리 어리석고 터무니없어 보일지라도 과감하게 말하거나 기록하는 것이다. 이러한 행동이 독창성을 이끌어내는 열쇠가 될 수 있다.

기존의 여성 호르몬에 영향을 주는 피임 방식과는 전혀 다른, 누구도 예상치 못한 방식으로 임신을 예방하는 남성용 피임약이 개발되어 전 세계적으로 주목받고 있다(그림 3-35). 이 약은 한 번 복용하면 약 3시간 동안 정자를 일시적으로 '기절'시켰다가 그 후에 다시 원래 상태로 복귀시키는 초간편 남성용 피임약이다. 2023년 2월 14일(현지시간) 영국 BBC에 따르면, 미국 웨일 코넬 의과대학의 약리학과 요헨 벅 교수가 이끄는 연구진은 세계적인 학술지 네이처 커뮤니케이션스에 호르몬에 영향을 주지 않고 정자의 움직임을 일시적으로 멈추게 하는 물질 'TDI-11861'을 발견했다고 발표했다. 연구진에 따르면, TDI-11861을 투여한 수컷 쥐는 암컷 생쥐와 정상적으로 교미했지만, 52차례의 교미 동안 단 한 마리의 암컷도 임신하지 않았다. 이 연구를 담당한 멜라니 발바흐 박사는 이 피임약에 대해 "사용이 간편하고, 정자가 곧 원래 상태로 돌아간다는 사실을 확인했다"며 "남성들이 필요한 상황에 맞게 복용함으로써 적절한 피임 계획을 세울 수 있을 것"이라고 설명했다. 특히 이 신약의 가장 큰 장점은 여성 피임약과 달리 호르몬에 영향을 주지 않는다는 점이다. 이는 남성 호르몬인 테스토스테론 결핍 같은 부작용을 일으키지 않는다는 것이다(중앙일보, 2023.02.15).

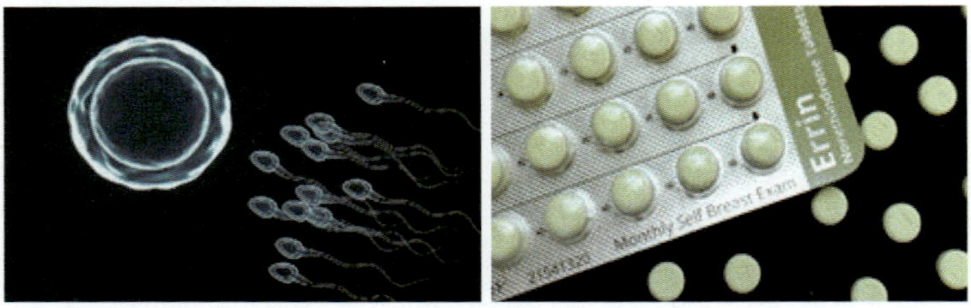

그림 3-35 한번만 먹으면 3시간 동안 정자가 기절하는 초간편 남성피임약의 등장

자료원: 중앙일보, 2023.02.15.

이렇게 엉뚱한 아이디어를 확보하는 '마음 놀라게 하기'의 방법을 실제로 적용해 보자. 목표는 '인맥을 보다 넓히는 방법'이라 설정하고, 엉뚱한 아이디어와 이를 활용한 합리적 문제해결 방안을 모색해 보자(표 3-18 참고).

표 3-18 '마음 놀라게 하기'를 통한 인맥을 보다 넓히는 방법

엉뚱한 아이디어	가능한 아이디어 변형
사람들을 발로 찬다	다른 사람들의 감정을 다치지 않게 한다
많이 먹는다	사람들을 점심에 초대하거나 밖에서 식사
땀을 뻘뻘 흘린다	인맥을 넓히는 데는 많은 노력 필요
소리를 많이 지른다	사람들에게 당신의 존재를 교묘하게 알린다
기절시킨다	인맥이 넓은 사람들이 기절할 정도로 매사 정성스럽게 감동시킨다

이제 실제 연습으로 북한 김정은의 핵무력화를 가능하게 하는 방법을 모색해보라.

[연습 5] '마음 놀라게 하기'를 통한 북한 김정은의 핵무력화 방법

엉뚱한 아이디어	가능한 아이디어 변형
악어를 길들여 이용한다	
집 주위에 함정을 판다	
창문을 모두 열어 놓고 나간다	
· · ·	

(해답은 p.263에 있음)

현대차가 2020년형 소나타 출시에 사용하였던 광고가 주목을 끌고 있다(그림 3-36 참고). 이 광고로 2020 iF 디자인상 중 제품디자인 부문에서 최우수상을 수상하였다.[19] 이 또한 평범하고 일상적인 분석적인 사고방식으로는 도저히 나올 수 없는 오직 엉뚱한 발상에서만 나올 수 있는 아이디어이다.

19 iF 디자인 상(iF Design Award)는 세계적인 권위를 가지고 있는 디자인 어워드로 독일의 레드닷 디자인 어워드, 미국의 IDEA와 함께 세계 3대 디자인 어워드로 꼽힌다. 참고로 iF는 Industrial Forum의 약자이다.

그림 3-36 엉뚱한 발상으로 iF디자인 어워드를 수상한 현대차의 소나타 광고

자료원: https://m.blog.naver.com/white_tk/110176763989
https://www.seoul.co.kr/news/economy/business-news/2020/11/27/20201127034001

Scene Stealer.
SONATA Sensuous
2020 iF 디자인상 제품디자인 수송부문 본상 수상
2020년형 SONATA 출시
HYUNDAI

(3) 마음 풀어놓기(Mind Free)

- 무작위로 어떤 사물이나 그림, 나무나 동물을 하나 선택한다.
- 선택한 물건의 특징들을 자세히 열거한다.
- 그러면 당신의 문제와 논리적으로 관계없는 것일지라도 상호 유사한 점을 억지로 찾아봄으로써 참신하고 기발한 아이디어를 자극할 수 있다.

우리는 종종 어떤 문제를 해결하기 위해 스스로를 고립시키거나 외부와 단절된 상태에서 문제를 해결하려고 시도한 적이 있을 것이다. 하지만 그런 방식으로는 해결책을 찾지 못하고 시간만 허비했거나, 나중에 자신이 고심 끝에 내놓은 해결책이 생각보다 졸렬한 수준임을 깨달았던 경험이 많을 것이다. 문제에 대한 최선의 아이디어를 선택하기 전에, 자신의 사고체계나 고정관념에 파묻혀 문제를 해결하려 하기보다는, 그와 관련된 상황을 정확히 파악하고 유사한 문제들을 다른 사람들은 어떻게 해결했는지 탐구하는 과정이 필요하다. 예를 들어, '어떻게 하면 원하는 직장에 들어갈 수 있을까?'라는 문제를 해결하려면, 취업에 성공한 선배들의 경험담을 듣거나 관련 서적을 탐독하면서 취업 전략과 핵심 포인트를 개발하는 것이 같은 맥락에 속한다. 또한, 여러분이 당면한 문제가 다른 사람의 상황과 정확히 일치하지 않더라도, 사람, 사물, 자연 등 다양한 원천으로부터 아이디어를 얻을 수 있다. 예를 들어, 좋은 배우자를 찾고자 하는 문제를 해결하기 위해 치타의 특성, 장미꽃의 특징, 또는 수류탄의 구조로부터도 아이디어를 자극받을 수도 있다.

하늘을 나는 새가 비행기 설계의 기초를 제공한 것은 사실이지만, 새와 비행기 사이에는 유사한 점보다 유사하지 않은 점이 더 많다. 예를 들어, 비행기는 날개를 접을 수 없고 깃털도 없다. 초기의 비행기 설계자들은 새의 날개를 모방하려고 깃털을 사용하거나 날개를 접고 펴는 것을 추진 장치로 삼으려 했기 때문에 실패했다. 그들은 새를 비행기 설계에 있어 하나의 자극제가 아닌, '그대로 복제하려는 규범'으로 사용한 것이다. 창의적인 사람들은 유사한 물체를 아이디어를 도출하는 자극제로만 활용할 뿐, 그것을 절대적인 규범으로 보지 않는다(Olson, 1980, p.147). 그들은 주어진 다양한 사물을 통해 문제해결을 위한 새로운 시각과 관점을 얻는다. 이런 맥락에서 "하늘 아래 새로운 것은 하나도 없다(There is nothing new under the sun)"라는 구약성경 전도서 1장에 나오는 말씀도 충분히 일리 있는 이야기라 할 수 있다.

뱀의 배에는 배비늘이 있다. 이 배비늘의 뒤쪽에 있는 날카로운 돌기들이 바닥을 밀어내면서, 뱀은 S자 형태로 어디든 기어 다닐 수 있다. 불도저의 무한궤도도 이 배비늘의 원리에서 착안하여 탄생했다. 무한궤도란 요철이 있는 금속판을 엮어 만든 벨트를 차 바퀴 둘레에 감싼 장치로, 불도저의 요철 하나하나가 마치 뱀의 배비늘과 같은 역할을 한다. 마찬가지로 사다리차는 기린에서 착안했고, 스카이 콩콩은 캥거루에서, 굴착기는 두더지에서 영감을 얻었다(그림 3-37 참고). 이처럼 인류가 개발한 대부분의 발명품들은 이미 자연 속에 그 해답이 존재했다(와타나베 마사타카, 2020).

그림 3-37 자연 속에서 발견한 인류의 발명품들

자료원: ChatGPT로 그린 그림

[그림 3-38]에서 볼 수 있듯이, 한국의 디자인 작가 나난(본명 강민정)은 2023년 네덜란드 암스테르담의 라익스 뮤지엄(국립박물관)에서 열린 요하네스 베르메르의 '진주 귀걸이를 한 소녀' 작품을 패러디한 '진주 귀걸이를 한 옥수수'라는 작품을 선보였다. 이 작품은 친구가 간식거리로 보내준 '괴산 찰옥수수'를 먹다가 떠올린 아이디어를 바탕으로 만들어졌는데, 이러한 디자인 방식은 '마음 풀어놓기'의 일환으로 볼 수 있다. 작가는 무의식적으로 옥수수와 진주 귀걸이를 한 소녀를 연결지으며 새로운 작품을 창조한 것이다(중앙선데이, 2023.04.09.).

페르메이르(베르메르)의 '진주 귀걸이를 한 소녀'(좌)과 한국 작가 나난의 '진주 귀걸이를 한 옥수수'(우) [구글 아트 프로젝트, 작가 제공], 네덜란드 암스테르담의 국립라익스 뮤지움 전시.

그림 3-38 페르메이르의 재발굴/재창조

자료원: 중앙선데이, 2023.04.09.

그렇다면 이러한 메커니즘을 활용해 풀잎에서 영감을 받아 새로운 부엌칼 디자인 아이디어를 도출해 보자(표 3-19 참고). 풀은 푸른색을 띠고, 뿌리를 가지고 있으며, 물에 잘 젖지 않고 자라나는 특성이 있다. 먼저, 풀의 푸른색에서 힌트를 얻어 색깔이 있는 부엌칼을 디자인할 수 있다. 또한 풀뿌리에서 착안해 부엌칼이 제자리를 벗어나지 않도록 부착된 끈이나 칼집을 설계하는 것도 가능하다. 물방울이 풀잎 위에서 굴러가는 성질을 참고해 칼의 표면에 물이 묻지 않도록 광택 처리하는 방법을 고려할 수 있다. 마지막으로, 풀이 자라는 특징에서 영감을 받아 칼의 길이를 늘였다 줄였다 할 수 있는 기능을 가진 부엌칼을 만들 수도 있다.

표 3-19 목표: 풀잎의 속성을 이용하여 새로운 부엌칼 만들기

풀잎의 속성들	칼과의 상상적 유사성
색이 푸르다	색깔 있는 칼
뿌리가 있다	칼이 부엌에서 달아나지 않게 하는 끈이 부착된 칼 또는 칼집이 있는 칼
물이 잘 묻지 않는다	칼의 표면에 물이 묻지 않는 광택처리
점점 자란다	길이가 길어졌다 줄어졌다 조정 가능한 칼

그렇다면 선풍기의 속성을 이용하여 회사 내 인력고용조정 방법을 고안해 보자(표 3-20 참고).

표 3-20 목표: 선풍기의 속성을 이용한 인력고용조정 방법

선풍기의 속성	고용조정과의 상상적 유사성
바람 세기의 단계가 있다	고용조정도 단계별로 서서히 강도를 높인다.
역풍이 있다	고용조정을 잘못한 경우 후폭풍이 걷잡을 수 없으니 치밀하게 준비해야 한다.
안전망이 있다	고용조정을 당하더라도 회사차원의 안정대책을 마련해 주어야 한다.
전후좌우로 바람이 돌아간다	필요하다면 회사 전 부서를 대상으로 인력 재배치를 한다. 회사가 어려우면 고위직도 하위직으로 갈 수 있고 능력 있는 하위직은 고위직으로 발탁될 수도 있다.
타이머가 있다	고용조정도 일정기간 집중적으로 하고 끝내야지, 계속하면 회사의 경쟁력이 저하된다.

마찬가지로 핸드폰의 속성을 이용하여 한일 간의 독도영유권 문제를 해결해보자.

[연습 6] 목표: 핸드폰의 속성을 이용한 한일간 독도영유권 문제해결	
핸드폰의 속성	한일간의 독도 영유권문제 해결과의 상상적 유사성

(해답은 p.264에 있음)

결국, 마음을 풀어놓기 위해서는 다음과 같은 단계를 따를 수 있다. 첫째, 무작위로 어떤 물체나 그림, 나무 또는 동물 등을 선택한다. 이때, 선택한 대상이 여러분이 해결하려는 문제와 거리가 멀수록 창조적인 아이디어나 신선한 통찰이 나올 가능성이 더 높아진다. 둘째, 선택한 물건이나 대상의 특징을 자세히 열거한다. 셋째, 여러분이 직면한 문제와 임의로 선택한 물건의 속성 사이에서 억지로라도 유사성을 찾아 연결시킨다. 이를 통해 창의적인 사고를 촉진하고, 참신한 아이디어와 통찰을 얻을 수 있다.

(4) 마음 합하기(Mind Synthesize)

- 문제에 대한 아이디어나 해결책을 가능한 많이 적는다.
- 그 해결책 중 두 가지 이상을 논리적 혹은 무작위로 결합하여 창조적 아이디어를 자극한다.

서로 다른 두 물체를 융합하는 것은 창의성의 가장 단순하면서도 본질적인 요소다. 사실, 캠퍼(캠프용 트레일러)는 자동차와 집의 융합이며, 휠체어는 의자와 바퀴의 결합이다. 음악가는 음의 장단과 높낮이를 결합해 곡을 만든다. 마찬가지로 훌륭한 축구 감독은 선수들의 신장, 체력, 기술, 그리고 전략적 사고를 종합적으로 분석하여 이들의 개별 역량을 창의적으로 융합해 팀의 승리를 이끄는 사람이다. 또한 이 감독들은 상대팀의 전술과 수준에 따라 이러한 요소들을 가장 효과적으로 결합해 팀을 구성하는 데 능숙하다. 그래서 '융합(Fusion)은 미래(Future)의 비전(Vision)'이라는 말이 생겼다.

실제로 2022년 카타르 월드컵을 목표로 STX조선은 크루즈선(Cruise)과 스타디움(Stadium)을 융합한 '크루지움(Crusium)' 사업을 시작했다(그림 3-39 참고). 이 사업은 배 위에서 국제 축구 경기를 운영할 수 있는 새로운 가치를 창출하고자 한 시도였다. 또한 이 크루지움 사업은 월드컵 같은 단발성 이벤트를 넘어서 중동의 부유한 국가들에게 고가의 렌탈 서비스까지 염두에 둔 장기적인 비즈니스 전략이었다.

그림 3-39 STX조선의 크루지움(Cruise + Stadium)

자료원: 海事新聞, 2023.06.17.

필자는 현지 한국기업 강의와 여행을 이유로 중국 상하이에 자주 방문하는 편이다. 상하이는 언제나 새로운 볼거리와 그 속에서 새로운 가치를 발견하게 해주는 도시이자 중국의 역동성을 느끼게 하는 곳이다. 어느 해인가 상하이의 젊음의 거리인 신천지(新天地)를 걷다가 이전에 보지 못했던 '천공지성(天空之城)'이라는 서점이 눈에 띄었다. 이 서점은 책뿐만 아니라 문구류, 엽서, 카드 등을 판매하고 있었다. 그러나 필자의 호

그림 3-40 중국 상해 신천지의 개념서점(概念書店)

기심을 자극한 것은 서점 뒤편에 있는 큰 책장이었다. 그 책장의 칸막이에는 엽서, 카드, 서류 등이 무질서하게 흩어져 있었다. "이 책장의 용도는 무엇일까?" 궁금증을 품고 한참 동안 지켜보았지만, 도무지 그 비밀을 알 수 없었다. 잠시 후, 손님들의 행동을 관찰하면서 서점과 책장의 정체를 알게 되었다. 손님들은 가게에 들어와 엽서나 축하 카드, 생일 축하 편지 등을 미리 작성한 뒤, 그들이 원하는 날짜에 해당하는 칸막이에 넣는 것이다. 이 큰 책장은 세로 12칸, 가로 31칸으로 1년 365일을 나타내는 거대한 달력이었다. 손님들이 엽서나 카드를 보내고 싶은 날짜에 맞춰 칸막이에 넣어두면, 서점 주인은 그날이 되면 모든 우편물을 모아 우체국에 가서 발송해준다. 우편 발송에 따른 비용은 엽서나 카드를 구매할 때 미리 지불한다. 예를 들어, 회사의 장기 해외 출장을 7월에 가게 되어 그다음 해 연초에 가족이나 고향을 방문할 수 없다고 하자. 그러한 경우, 연초에 가족들이 새해맞이 축하 카드나 선물을 받을 수 있도록 미리 12월 26일에 해당하는 칸막이에 축하 카드나 선물을 7월에 넣어두는 것이다. 손님은 7월에 카드나 선물을 넣어두었지만 가족들은 연초에 그것을 받을 수 있게 되는 것이다. 한마디로 이 서점은 '문방구 + 달력 + 우체통'의 융합을 통해 새로운 가치와 문화를 창출하고 있다.

[그림 3-41]은 식탁과 디지털시계의 융합을 보여준다. 이런 디지털 식탁에서 회의를 진행한다면 회의 시간이 절대 예정보다 지연될 수 없을 것이다. 결정 없이 시간만 길어지는 회의를 자주 경험하는 회사에서는 이러한 디지털 식탁이 새로운 회의 문화를 창출하는 데 큰 도움이 될 것이다.

[그림 3-42]은 프랑스의 제과점에서 개발한 슬리퍼 모양의 식빵을 보여준다. 이는 식빵과 신발의 융합으로 독특한 아이디어가 돋보인다. 이 슬리퍼 모양 식빵은 한국 돈으로 약 3만 5천 원에 판매되고 있다고 한다. 재미있는 점은 때때로 이 빵을 신은 채 걷다가 배가 고프면 그 자리에서 빵을 뜯어 먹기도 한다고 한다.

그림 3-41 Time Table... 식탁과 디지털 시계의 만남

자료원: https://images.app.goo.gl/UADobWfvdPpLejHr9

그림 3-42 먹을 수도 있고 신을 수도 있는 빵

자료원: https://images.app.goo.gl/F9YuiyyPDtuFrG6X6

평범한 사람들에게는 비행기 조종석을 구경하거나 그곳에 앉아보는 것은 소원과도 같다.

그림 3-43 폐비행기로 만든 비(비행기와 배의 융합)

자료원: https://images.app.goo.gl/pV42s4hraQVXVzT18
https://images.app.goo.gl/zYjXeSda1W5p1zXH6
https://mikeshouts.com/plane-boat-cosmic-muffin/

[그림 3-43]에서 보듯이 폐비행기의 날개와 객실 좌석을 뜯어내고 내부를 배처럼 개조한다면 최고의 '플레인 페리(Plane Ferry)'가 될 것이다. 이는 비행기와 배를 융합한 창의적 사고의 결과물이다.

그림 3-44 롯데마트 본점의 비만탈출구(비만과 비상탈출구의 융합)

필자가 잠실에 위치한 롯데마트 본점에서 발견한 '비만탈출구'라는 표지판은 매우 신선한 충격이었다. 이는 비만 직원이 많은 회사에서 직원들에게 계단 걷기를 유도하기 위한 창의적인 아이디어다. '비만'이라는 개념과 '비상탈출구'라는 개념을 융합해 '비만탈출구'라는 새로운 개념을 창조한 것이다. 이처럼 논리적인 결합뿐만 아니라 이전에는 전혀 관련이 없던 것들을 우연적으로 결합하여 새로운 아이디어로 변형시키는 경우도 많다. 예를 들어, 필자는 연구실에서 눈에 띄는 물건들을 한 줄에 6개씩 노트에 적어 두 줄로 나열해 본다. 첫 번째 줄에는 책, 벽시계, 노트북, 소형 냉장고, 컵, 안락의자를 순서대로 적는다. 두 번째 줄에는 서류, 슬리퍼, 회의 테이블, 커피포트, 우산, 아인슈타인 사진을 나열한다. 그런 다음 주사위를 던져 첫 번째 줄에서 3번이 나오면 '노트북', 두 번째 줄에서 6번이 나오면 '아인슈타인'을 선택한다. 이 두 가지를 의도적으로 결합해 보면, 예를 들어 삼성전자나 LG전자가 노트북 표면에 아인슈타인의 그림이나 사진을 디자인할 수 있다. 이 노트북을 사용하는 사람은 아인슈타인처럼 천재적인 성과를 기대한다는 신념을 제품 디자인에 반영할 수 있는 것이다. 이것은 새로운 가치를 창출한 사례라고 할 수 있다(그림 3-45).

그림 3-45 아인슈타인 사진이나 이름 철자를 노트북 겉 표면에 반영한 신제품

자료원: ChatGPT로 그린 그림

유럽에서 유행하고 있는 이색 스포츠, 일명 '체스복싱(Chess Boxing)'이 있다(그림 3-46 참고). 이 경기는 서양장기인 체스와 복싱을 결합한 새로운 형태의 스포츠이다. 체스복싱은 스키와 사격을 결합한 바이애슬론처럼 서로 다른 스포츠를 융합하여 만들어진 종목이다. 미국에서는 이 경기가 실제 스포츠 경기로서 뿐만 아니라 자녀 교육용으로도 주목받고 있다. 체스복싱은 체스 6라운드(각 4분)와 복싱 5라운드(각 3분)로 구성된 총 11라운드로 진행된다. 체스 경기를 1라운드로 시작해 체스와 복싱이 번갈아가며 진행되며, 체스를 할 때 선수들은 관중의 조언을 방지하기 위해 헤드폰을 착용한다. 이 독특한 경기는 만화에서 영감을 받은 네덜란드 예술가 이에페 루빙(Rubingh)이 2003년에 처음 창안했다(조선일보, 2008.07.15). 체스복싱은 창의적인 '융합'의 훌륭한 예시로 두 가지 다른 활동을 결합해 새로운 형태의 경기로 발전시킨 사례다.

그림 3-46 체스복싱은 아시나요?

자료원: 조선일보, 2008.07.15.

어떤 문제에 '마음 합하기'를 적용하려면, 결합할 대상을 가급적 많이 확보하는 것이 중요하다. [부록]에 이를 위한 단어 목록들을 제시해 두었다. 이 목록에 있는 것 중 2개 이상을 여러분이 가장 아끼는 물건과 연결해 보라. 또는, 이 목록에서 2개 이상의 제품을 결합해 보라. 그렇게 하면 분명 전 세계에 유일무이한 새로운 제품 아이디어를 얻게 될 것이다.

3) 최선의 아이디어를 확정하기 위한 촉매

도출된 아이디어 중 최선의 아이디어 혹은 최적의 아이디어를 선정하기 위해서 아이디어 확정 단계를 거쳐야 하는데, 아이디어 확정 단계는 마음 뭉뚱거리기(Mind Integrate), 마음 다져먹기(Mind Strengthen), 마음 북돋우기(Mind Energize) 활동을 진행한다.

(1) 마음 뭉뚱거리기(Mind Integrate)[20]

- 당신의 목표, 목적이나 기준을 다시 한 번 확인한 다음, 당신 자신의 초이성적인 육감을 믿고 최선의 아이디어를 선택한다.

하나 이상의 해답을 가진 문제를 창의적으로 해결하기 위해서는 먼저 그 문제를 신중하게 정의하고 가능한 많은 해결책 아이디어를 도출하는 것이 중요하다. 그 후, 도출된 아이디어 중에서 최선의 해결책을 평가하고 선택해야 한다. 아이디어의 양이 많을수록 최선의 아이디어를 얻을 가능성도 커지지만 동시에 최적의 아이디어를 선택하는 과정이 더욱 복잡하고 어려워질 수 있다.

'마음 뭉뚱거리기'는 아이디어 선택 과정에서 우리의 자연스러운 접근 방식을 개선하기 위한 방법이다. 이 접근법에서 가장 중요한 점은 인간의 의식과 무의식을 결합하여 최적의 아이디어를 선택한다는 사실이다(Olson, 1980, p.165).

수학자 앙리 프왕카레(Henri Poincare)는 발명가의 진정한 능력은 산출된 여러 아이디어 중에서 유용한 것을 선택하는 데 있다고 했다. 그는 "이것은 공식화될 수 있는 것이 아니라, 느껴지는 것이다"라고 말하며, 과학과 발명의 '객관적인' 세계에서도 감정적 요소인 직감의 중요성을 인지했다. 또한 19세기 영국 소설가 사무엘 버틀러(Samuel Butler)도 "삶은 불충분한 전제로부터 충분한 결론을 이끌어 내는 기술이다"라고 언급한 바 있다(Olson, 1980, p.166). 아이디어 선택 역시 종종 불충분한 전제와 정보를 바탕으로 이루어진다. 최선의 아이디어를 선택하기에 충분한 정보는 결코 존재하지 않기 때문에, 우리는 한정된 의식적 사고뿐만 아니라 광대한 무의식적 사고를 활용해야 한다. 의식적인 사고와 무

20 마음 뭉뚱거리기(Mind Integrate)는 Olson(1980)의 pp.165-178의 내용을 요약 정리하였음을 밝혀 둔다.

의식적인 사고를 결합해 얻어지는 직감은 이러한 통합적인 사고 과정을 반영한 결과라고 볼 수 있다.

창조적인 사람들은 그들의 '육감'을 신뢰하고 안도하기 전에, 자신이 관심을 가지는 분야나 연구 대상에 대해 알아야 할 모든 것을 철저히 파악하려고 노력한다. 그러한 과정을 거친 후에 어떤 일에 대해 "어쩐지 이게 맞는 것 같아"라는 들뜬 기분이 든다면, 스스로를 믿고 그 길을 계속 나아가라. 만약 여러분이 그 분야에서 충분한 지식을 가지고 있다면 여러분의 판단이 옳을 가능성이 높아지고 그에 따라 좋은 결과로 이어질 확률도 커진다. 이는 또한 창조적 사고와 방법의 중요한 영역에 속한다.

어떤 특정 문제의 해결책을 찾기 위해 구체적으로 나열한 목표들이 가장 좋은 해결책을 선택하는 기준이 될 수 있다. 예를 들어, 국산 소형 SUV를 구입하려는 사람이 자신의 선택 기준을 설정하고, 이를 바탕으로 만족, 보통, 불만족 세 가지 평가를 통해 자신에게 맞는 소형 SUV를 선택한다고 가정해 보자. 그의 기준은 차의 디자인이 멋질 것, 연비가 좋을 것, 넓은 실내 공간, 편안함, 그리고 재판매 시 제 값을 받을 수 있을 것 등이었다. 며칠 동안의 고민 끝에 그는 자신의 기준에 맞는 차를 찾았다. [표 3-21]에서 보면, 이성적이고 의식적인 기준으로는 기아의 셀토스가 가장 적합한 선택이다. 하지만 막상 차를 구매하려 할 때 셀토스가 마음에 들지 않았다. 대신 그는 3위로 랭크된 니로를 선택했다. 그 이유는 단순히 '니로'가 그의 '마음에 든다고 느껴졌기' 때문이다.

종종 우리의 의식적인 기준은 우리가 실제로 원하는 것보다는 '우리가 원한다고 생각하는 것'이나 다른 사람이 우리가 원해야 한다고 생각하는 것을 반영할 수 있다(Often our conscious criteria reflect what we "think we want" or what we think others think we should want, instead of what we really want, based on our down deep "gut-level feeling")(Olson, 1980, p.172). 즉, 우리의 무의식은 우리가 명확하게 인식하지 못한 다른 기준들(예: 하차감, 주행

표 3-21 목표 및 기준에 의한 의식과 무의식의 결합을 통한 아이디어 선택

기준 / 차종	디자인	연비	넓은 실내공간	편안함	다시 팔 때 제값 받을 수 있을 것	총계
A: 기아 셀토스	1	1	1	1	1	5
B: 현대 코나	1	1	1	2	2	7
C: 니로	3	1	3	2	2	11
D: 트랙스	1	3	2	2	3	11

1: 만족 2: 보통 3: 불만

자료원: https://m.blog.naver.com/star3now/223172620392?isInf=true

안정성 등)과 결합해 상대적으로 이 부분에서 더 나은 선택인 '니로'를 선택하게 만든 것이다.

[ERICA 산책 2] 무의식을 이용하여 천리안위성2사업을 성사시키다

무의식을 활용하여 우리 정부의 우주산업 정책을 이끌어냈던 한 가지 사례를 소개하고자 한다. 필자는 1999년부터 2013년까지 당시 기초기술연구회(현 국가과학기술연구회) 산하 KIST, 생명공학연구원, 천문연구원 등 이공계 분야의 23개 국책 연구원의 경영평가 위원으로 활동했다. 사회과학자로서는 흔치 않게 우리나라 이공계 분야의 현황을 직접 체험할 수 있는 좋은 기회였다. 매년 경영평가 위원으로 추천되어 경험과 전문성을 쌓은 덕에 2006년부터는 과학기술기획평가원(KISTEP)에서 주관하는 국가연구개발 심의위원(예비타당성 전문위원)으로도 활동하게 되었다. 국가연구개발심의위원회에서는 500억 원 이상의 R&D 예산이 투입되는 대규모 국책사업에 대한 경제성 평가를 중심으로 정부에 전문적인 심사의견을 제시한다. 필자는 신재생에너지 사업, 전주 인근의 탄소

천리안위성 2B 비행상상도

밸리 조성사업 등 수천억 원 규모의 국가 R&D 예산이 투입된 사업에 참여하며 대한민국 과학기술 발전에 기여했다는 자부심을 느낀다. 그 중에서도 가장 기억에 남는 사업은 '천리안 위성 2호 사업'이다.* 천리안 위성 1호 사업은 대한민국이 자체 기술로 개발한 최초의 정지궤도 위성으로, '통신해양기상위성'으로 불렸다. 이는 대한민국 최초로 해양 관측, 기상 관측, 통신 서비스를 복합적으로 수행하는 사업이었다. 위성은 지구 적도 상공 36,000km 고도, 동경 128.2도에 위치하며 지구의 자전 속도와 동일하게 회전해 마치 정지해 있는 것처럼 보인다. 이 위성은 해양 관측, 기상 관측, 통신 서비스를 동시에 수행했다. 이 사업은 2003년부터 정부의 국가우주개발 중장기계획에 따라 준비되었고 2010년 6월 천리안 위성 1호의 성공적인 발사로 마무리되었다. 이로써 우리나라는 세계에서 7번째로 기상 관측 위성을 보유한 국가가 되었다. 이러한 성공 경험을 바탕으로, 우리 정부는 천리안 위성 2호 사업을 연이어 추진하게 되었다.**

2010년 6월 15일, 국가연구개발사업 심의위원회에서 천리안 위성 2호 사업에 대한 설명회가 모처에서 열렸다. 이후 2010년 7월 12일부터 10명으로 구성된 심의위원들이 본격적으로 심의를 시작했다. 6월 15일 첫 미팅에서 KISTEP 측은 분야별 전문가 심의위원들에게 세 가지 중요한 사항을 강조했다. 첫째, 이번 사업은 기상청, 과학기술정보통신부(과기부), 환경부, 해수부, 해양연구원, 한국항공우주연구원 등 여러 정부 부처와 국책연구원이 컨소시엄을 구성하여 공동으로 사업계획서를 준비했다는 점이다. 둘째, 보통 하나의 발사체에 하나의 위성이 탑재되지만, 천리안 위성 2호 사업은 2개의 발사체가 사용된다. 하나의 발사체에는 기상위성(천리안 2A호***), 또 다른 발사체에는 해양위성과 환경위성(천리안 2B호****)이 탑재될 예정이었다. 따라서 이 사업계획서가 예비타당성 평가를 통과하지 못하면 두 발사체 모두 우주에 올릴 수 없다는 점이 강조되었다. 셋째, 천리안 위성 2호 사업계획서는 1년 전에 한 차례 제출되었으나, 당시에는 사업계획서의 미비로 탈락했다. 이번이 그 두 번째 도전이었다.

---

* https://youtu.be/LMxR5Jvbl4U, 천리안위성 임무수행 CG, 한국항공우주연구원

** https://blog.naver.com/with_msip/221754180660, 천리안위성 2B호, 어떻게 쓰일까

*** 천리안위성 2A는 한반도 및 동아시아 주변의 기상예보, 기상이변 등 기상관련 정보와 데이터를 수집한다.

**** 천리안위성 2B는 한반도 및 동아시아 주변의 대기오염을 유발하는 화학물질을 통해 미세먼지의 발생지점부터 이동경로 등 신뢰성 높은 데이터를 그리고 적조, 해무, 해빙 등 해양환경 변화에 대한 정보와 데이터를 수집한다.

2010년 7월 12일부터 천리안 위성 2호 사업에 대한 집중적인 심의가 시작되었다. 해양연구원의 모 박사가 사업계획서를 발표하였고, 이 사업의 총예산은 2011년부터 2019년까지 7,200억 원에 달하는 큰 규모였다. 10명의 심의위원들은 각각 의견을 제시했는데, 이 중에는 과학기술정보통신부 장관의 자문 교수(경제학 박사)도 포함되어 있었다. 예비타당성에 대한 논의는 그 어느 때보다도 활발하게 진행되었지만, 대체로 장관 자문교수의 의견으로 모아지는 분위기였다. 그러나 9월 말이 되어도 결론이 나지 않았다. 특히, 10명의 위원 중 8명이 "경제성이 없으므로 이 사업을 추진해서는 안 된다"고 주장했다. 필자를 포함한 2명만이 사업 추진을 지지했으며, 그중 1명은 위성 분야를 전공한 학자로, 이해관계 때문에 적극적인 주장을 하기 어려운 상황이었다. 결국, 필자 혼자서 사업의 필요성을 강조할 수밖에 없었다. 필자가 사업 추진을 주장한 근거는 경제성 분석 결과로만 보면 반대 측과 다를 바 없었다. 실제로 계량적 경제성 분석 결과는 0.5~0.6에 불과했다(일반적으로 1 이상이 되어야 사업 추진의 타당성을 갖춘다). 또한, 천리안 2A호의 부품을 공급하기로 한 스페인 기업의 핵심 부품 공급 능력도 불확실했고, 그들의 재정 상태도 불안정했다. 이성적인 판단만을 따진다면 추진하지 않는 것이 맞는 사업이었다. 필자 역시 이런 상황에서 사업 추진을 주장하기가 부담스러웠다. 그럼에도 불구하고 필자가 사업 추진을 주장한 이유는, 경제적 타당성은 약하지만 '정책적 타당성'이 있다는 점이었다. 필자는 "이번 기회에 천리안 1호에 이어 한국이 우주 연구와 사업에 더 깊이 발을 들여놓지 않으면, 미국은 물론 일본과 중국과도 회복할 수 없는 '우주격차'가 생길 것입니다. 지금이 그 격차를 줄일 수 있는 절호의 기회이며, 이 기회를 놓치면 영원히 따라잡을 수 없습니다"라고 강력하게 주장했다. 내면적으로는 필자의 의식은 '반대'였지만, 무의식은 '찬성'을 외치고 있었다. 필자가 무의식적으로 "우주 연구가 더 이상 뒤처져서는 안 된다"는 생각을 품고 있었던 것이다. 이 무의식적인 주장은 '정책적 타당성'이라는 표현으로 나타났고, 필자의 집념을 이끌어냈다. 이 무의식은 두 가지 원천에서 비롯되었다고 생각한다. 하나는 필자가 중국 우주 연구의 출발점인 난징 대학을 방문했을 때, 그곳 박물관에서 본 교수진들의 우주 연구 업적과 사진들이 주었던 충격이었다. "중국은 이렇게 일찍부터 우주 연구를 시작했구나"라는 생각이 깊이 각인되었고, 그때의 충격이 무의식에 자리 잡았던 것 같다. 또 하나는, 남북한 대치 상황에서 위성들이 군사적 목적으로도 활용될 수 있다는 생각이었다. 그 당시 심의위원회에서 대다수의 의견을 따랐다면 필자에게는 아무런 문제가 없었을 것이다. 그러나 필자가 그토록 집념을 보였던 이유는, 이 두 가지 무의식적 원천 때문이었다고 지금도 생각한다.

회의는 지지부진했고, 결론을 내지 못한 채 지루한 논쟁만 이어지다가 결국 해를 넘겨 2011년이 되었다. 그러던 중 천리안위성 2호 사업 추진 여부에 결정적인 영향을 미친 사건이 발생했다. 2011년 3월 12일, 도호쿠 지방 태평양 해역에서 발생한 대지진으로 인한 거대한 쓰나미가 동일본 후쿠시마 원자력발전소를 붕괴시키는 사고가 터진 것이다. 그 당시 미국 NASA는 천리안위성 1호로 촬영한 후쿠시마 원전의 실시간 이미지 사진을 한국 정부에 제공했고, 우리 위원회도 그 자료를 전달받았다. 이 사건을 계기로 위원회의 분위기는 급격하게 반전되었다. 사업을 추진하자는 목소리가 커지기 시작했다. KISTEP 측 담당 박사는 이 상황을 인지하고 회의 마지막에 이렇게 말했다. "우리가 이번에 추진하는 천리안위성 2호 사업을 통해, 이 사진보다 4배나 높은 해상도의 이미지 사진을 확보할 수 있습니다. 사업 추진 여부에 대한 최종 결정은 과기부와 협의하겠으며, 오늘 위원회의 의견도 반영하도록 하겠습니다." 그 치열했던 논의는 그렇게 끝이 났다. 거의 포기하기로 했던 천리안위성 2호 사업은 그날 이후 추진하기로 결정되었다. 마침내 2018년 12월 5일에는 천리안위성 2A가, 2020년 2월 19일에는 천리안위성 2B가 성공적으로 발사되었다. 10개월 동안 이어졌던 긴 논쟁 끝에 맞이한 감격의 순간을 잊을 수 없다. 특히, 항공우주연구원과 해양연구원 박사들, KISTEP의 박사들과 함께 그 순간을 축하하고 격려했던 기억은 평생 잊지 못할 것이다. 한국해양연구원은 감사의 뜻으로 천리안위성 1호로 촬영한 한반도의 정밀한 사진을 액자로 만들어 주었고, 그 액자는 지금도 필자의 연구실 한편을 차지하고 있다.

지구 적도 상공 36,000km 고도, 동경 128.2도에 위치한 천리안위성 1에서 촬영한 한반도 사진

(2) 마음 다져먹기(Mind Strengthen)

- 그 아이디어의 부정적인 측면을 열거한다. 잔인해야 한다. 철저히 부정적인 측면을 파헤쳐 보라.
- 그런 다음 그 부정적인 측면을 보다 적극적인 아이디어로 활용함으로써 해결책을 보완한다.

어떤 새로운 아이디어가 나올 때마다 그것을 경계의 눈초리로 바라보고 결점을 찾아내어 지적하는 데 민감한 사람들이 있다. 오죽하면 프랑스 철학자이자 소설가인 장 폴 사르트르(Jean-Paul Sartre)는 "인간은 타인의 눈길에서 지옥을 경험하게 된다(Hell is other people)"라고 언급하였을까?(나무위키) 우리는 이런 사람들을 본능적으로 싫어하거나 의도적으로 회피하며, 그들의 비판에 귀를 닫는 경우가 많다. 그러나 사실 비판받는 순간은 힘들고 괴롭더라도 그러한 비판이나 차가운 평가는 반드시 필요하다. 설령 염세주의적이고 부정적인 사람들의 말이라 할지라도 그들의 말을 경청하고 수용함으로써 개선의 기회를 찾는 것이 아이디어를 더욱 강하게 만들 수 있기 때문이다.

독일 계몽철학의 선구자 라이프니츠(Leibniz)는 "만약 배울 것이 있다면, 불구대천의 원수일지라도 나는 그의 말을 듣기 위해 백 리 길도 함께 걸어가겠다"(Olson, 1980, p.178)고 말했다. 이는 비판을 무시함으로써 성공의 문턱에서 실패를 자초하지 말라는 의미를 담고 있다. 결과적으로, 이러한 비판은 과도한 낙천주의자들의 생각이나 주장과 균형을 이루는 데 중요한 역할을 한다. 따라서 우리는 반대자들과 대화를 나누어야 하며, 그들의 주장에서 배울 점이 있다는 관점으로 접근해야 한다.

'마음 다져먹기'의 촉매는 우리가 타인의 비판을 회피하려는 성향을 극복할 수 있도록 마음을 단단히 다져주는 역할을 한다. '마음 다져먹기'를 위해서는 먼저 우리 아이디어의 부정적 요소나 결점들을 냉정하게 드러내고 다른 사람들이 비판하기 전에 이를 긍정적인 강점으로 변화시키기 위해 노력해야 한다.

1920년대부터 에어쇼(air show)에서 인기를 끌었던 '비행기 날개 위를 걷기(airplane wing walking)'는 미국의 공포 스포츠로 자리 잡았으나 위험성 때문에 사망자가 누적되어 50여 명에 이르자 애호가가 줄어들었고 결국 명맥만 유지하게 되었다. 2017년 10월 29일, 미국 NBC 방송국의 〈Sunday Today〉 프로그램에서는 마지막으로 비행기 날개 위를 걷는 사람과의 인터뷰가 방영되었다. 기자가 그에게 물었다. "어떻게 날개 위에서 마주치는 가장 무서운 적, 즉 바람을 이겨낼 수 있습니까?" 그 여성 보행자는 이렇게 대답했다. "그건 바람을 내게 유리하게 만드는 것입니다. 바람이 나를 날려 보내는 대신, 오히려 그 힘을 이용해 날개 위에 붙어 있을 수 있도록 제 위치와 자세를 조정하는 것이죠."(그림 3-47 참고).

그림 3-47 어떻게 비행기 위에서 그렇게 오래 서 있을 수 있나

자료원: https://www.youtube.com/watch?v=ig13vJrdt6I

최근 한국은 명품 자주포인 K9을 핀란드, 인도, 노르웨이에 이어 폴란드 육군에서도 실전에 배치하기로 함으로써 전 세계의 주목을 받고 있다. 한국의 독자 기술로 개발된 K9은 사거리 40km 이상을 자랑하며, 자동 장전 장치와 사격 통제 컴퓨터를 통해 분당 6~8발의 급속 사격이 가능한 세계 최고 수준의 자주포로 자리매김하고 있다. 해외 군사

전문가들은 한국이 K9과 같은 명품 자주포를 개발할 수 있었던 배경으로, 북한과의 지속적인 군사적 긴장 속에서 불리한 상황을 극복하기 위해 뛰어난 무기를 만들 수밖에 없었던 점을 꼽고 있다.

한국이 자주포 개발에서 성공을 거둔 데에는 세 가지 주요 이유가 있다. 첫째, 한국은 사계절의 다양한 날씨와 기온을 견뎌야 했기 때문에, 영하 40도에서 영상 40도까지의 온도에서도 안정적으로 작동 가능한 자주포가 필요했다. 둘째, 중국에서 유입되는 미세먼지로 인한 고장을 방지하기 위해, 작은 입자에도 견딜 수 있는 설계가 요구되었다. 셋째, 험하고 거친 지형에서도 운용이 가능한 자주포여야 했다. 이는 국토의 75%가 산지로 이루어진 한국의 지형을 고려해 설계된 결과이다. 이러한 이유들로 인해 K9 자주포와 한국의 전차들은 어떤 날씨와 지형에서도 신뢰할 수 있는 성능을 발휘하며, 전 세계에서 환영받고 있다. 이렇게 보면 결국, 한국이 처한 험난한 지정학적 상황이 K9과 같은 세계 최고 수준의 명품 무기를 개발하는 배경이 된 것이다.[21]

그림 3-48 K-9 자주포 노르웨이 수출

자료원: https://www.iusm.co.kr/news/articleView.html?idxno=779129

21 https://www.youtube.com/watch?v=kW-4f0ysUfI, "푸틴의 야욕 막을 최강 무기...유럽이 'K9 자주포' 자꾸 사들이는 이유"

또 다른 예를 들어보자. 1858년 상원의원 선거에서, 키 193cm로 장신에 마른 체격의 링컨과 160cm로 키가 작고 뚱뚱한 체격의 스티븐 더글러스가 공화당 합동 유세를 할 때 더글러스는 링컨을 '두 얼굴을 가진 이중인격자'라고 공격했다. 이에 링컨은 이렇게 응수했다. "여러분의 판단에 맡기겠습니다. 저에게 또 하나의 얼굴이 있었다면 제가 이 못생긴 얼굴을 하고 있겠습니까?"[22] 상대 후보의 비난을 역이용하여 자신이 앞뒤가 다른 사람이 아니라는 점을 강조한 링컨의 화술은 정말로 천부적이라 할 만하다.

또 다른 예로, 덴마크 식품청(DVFA)은 2024년 7월 23일, 한국산 불닭볶음면 3개 제품에 대해 회수 결정을 내렸다(중앙일보, 2024.07.23). 이유는 이 제품들이 너무 매워서 캡사이신(매운맛 성분) 함량이 높아 이를 섭취한 소비자가 급성 중독 위험에 처할 수 있다는 것이었다. 위해 평가 보고서에는 '매운맛 챌린지' 용도로 이 제품을 섭취하면 건강에 해를 끼칠 수 있다는 우려가 담겼다. 세계적으로 인기를 끌고 있는 불닭볶음면에 대해 회수 결정을 내린 국가는 덴마크가 처음이었다. 그런데 이 제품은 불과 한 달 만에 다시 판매 재개에 성공했다. 그 비결은 냄비와 그릇에 남아 있는 소스 때문이었다. 한국 정부가 조리 및 식사 과정에서 매운맛이 줄어든다는 점을 강조하며, 덴마크 측을 설득해 판매 금지를 해제시킨 것이다.

이에 식품의약품안전처를 비롯한 한국 정부와 제조사인 삼양식품이 빠르게 대응에 나섰다. 식약처는 우선 덴마크 정부에 K-푸드에 대한 불필요한 오해가 다른 국가로 확산되거나 무역 장벽처럼 작용할 수 있다는 우려를 공식적으로 전달했다. 덴마크 정부를 설득하기 위한 과학적 근거도 필요했다. 특히 지난해 독일 청소년들이 매운맛 챌린지에 참여했다가 복부 통증과 호흡곤란을 호소했던 '매운 감자칩'과의 차이점

22 https://blog.naver.com/waterheat/220232193348, 링컨의 유머와 일화

그림 3-49 불닭 브랜드 해외 프로모션

자료원: 중앙일보, 2024.07.23.

을 입증하는 데 주력했다. 덴마크 정부는 주로 매운 감자칩을 기준으로 불닭볶음면의 위해성을 평가하고 있었기 때문이다.

지난달 말, 식품의약품안전평가원과 한국식품과학연구원은 분석을 통해 소비자들이 불닭볶음면의 매운 소스를 전부 섭취하지 않는다는 사실을 확인했다. 조리 과정에서는 소스 봉지와 냄비에 소스가 남고, 먹을 때는 그릇에 일부가 묻어 실제 섭취하는 캡사이신의 양이 줄어든다는 내용이었다. 이를 바탕으로 식약처는 이달 초 덴마크 수의식품청에 대표단을 파견해 해당 분석 자료를 전달했다. 덴마크 측은 불닭볶음면에 대한 인체 위해성 평가를 다시 진행했으며, 그 결과 3개 제품 중 2개(불닭볶음면 2X 스파이시와 불닭볶음탕면)의 캡사이신 함량이 안전한 수준이라고 판단했다. 이에 따라 회수 조치가 철회되었고 이들 제품은 지난 12일부터 덴마크 내 판매가 재개되었다.

오영진 식약처 글로벌 수출전략담당관은 “덴마크의 결정이 다른 유럽 국가로 퍼지지 않도록 하는 것이 최우선 과제였다”며, “불닭볶음면

조리 과정을 영상으로 직접 보여주고 매운맛이 줄어드는 과정을 과학적으로 설명하면서 덴마크 측의 입장을 변화시킬 수 있었다"고 설명했다. 삼양식품 관계자 역시 "정부의 공동 대응 덕분에 회수 결정을 빠르게 번복할 수 있었다"고 밝혔다. 결국, 불닭볶음면에 대한 덴마크 정부의 위해성 평가 결과는 한국 정부와 삼양식품의 노력 덕분에 불닭볶음면이 유럽 시장에서 더 강력한 브랜드로 자리매김하는 효과를 낳게 되었다.

[표 3-22]는 조직 구성원들에게 품질 마인드를 심어주기 위한 해결과제에 대해 기존 아이디어를 어떻게 수정하여 더 강력한 아이디어로 발전시킬 수 있는지를 보여준다. 이 과제에 대해 처음 도출된 아이디어는 "불량 제품을 모두 불태운다"였다. 그러나 이 아이디어는 '제품 낭비가 많다'와 '직원들이 쉽게 행동으로 옮기지 못한다'는 단점이 있었다. '마음 다져먹기' 촉매를 활용하면, 첫 번째 단점인 '제품 낭비'는 '불타버린 제품보다 더 좋은 양질의 제품을 만들도록 주지시킨다'로, 두 번째 단점인 '직원들이 행동으로 옮기기 어렵다'는 점은 '최고경영자를 포함한 임직원 모두가 함께 불량 제품을 불태운다'는 수정된 아이디어로 발전할 수 있다. 결국, 최종적으로 수정된 아이디어는 '최고경영진을 비롯한 임직원 모두가 함께 불량 제품을 불태우고, 불타버린 제품보다 더 좋은 양질의 제품을 만들도록 주지시킨다'로 확정되었다(아이디어 1차 수정).

표 3-22 아이디어 1차 수정

기존 아이디어: 불량제품을 모두 불태운다.	
아이디어의 부정적 측면	**수정 아이디어**
제품낭비가 많다	불타버린 제품보다 더 좋은 양질의 제품을 만들도록 주지시킨다
직원들이 쉽게 행동으로 옮기지 못한다	최고 경영자를 비롯한 임직원 모두가 모여 불량제품을 불태운다

이 아이디어는 고(故) 이건희 삼성전자 회장에 의해 '애니콜 화형식' 이라는 이름으로 실제로 시행되었으며, 오늘날의 삼성전자를 있게 한 정신적 원동력이 되었다. 1993년 6월, 프랑크푸르트에서 열린 회의에서 이건희 회장은 로스앤젤레스(LA), 오사카, 도쿄, 프랑크푸르트, 런던 등을 돌며 '품질경영'을 강조했다. 이 회장은 "마누라와 자식 빼고는 다 바꿔라"는 강력한 메시지를 임직원들에게 던지며, 삼성전자가 초일류 기업으로 성장할 수 있는 토대를 마련했다(그림 3-50 참고).

그가 이러한 신경영 선언을 한 당시, 이 회장은 매우 분노한 상태였다. 1993년 1월, 미국 LA에 도착해 시내 가전제품 매장을 방문했을 때 아무도 찾지 않는 구석에 먼지가 쌓인 삼성 TV를 보게 된 것이다. 같은

이건희 삼성전자 회장이 1993년 6월 7일, 독일 프랑크푸르트에서 삼성의 주요 계열사 임원들에게 신경영을 주창하고 있다.

그림 3-50 삼성전자 고(故) 이건희 회장의 신경영선언

자료원: 서울신문, "'애니콜 화형식' … 이건희 충격요법, 삼성전자 사장의 눈물", 2020.10.25.

해 6월에는 삼성전자 사내 방송(SBC)에서 불량 세탁기 뚜껑을 발견하고도 칼로 튀어나온 부분을 대충 깎아 조립하는 모습을 고발하는 프로그램을 접하게 되었다. 이 회장은 임직원들에게 "내가 후계자가 된 이후부터 불량 제품은 암과 같다고 말했다. 암은 진화한다. 초기에 자르지 않으면 3~5년 내에 회사를 죽인다. 정신들 차려야 한다"고 경고했다. 이후 삼성전자에서는 세탁기 생산 현장에서 불량이 발생하면 즉시 라인을 멈추고 문제를 해결한 뒤 다시 가동하는 '라인 스톱제'가 도입되었다. 이 회장은 "불량은 암이다"라며 양보다 질을 강조했으나 1년이 지나도 불량률이 여전히 11.8%에 달하자 "적자를 내고 고객의 신뢰를 잃으며 악평을 받으면서 왜 사업을 하는가? 삼성에서 수준 미달의 제품을 만드는 것은 죄악이다"라고 강하게 질타했다.

1994년 말, 삼성전자 휴대폰(애니콜)의 불량률이 11.8%에 이르자 소비자 불만이 커졌고 이 회장은 충격 요법을 결심했다. 1995년 3월, 구미 사업장에 불량 휴대폰 등 150억 원 규모의 제품 15만 대를 쌓아놓고 불태워버렸다. 당시 무선부문 이사였던 이기태 전 삼성전자 사장을 포함한 임직원들은 자신들이 만든 제품이 불타는 모습을 보며 눈물을 흘리기도 했다. 이 회장은 "비싼 휴대폰, 고장이 나면 누가 사겠나? 반드시 1인당 1대의 무선 단말기를 가지는 시대가 올 것이다. 품질에 신경 써라"고 임원들을 강하게 독려했다.

일명 '애니콜 화형식'으로 불리는 이 사건은 2016년 '갤럭시노트7 전량 리콜' 사태와 자주 비교된다. 배터리 발화 논란이 불거지자, 삼성전자는 제품 출시 13일 만에 그동안 생산한 250만 대를 전량 리콜하기로 결정했다. 당시 갤럭시 노트7의 불량률은 0.0024%에 불과했지만, 리콜 규모는 1조~1조5,000억 원으로 무선사업부 영업이익의 25~30%에 해당하는 수준이었다. 이는 일시적 타격을 감수하더라도 품질에 대한 신뢰를 끌어올리겠다는 결단이었다. 이러한 품질 우선의 정신이 오늘날의 삼성전자를 만들었다(서울신문, 2020.10.25).

지난달 27일(현지시간) 프랑스 파리 라 데팡스 아레나에서 열린 2024 파리 올림픽 남자 자유형 400m 시상식에서 금메달 루카스 마르텐스(독일), 은메달 일라이자 위닝턴(호주), 동메달 김우민(대한민국) 선수가 시상대에서 갤럭시 Z플립6 올림픽 에디션으로 빅토리 셀피를 촬영하고 있다.

그림 3-51 갤럭시 Z플립6 올림픽 에디션으로 빅토리 셀피 촬영

자료원: 매일경제, "'대박 터졌다' 갤럭시 셀피 마케팅…'올림픽 사랑' 이재용 회장의 평가는?", 2024.08.10.

[그림 3-51]에서 볼 수 있듯이, 삼성전자는 2024년 프랑스 파리에서 열린 하계올림픽에서 참가 선수 1만 7천여 명에게 옐로 색상의 금빛 올림픽·패럴림픽 엠블럼과 삼성 로고가 새겨진 신제품 '갤럭시 Z플립6 올림픽 에디션' 스마트폰을 무료로 제공했다. 이미 글로벌 브랜드로 성장한 삼성전자가 1998년 나가노 동계올림픽 이후 꾸준히 올림픽 후원을 이어오는 것은 단순한 브랜드 마케팅을 넘어 한국을 대표하는 기업으로서 '사명감'을 가져야 한다는 고(故) 이건희 회장의 뜻을 반영한 것이다(매일경제, 2024.08.10).

(3) 마음 북돋우기(Mind Energize)

- 그 해결책을 이행함으로써 나타날 최악의 결과와 최선의 결과를 확대해 본다.
- 나쁜 결과를 최소화하고 좋은 결과를 최대화할 수 있도록 여러분의 해결책을 수정한다.

골프나 야구와 같은 스포츠에서 '끝까지 밀어붙이는' 타구 종결 동작의 중요성은 매우 크기 때문에, 선수들에게 반복적인 연습이 요구된다. 예를 들어, 골프나 테니스에서 스트로크의 마무리 동작은 훌륭한 골프 선수나 테니스 선수가 되기 위해 필수적이다. '마음 북돋우기' 촉매는 우리가 도출한 아이디어의 완성도를 최고조로 끌어올리기 위한 마지막 노력이다. 이 단계를 실천에 옮김으로써 성공에 이르게 하는 능력을 키워주며, 나아가 더 효율적인 창의적 사고자로 만들어준다.

'마음 북돋우기'의 핵심은 아이디어를 실행한 결과 나타날 수 있는 최선의 결과와 최악의 결과를 구체적으로 상상하는 데 있다. 그런 다음, 최악의 결과를 최소화하고 최선의 결과를 극대화할 수 있도록 아이디어를 수정하는 것이다. 따라서 '마음 북돋우기'는 아이디어가 성공할 수 있는 최고의 기회를 제공하고, 가능성을 최대화하기 위한 검토 및 수정의 방법이라 할 수 있다. 필자는 한 사회의 시스템 수준이란 최선의 시나리오와 최악의 시나리오를 마련해 놓고 각 시나리오에 대한 대비책을 갖추고 있느냐에 달려있다고 생각한다.

2023년 7월 15일에 발생한 오송 지하차도(궁평 제2지하차도) 사건이 그 단적인 예이다(한국경제신문, 2023.07.16). 오송 지하차도 침수사고는 행정중심도시건설청(행복청)이 미호천 제방을 허가 없이 철거한 이후 여름철 폭우가 쏟아지면서 발생했다. 사실 사고 한 달 전 행복청 직원과 청장은 여름철 장마를 대비해 미호천 제방 철거 인근 공사 현장을 방문하여 작업 상황을 보고받았으며 침수 피해의 우려가 없다는 결론을 내렸다. 그러나 막상 폭우가 내리고 갑작스럽게 불어난 6만 톤의 물이 지하차도로 밀려들어 순식간에 침수 사고가 발생했다. 이 사고로 14명의 소중한 생명이 희생되었고 17대의 차량이 침수되었다.

경찰은 사고 원인 중 하나로 미호천 제방 철거를 지목하고 감식을 진행했지만, 미호천 제방이 철거된 상황에서 폭우가 내릴 경우 오송 지하차도에 미칠 영향을 누구도 미리 예측하지 못했다. '만약 미호천 제방이 철거된 상태에서 폭우가 쏟아진다면 오송 지하차도에 어떤 일이 벌어질까? 그리고 지하차도가 침수된다면 어떤 대비책을 마련해야 할까?'라는 최악의 상황과 시나리오를 사전에 검토했더라면 이와 같은 큰 피해는 발생하지 않았을 것이다.

로마인들은 새로 다리가 완공된 후, 임시로 설치된 나무 지지대를 제거할 때 다리를 설계한 기술자들을 다리 아래에 서 있도록 했다. 만약 다리가 무너지면 그 기술자는 목숨을 잃게 되는 것이다. 이러한 조치를 취한 이유는 다리 설계자가 책임감을 가지고 다리를 만들도록 하기 위해서다. 당시 완성된 로마의 다리들은 2000년이 지난 지금까지도 튼튼하게 유지되고 있다. 이는 로마인들이 다리가 무너질 수 있는 최악의 경우를 염두에 두고 다리를 설계했기 때문이다(전상길, 2020, p.527).

2024년 7월 18일, 한국은 체코에서 역대 최대 규모인 24조 원에 달하는 원전 수주를 달성하며 국가적인 쾌거를 이뤘다(그림 3-52 참고). 한국은 강력한 경쟁자인 프랑스를 꺾고 우선협상대상자로 선정되었다(동아일보, 2024.07.18).

원자력 에너지 분야에서 원자로를 발전용으로 광범위하게 사용하는 경우, 최선의 결과는 저렴한 비용으로 전력을 생산할 수 있다는 점이다. 반면, 최악의 결과는 원자력발전소에서 통제 상의 실수로 방사능이 유출되는 경우일 것이다. 1986년 소련에서 발생한 체르노빌 사태나, 2011년 3월 11일 일본 동북부를 강타한 규모 7.0의 대지진과 쓰나미로 인해 후쿠시마 원전에서 방사능이 유출된 사고처럼 방사능 유출은 대단히 위험하고 치명적인 결과를 초래한다. 따라서 '방사능 유출'에 대비한 철저하고 완벽한 설계가 필요하다. 상상할 수 있는 최악의 사태를 종합하여 설계에 반영해야 한다. 예를 들어, 해안가에 위치한 발전소의 경우 발생 확률이 극히 낮더라도 해일이나 쓰나미에 견딜 수 있도록 설계해야 한다. 이렇게 최악의 결과들을 최소화해 놓으면 원자력 개발은 저렴한 에너지원이라는 목적을 달성하기 위해 보다 신뢰할 수 있고 강력한 방식으로 진척될 수 있다.

한국수력원자력이 24조 원 규모의 체코 두코바니 5·6호 신규 원전 건설 사업의 우선협상대상자로 17일 선정되었다. 사진은 두코바니 원전의 모습이다(상).

1982년 유럽형 원전을 처음 도입했던 한국이 40여년 만에 유럽에 원전을 수출하는 국가로 성장한 것이다(하).

그림 3-52 팀코리아 체코에서 24조 원전수주의 쾌거

자료원: 동아일보, 2024.07.18.

이제 앞서 '마음 다져먹기' 촉매를 통해 도출된 수정 아이디어인 '최고경영진을 비롯한 임직원 모두가 모여 불량 제품을 불태우고, 불타버린 제품보다 더 좋은 양질의 제품을 만들도록 주지시킨다'를 '마음 북돋우기' 촉매를 통해 최악의 결과와 최선의 결과로 끝까지 밀어붙여 보자.

우선, 최악의 결과로는 '화재의 위험이 있다'는 점을 들 수 있다. 이에 대한 해결책으로는 '회사 내 넓은 공터에서 제품을 불태우고, 화재를 진압할 수 있는 소방기구를 준비한다'는 아이디어로 수정할 수 있다. 또 최선의 결과로는 '불량률 0이라는 홍보 효과가 있다'는 점이 있다. 이에 대해서는 '불타버린 제품 더미를 불량률 0을 위한 홍보물로 장기간 보관한다'는 아이디어로 변형할 수 있다.

결국 '어떻게 하면 조직 구성원들에게 품질 마인드를 심어줄 수 있을까'라는 질문에 대해, '마음 북돋우기' 촉매를 적용한 최종 아이디어는 다음과 같다. "회사 내 넓은 공터에서 최고경영진을 비롯한 임직원 모두가 모여 불량 제품을 불태우고, 불타버린 제품보다 더 좋은 양질의 제품을 만들도록 주지시키며, 이때 예상되는 화재를 진압할 수 있는 소방기구를 준비한다. 또한, 불타버린 제품 더미를 '불량률 0'을 위한 홍보물로 장기간 보존한다."(아이디어 2차 수정)

표 3-23 아이디어 2차 수정

최고경영진을 비롯한 임직원 모두가 모여 불량제품을 태우고 불타버린 제품 보다 더 좋은 양질의 제품을 만들도록 주지시킨다.	
최악의 결과	**수정 아이디어**
화재의 위험이 있다	회사 안의 넓은 공터에서 제품을 불태우고 화재를 진압할 수 있는 소방 기구를 준비한다
최선의 결과	**수정 아이디어**
불량률 0의 홍보 효과	불타버린 제품더미를 '불량율 0'을 위한 홍보물로 장기간 보관한다.

4) 아이디어 실행

'DO IT'이라는 약어는 실천과 행동을 요구하기 위해 만들어졌다. 필자는 이 순간 우리가 익히 알고 있는 에디슨(Edison)의 명언, "천재는 1%의 영감과 99%의 땀으로 이루어진다"라는 말을 다시 떠올리게 된다. 우리는 종종 영감을 얻어 창조적인 아이디어를 떠올리면서도, 그 아이디어들을 방치해버려 마치 낙엽처럼 썩어가도록 내버려두기 때문에 우리의 창의성은 빛을 보지 못하게 된다. 일찍이 실존주의 사상을 대표하는 프랑스의 철학자이자 작가인 장 폴 사르트르(Jean-Paul Sartre)가 "인생은 B(Birth)와 D(Death) 사이의 C(Choice)"라고 설파한 것도 인생은 인간 스스로의 주도적인 선택의 연속이라는 것이다. 적어도 우연(Coincidence)이나 코인(Coin)에 의한 것은 아니라는 것이다.

2024년 3월 14일 일론 머스크(Elon Musk)가 이끌고 있는 우주기업 스페이스X는 사람과 화물을 화성으로 보내기 위한 세 번째 로켓발사 실험을 미국 텍사스주의 남부해변 '스타베이스'에서 진행하였다(SBS, 모닝와이드, 2024.3.15). 이 로켓은 높이 121미터로 자유의 여신상보다도

그림 3-53 일론 머스크와 SpaceX

자료원: https://www.economidaily.com/view/20240529081818791

높았고 사람은 100명, 화물은 150톤까지 실을 수 있는 초대형 로켓이었다. 그러나 기대와는 달리 이 로켓은 1단과 2단이 분리를 앞두고 로켓이 빙빙 돌면서 발사된 뒤 지구 반 바퀴를 돌고 목표지점 낙하에 실패하였다. 그러나 이 결과는 발사 4분 만에 폭발한 2차 때 보다 크게 진전한 것이었다. 일론 머스크는 "스페이스X의 우주선 스타십이 실패했지만 우리는 계속 쏠 것이다. 스타십이 결국에는 인류를 화성에 데려다 줄 것이다. 실패는 하나의 옵션일 뿐, 실패가 없다면 충분히 혁신적이지 않다는 것을 의미한다"라고 인터뷰에서 말할 정도로 실패를 긍정적으로 받아들이며 실패를 성장을 위한 기회로 삼았다.

교통사고율 세계 1위라는 불명예를 안고 있던 한국 사회에서, 한국도로공사에 근무하는 한 공무원의 집념으로 특정 지역의 교통사고를 90%나 줄인 사례가 있다.[23] 그 주인공은 '노면 색깔 유도선'을 제안하여 나중에 도로교통법까지 바꾸게 된 윤선덕 차장이다. 2011년 3월, 영동고속도로 안산 분기점에서 승합차와 화물차가 엇갈리며 급히 차선을 변경하다가 추돌해 2명이 사망하는 사고가 발생했다. 그 얼마 전에도 서해안고속도로 안산 분기점에서 4중 추돌 사고로 6명이 크게 부상을 당하는 등, 이곳은 교통사고 다발 지역으로 알려져 있었다. 그 때 상사였던 한국도로공사 군포지사장이 윤 차장에게 "초등학교 학생들도 알 수 있는 대책을 마련하라"고 지시를 내리게 된다. 윤 차장은 해결책을 찾기 위해 몇 날 며칠 동안 여러 아이디어를 고민했지만, 쉽게 실마리를 찾지 못하고 있었다. 그러던 중 어느 날 퇴근 후 집에 와보니 8살 초등학생 딸은 물감으로, 4살 유치원생 아들은 크레파스로 그림을 그리며 놀고 있는 모습을 보게 되었다. 그 순간 윤 차장은 '도로에 색을 칠하는 것이 초등학생도 이해할 수 있는 방법이겠구나'라는 생각이 스치고 지나갔다. 그래서 그는 그 아이디어를 윗선에 보고했지만 냉담한 반응만 돌

23 https://www.youtube.com/watch?v=zdUA_m0Hu20, 유퀴즈 제69화 이거 내가 만들었어. 도로 위 생명줄, '노면색깔 유도선'

아왔다. "도로에는 칠 할 수 있는 색[24]이 정해져 있다. 너무 앞서 간다", "네 가지 색 외에 색칠을 하는 것은 도로교통법 위반이야", "하지마라, 왜 하느냐, 경찰에 잡혀 갈 수도 있다". 이렇듯 모든 사람들의 반대와 저항에 직면한 윤 차장은 이 문제를 해결하려면 도로교통법 자체를 바꾸어야 한다는 것을 절감하게 되었다. 그는 선례도 규정도 없는 새로운 길을 개척해야 하는 상황에 놓였고, 그 길은 쉽지 않았다. 혼자 길을 개척해 나가는 일은 결코 쉬운 일이 아니었다. 포기하고 싶은 순간이 하루에도 몇 번씩 찾아왔지만, 윤 차장은 사고로 희생된 이들을 생각하며 결코 물러설 수 없었다. 그는 "도로 시설물의 미비로 인해 발생한 사고는 내 책임인 것 같았고, 그와 같은 사고를 막기 위해 포기할 수 없었다"고 술회했다. 그래서 윤 차장은 현실적으로 가능한 방법을 모색하기 시작했다.

법을 위반할 경우 경찰에 구속될 우려가 있었기 때문에, 윤 차장은 구속되지 않는 편법을 찾기로 했다. 그 방법은 '경찰청과의 교통 제한 협의'였다. 도로를 차단하고 공사를 하게 되면 경찰청과 교통 제한 협의를 해야 하는 관례가 있다. 이에 평소 자주 협력하며 알고 지내던 인천지방경찰청 임용훈 경감(당시 인천지방경찰청 11지구대 근무)에게 "교통사고를 줄일 수 있는 방법을 찾았으니 할 수 있게 도와달라"고 협조를 요청했다. 이에 임 경감은 윤차장의 얘기를 들어 보더니 "교통사고가 엄청 줄겠습니다, 우리가 승인하는 것으로 하지요"라고 긍정적인 답변을 주었다. 윤 차장은 어둠 속에서 빛을 발견한 것 같았다. 경찰의 적극적인 협조 덕분에 윤 차장은 안산분기점에 대한민국 제1호 분홍색과 초록색의 노면 색깔 유도선을 도입하는 데 성공하게 된다. 그 효과는 대단했다. 2011년 이전 안산 분기점에서의 교통사고는 연간 20여 건에 달했으나,

24 도로교통법에는 칠할 수 있는 색이 정해져 있다. 중앙분리대에는 노란색, 일반차선에는 흰색, 하이패스에는 청색, 도로교통 규제를 위해서는 빨강색, 총 네 가지 색만을 쓸 수 있다.

2011년 5월 3일 노면 색깔 유도선을 도입한 이후 사고는 3건으로 줄었다. 교통사고가 약 90% 감소한 것이다. 이 결과가 수용되면서 고속도로와 시내 도로에서도 많은 변화가 나타났다. 2017년에는 서울 시내 교차로 사고가 50% 감소하고, 고속도로 분기점과 나들목 사고도 27% 감소하는 등 놀라운 성과를 이루었다. 마침내 2021년 5월 17일, 국토교통부 규정이었던 노면 색깔 유도선은 경찰청에 의해 '도로교통법' 시행규칙의 도로노면표시에 반영되면서 법적 근거를 갖추게 되었다.[25] 이제 고속도로의 어떤 분기점을 지날 때라도 안심할 수 있다, 더 이상 두렵거나 당황스럽지 않다. 이것은 필자들만의 감정은 아닐 것이다. 한 공무원의 참신한 아이디어와 문제를 해결하고자 하는 집념과 실천노력이 많은 사람들의 생명을 지켜왔고 앞으로도 그럴 것이다.

서해안고속도로 안산 분기점에서 볼 수 있는 대한민국 1호 노면 색깔유도선

그림 3-54 안산분기점 대한민국 제1호 노면 색깔 유도선

자료원: 네이버 지도 화면캡처

25 https://www.innovation.go.kr. 도로노면 색깔 유도선

교수이자 엔지니어, 사회 철학가이자 세계적인 발명가인 찰스 케터링(Charles F. Kettering)도 "지성 없는 행동은 발광의 한 형태이지만, 행동 없는 지성은 멍청함의 가장 큰 형태이다"라고 말하며, 능동적인 상상력을 통해 도출된 아이디어를 실천에 옮길 것을 강조했다. 또한, 국제발명가협회 회장을 지낸 퓰러(Melvin L. Fuller)도 "훌륭한 발명 아이디어를 얻는 것은 임신을 하는 것과 같이 그리 어렵지 않다. 그러나 그 아이디어를 실천에 옮기는 것은 아이를 잘 낳아 훌륭하게 기르는 것만큼이나 어려운 것이다"(Olson, 1980, pp.191-192.)라고 지적했다. 정말 그렇다. 천재적인 수준의 지능을 가지지 않더라도 무언가를 생각해내는 능력보다 그 생각을 실천에 옮기는 능력이 훨씬 중요한 성공 요인이다. 예를 들어, 담배를 끊겠다고 결심하고 다양한 금연 방법을 알게 되어도 실천하지 않으면 성공할 수 없고 작심삼일로 끝나기 십상이다.

사실 좋은 기회를 기다리며 앉아 있는 것만큼 창조성을 저해하는 일도 없는 것 같다. 많은 사람들은 마치 멋진 리무진이 다가와 자신 앞에 멈추고 영화제작자가 차에서 내려 "내가 당신을 영화배우로 만들어 주겠소"라고 말해주기를 기다리듯 기회가 오기만을 바라며 인생을 걸어간다. 그러나 대부분의 일류 배우나 대스타가 된 사람들은 본래부터 위대한 아이디어나 잠재력을 가진 것이 아니라, 그들의 아이디어와 잠재력을 바탕으로 실제로 무언가를 해낸 사람들이다(Olson, 1980, p.193). 그들에게 성공은 수많은 장애를 이겨내고 피와 땀을 갈아 넣어 쟁취한 결과물이다.

[그림 3-55]의 그림을 보자. 이 거북이는 목을 내밀 때만 앞으로 나아간다. 아이디어를 거북이 등 안에만 넣어두고 있으면 성장이나 진보는 기대하기 어렵다. 위험을 무릅쓰고 거북이의 목을 과감하게 내밀었을 때만이 전진할 수 있는 것이다.

그림 3-55 거북이는 목을 내밀었을 때만 전진한다.

자료원: Olson(1980). p.215.

콜럼버스가 오랫동안 염원하던 항해를 시작하기까지는 14년이라는 시간이 걸렸다. 벨이 전화를 발명한 후 처음으로 시장에 내놓았을 때도 사람들은 "그런 것은 필요 없다"는 이유로 거들떠보지도 않았다. 제록스사는 1명의 재정적 후원자를 얻기까지 4년이 소요되었다(Olson, 1980, pp.194-195). 한국에서도 과학기술 분야의 최고상인 장영실상을 수상한 경원엔터프라이즈(주)의 김희정 회장은 1994년에 세계 최초로 무세제 세탁기를 발명했다. 그러나 이 제품을 시장에 소개했을 당시 세제 회사들의 끊임없는 반대와 방해로 인해 시장에서 큰 실패를 겪었다. 김 회장은 이에 굴하지 않고, 세계 특허를 넘어서 2007년 무세제 세정 시스템을 발명하고, 2008년에는 무세제 세탁기로 IEC(국제전기기술위원회)로부터 세계 최초로 국제표준을 획득했다(그림 3-56 참고). 이를 통해 경원의 물 관련 기술이 세계적으로 인정받게 된 계기가 되었다(파이낸셜뉴스, 2007.06.07). 이후, 일반 수돗물을 세탁수로 변환하는 장치를 세탁기에 설치하여 합성세제 없이 세탁할 수 있는 친환경 미래형 세탁기가 탄생했다. 테슬라가 전기차를 시장에 출시했을 때도 마찬가지였다. 기존의 가솔린 차량 제조업체들과 정유 회사인 쉘의 견제와 방해가 있었지만 일론 머스크의 탄소 배출 없는 전기자동차에 대한 집념으로 그 저항을 극복하고 오늘날 테슬라는 전기차 시장을 지배하게 되었다.

무세제 세정시스템 세계표준

무세제 세탁기 세계표준

그림 3-56 경원엔터프라이즈의 세계표준 인증서

자료원: 경원엔터프라이즈(주) 제공

세탁공장

양주 아시아나 세탁공장(a)

양주 아시아나 세탁공장(b)

빨래방

성남 하나로마트 내 무세제빨래방(c)

대치동 빨래방(d)

그림 3-57 무세제 세탁장치 공급현황

자료원: 경원엔터프라이즈(주) 제공

앞서 언급한 사례들은 아이디어를 행동으로 옮기기 위해서는 집요한 반대에도 불구하고 단호하게 밀고 나가는 열정과 집념이 필요하며, 매일 매일의 용기, 결단, 끈기, 그리고 융통성이 절실함을 여실히 보여준다. 이것이 바로 기업가정신의 핵심이다. 한국이 오늘날 세계가 무시할 수 없는 선진 경제 강국으로 자리 잡은 것도 우리의 부모 세대들이 보여준 지칠 줄 모르는 실천과 집념 그리고 조국에 대한 헌신 덕분임을 부인할 수 없다.

3.5 Phase 4: 결과발표 및 평가 (사회적 학습)

이상의 DO IT 프로세스를 통해 도출된 결과를 정리하며 각 팀은 중간 결과 발표 준비를 완료한다. 중간 결과 발표는 저자가 개발한 Round Tour Method(이하 RTM) 방식을 따른다. RTM은 기존의 참여형 토론 수업 방식인 라운드 테이블 방식(Round Table Method)과 지식 여행 방식(Knowledge Tour Method)을 결합한 새로운 혁신적 토론 방식이다. 이 두 방식을 결합함으로써 각 모델의 장점을 살리고 단점을 보완하여, 새로운 참여형 토론 수업 모델을 개발하였다.[26]

먼저, 라운드 테이블 방식은 [그림 3-58 (A)]에서 볼 수 있듯이, (1) 각 팀별로 팀원 수만큼 기호나 번호를 부여하고, (2) 각 팀의 같은 기호나 번호에 해당하는 팀원끼리 새로운 팀을 구성하여 (3) 새로운 팀 앞에서 기존 팀에서 학습한 발표 내용을 공유한 후, (4) 발표 내용에 대한 질의응답을 진행하는 방식이다(한양대학교 교수학습개발센터, 2007).

이 방식의 장점은 다음과 같다. 첫째, 각 팀에서 심층적인 토론을 거친 후 새로운 팀에서 합의된 결과를 발표함으로써 동일한 주제에 대해 다양한 의견과 서로 다른 관점을 학습할 수 있다. 둘째, 모든 팀원이 발

26 보다 구체적인 정보나 내용은 다음의 자료를 참고하길 권한다. 전상길(2008), "지식창출 관점에서 본 경영교육의 참여적 토론기법으로서의 Round Tour Method," 지식연구, 6(1), pp.165-188.

표에 참여해야 하기 때문에 무임승차자가 발생할 여지가 없다. 그러나 한 가지 단점은, 팀원 중 1명이라도 발표 내용을 충분히 숙지하지 못했거나 발표 스킬이 부족할 경우 팀에서 합의한 결과를 제대로 전달하지 못할 수 있다는 점이다. 즉, 발표의 수준이 발표자의 능력에 의존하게 된다.

지식 여행 방식은 각 팀의 최종 토론 결과물을 노트북, 전지(全紙), 혹은 플립 차트를 이용해 전시하고 다른 팀과 Tour 형식으로 공유하는 방식이다(그림 3-58 (B) 참고). 이 방식은 (1) 각 팀별로 심층 토론의 결과를 노트북, 전지, 또는 플립 차트에 작성한 후 부착하고 (2) 각 팀에서 발표자를 선정하여, (3) 발표자를 제외한 나머지 팀원은 다른 팀의 토론 결과를 순차적으로 듣는 형태로 진행된다(1조 → 2조, 2조 → 3조, 3조 → 1조). 이 과정에서 질의응답을 통해 피드백을 경험하게 된다(한양대학교 교수학습개발센터, 2007).

이 방법은 팀별로 심층적인 토론을 거친 후 다른 팀의 결과를 듣는 과정을 통해 첫째, 학습 과정에 재미를 더하고 '역동적 학습(Dynamic Learning)'을 가능하게 한다. 둘째, 라운드 테이블 방식과 마찬가지로 동일한 주제에 대해 다양한 의견과 서로 다른 관점을 경험할 수 있다. 반면 팀을 대표하는 발표자를 제외한 나머지 팀원들은 발표에 참여하지 않기 때문에, 이 방식에서는 무임승차자가 발생할 가능성이 있다.

이 책에서 소개하려는 토론 방식은 앞서 설명한 두 가지 방식, 즉 Round Table 방식과 Knowledge Tour 방식을 결합한 Round Tour Method(이하 RTM)이다. RTM은 모든 팀원이 예외 없이 치열하게 토론에 참여하여, 표준화된 지식 창출을 가능하게 하는 전원 참여형 혁신적 토론 방식이다. 이 방식에서는 팀원 간의 합의에 따라 발표가 이루어지기 때문에 발표 수준의 편차가 적다. 또한, 모든 팀원이 발표에 참여함으로써 무임승차자가 발생하지 않으며, 이를 통해 Round Table 방식과 Knowledge Tour 방식에서 나타나는 단점을 극복할 수 있다. 뿐만 아니라, RTM은 전원 참여를 통해 다양한 의견과 관점에 대한 학습을 가능하게 하고, 학습 과정이 역동적으로 전개되도록 만든다.

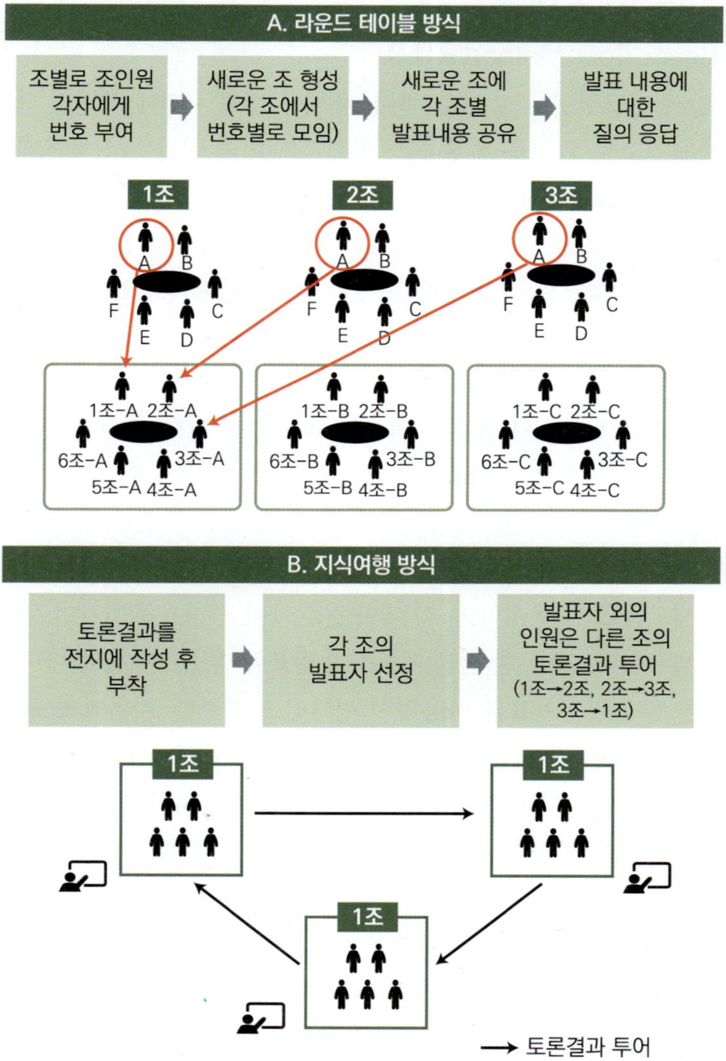

▶ 위의 예시에서는 지식여행 방식에서 발표자가 전지나 플립차트를 이용하고 있지만 최근들어 노트북이나 테블릿 PC를 이용하는 추세이다.

그림 3-58 라운드 테이블 방식과 지식여행 방식의 비교

3.5.1 중간발표

1) Round Tour Method(RTM)

앞서 언급했듯이, RTM은 특정 주제에 대해 사전에 구성된 팀원들이 자율적으로 과제를 해결하고, 팀원 전원이 돌아가면서 능동적으로 발표를 진행함으로써, 수업에서 누구도 무임승차하거나 배제되지 않고 모두가 적극적으로 참여하도록 유도하는 방식이다(전상길, 2008). 이러한 개념을 바탕으로, 2023학년도 2학기에 한양대학교 ERICA 경상대학의 조직혁신론 수강생 32명을 대상으로 RTM을 적용하였으며, 이 과정을 통해 지식 창출 활동이 어떻게 이루어지는지 추적하였다.

본격적으로 RTM 방법을 적용하기에 앞서, 담당 교수는 전체적인 RTM 방식과 과정을 충분히 설명하였다. 우선, 각 팀의 팀원들에게 일련번호를 부여하고, 팀별로 충분한 자기주도적 학습과 집단 학습을 진행하여 최종 결과물을 완성하게 한다. 그 후, 같은 번호를 부여받은 팀원들끼리 새로운 조를 구성하여, 각 테이블을 돌며 전원이 돌아가며 토론 결과를 발표한다. 이때, 한 팀을 대표하여 발표한 발표자에 대해 나머지 팀원들은 일정한 평가표를 사용하여 평가를 진행한다. 마지막 발표가 끝난 후, 팀원들은 원래 팀으로 돌아가 자기 팀을 제외한 다른 팀의 발표를 평가하고, 평가 결과에 따라 시상을 하는 절차를 따른다(그림 3-59 참고). 이하에서는 이러한 절차의 적용 내용과 과정을 제시한다.

(1) STEP 1 : 팀원들 간에 일련번호부여

참여한 인원은 총 27명으로, 이들을 5개의 팀(A, B, C, D, E)으로 나누었으며, 각 팀의 구성원들에게는 일련번호(a1, a2, …, b1, b2, …)가 할당되었다(표 3-24 참고). 이때 유의해야 할 점은, 반드시 팀원 수(n)가 팀 수(N)보다 크거나 같아야 한다는 것이다(n ≥ N). 이는 팀 수가 5팀일 경우, 팀원 수가 4명 이하라면 Round Tour를 진행할 때 발표를 하지 못하는 팀이 발생할 수 있기 때문이다.

Round Tour Method의 정의

특정 주제에 대하여 사전에 정해진 팀원들이 자율적으로 과제를 해결하고 팀원 전원이 돌아가면서 발표를 함으로써 한 사람도 수업에서 배제되지 않은 채 적극적인 수업참여를 유도하는 방식임

Round Tour 절차

팀원들 간에 일련번호 부여 → 팀별 과제해결 (강의 前) → 토론결과 발표 → 평가점수 합계 및 시상

그림 3-59 RTM의 개념정의와 절차

표 3-24 각 팀의 인원현황(총 27명 기준)

A팀(5명)	B팀(5명)	C팀(6명)	D팀(6명)	E팀(5명)
a1 a2 a3 a4 a5	b1 b2 b3 b4 b5	c1 c2 c3 c4 c5 c6	d1 d2 d3 d4 d5 d6	e1 e2 e3 e4 e5

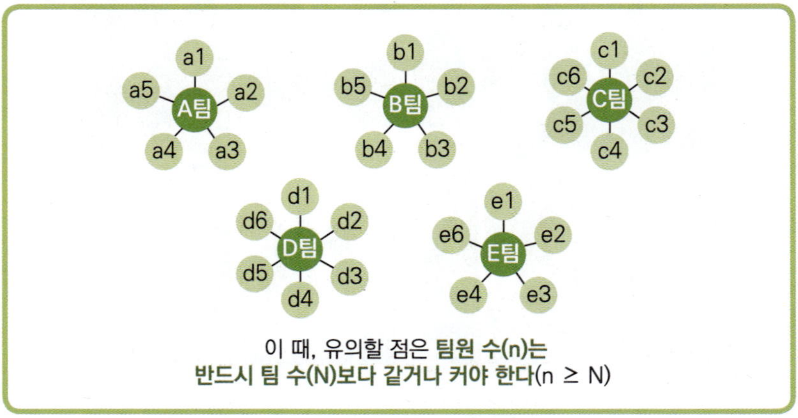

그림 3-60 팀원들 간 일련번호부여의 방법

(2) STEP 2: 해결과제 제시 및 강의 전(前) 팀별 과제해결

이 단계에서는 팀별로 고도의 팀 학습(Team Learning)을 수행하기 위해, 모든 팀원이 철저한 자기 주도적 개별 학습(Self-Directed Individual Learning)을 하는 과정이다. 이를 위해 각 팀이 해결해야 할 과제로는 기업의 실제 문제나 담당 교수가 개발한 조직 및 인적 자원 관련 사례를 제공하고, 충분한 문제해결 시간을 부여하였다.[27] 일정 기간 후, 팀원들은 과제 해결 결과를 큰 전지 2~3장(또는 노트북)에 정리하여 수업 시간에 가져오고, 그 전지를 각 팀의 벽면에 부착하도록 하였다(발표 시 참고용). 또한, 노트북을 활용할 수도 있다.

이와 동시에, 개별 학습의 수준이 높고 팀 학습이 적극적으로 이루어질 때, 팀별 과제 해결의 깊이를 심화시키고 폭이 확장되어, '탁월한' 산출물을 얻게 된다는 점을 특별히 강조하였다.

또한, 담당 교수는 각 팀이 문제를 해결하기 전에 다음 주제를 사전 강의로 제공하여 문제해결 방법론을 숙지하게 하였다(그림 3-61 참고).

그림 3-61 학생들의 중간발표 전 토론을 통한 문제해결과정

(1) 창의적 문제해결 방법(Creative Problem Solving)[28]

(2) 시스템 사고 방법(System Thinking Method)[29]

(3) 프레젠테이션 스킬(Presentation Skill)

(3) STEP 3 : 토론결과 발표

토론 결과를 발표하는 이 단계에서는 이 책에서 제시하는 RTM의 핵심이 반영되어 있다. 강의실에 들어온 학생들은 이제 [그림 3-62]와 같이 팀을 나누어 다시 모여야 한다.

[그림 3-62]은 5개 팀의 팀원 수가 각각 5명일 때 적용할 수 있는 일반적인 모델이다. 그러나 이 과정에서 발생할 수 있는 문제는 일부 팀

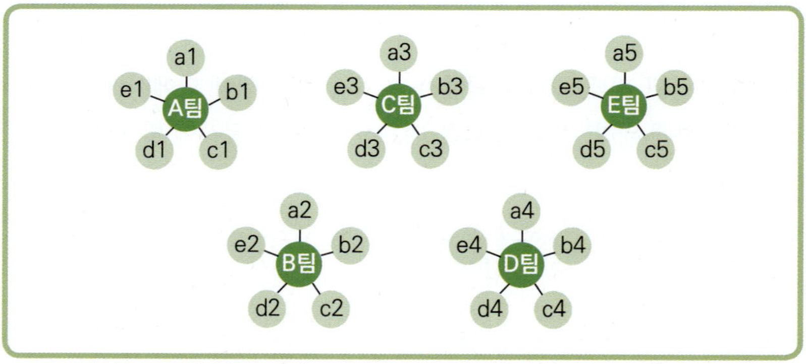

그림 3-62 토론결과 발표(팀 수와 팀원 수가 동일한 일반모델)

---

27 기업의 실제과제의 경우는 중간고사 전에 발표를 하게 한다. 그리고 교수가 개발한 짧은 사례의 경우는 1~2주일 정도 뒤에 발표를 시킨다.

28 창의적 문제해결 방법은 주어진 문제에 대하여 새로운 아이디어나 혁신적 해결방법을 창출하는 문제해결 기법으로써, 분석적 사고와 상상력에 의한 사고를 통합시켜 주는 사고의 균형을 제공하는 수단이다(Lumsdaine and Lumsdaine, 1995).

29 시스템 사고방법이란 특정변수에 영향을 주는 변수들을 추적하여 그들 간의 관계성을 종합적으로 이해하기 위한 연구방법으로써, 복잡한 현상이나 주제들에 대해 일상적으로 생각하거나 말하는 방법들을 종합적인 이해가 가능한 수준으로 바꿀 수 있는 하나의 언어체계이다(Senge, 1990).

(C팀과 D팀)에 여섯 번째 구성원이 있다는 점이다. 발표 시 혼선을 방지하기 위해, C팀의 여섯 번째 구성원(즉, c6)은 반드시 소속 팀의 1번(c1)과 함께 움직이도록 하고, D팀의 여섯 번째 구성원(d6)은 반드시 소속 팀의 2번(d2)과 함께 움직이도록 해야 한다. 마찬가지로, E팀에도 여섯 번째 구성원(e6)이 있다면, 소속 팀의 3번(e3)과 함께 이동해야 한다. 즉, 초과 인원에 해당하는 사람은 앞 순서의 팀원과 함께 동행하여 발표를 진행해야 한다. 이렇게 구성원이 함께 이동하면 발표 과정에서 혼선이 생기지 않으며, 모든 구성원이 토론에 적극적으로 참여할 수 있다.

이 경우 초과 인원에 해당하는 사람은 발표는 하지 않지만 질의응답과 피드백에 적극적으로 참여할 수 있으며, 다른 팀에서 온 발표자가 발표할 때 평가만을 담당하게 된다. 이러한 방식은 변형 모델에 해당한다(그림 3-63 참고).

이렇게 팀을 재구성한 후, 담당 교수의 RTM 개시 명령과 함께 각 테이블에 부착된 명패가 있는 팀에서 온 구성원이 해당 팀에서 토론한 결과를 발표하게 된다. 결국 각 팀을 대표하는 5명이 동시에 발표하는 것이다. 예를 들어, A팀 명패 앞에서는 A팀에서 온 a1이 발표하고, 동시에 B팀 명패에서는 B팀에서 온 b2, C팀 명패에서는 C팀에서 온 c3, D팀 명

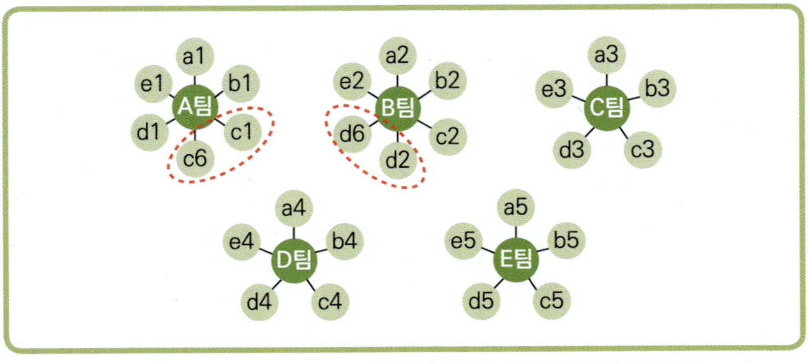

그림 3-63 기존 팀의 구성원이 다른 팀보다 많은 경우의 토론결과 발표방법(변형모델)

패에서는 d4, E팀 명패에서는 e5가 발표를 한다. 이들은 각각 다른 팀의 구성원들 앞에서 5~10분 동안 발표를 진행하게 된다(그림 3-64 참고). 이렇게 해서 첫 번째 1라운드가 시작된다(그림 3-65 참고). 발표 중에는 벽에 붙어 있는 전지나 노트북을 참고할 수 있다(그림 3-67 참고).

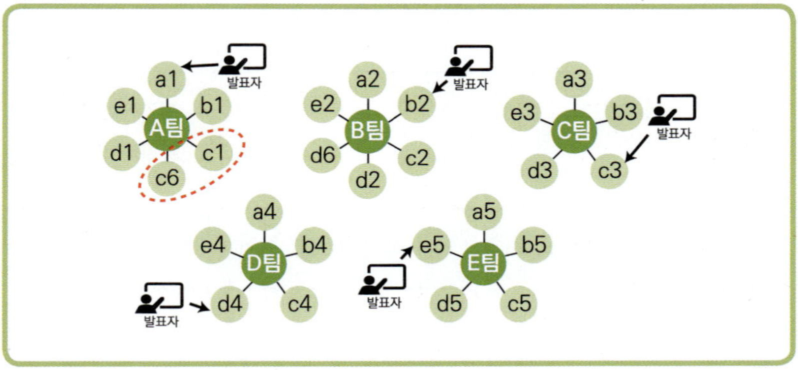

그림 3-64 토론결과 발표포맷(변형모델)

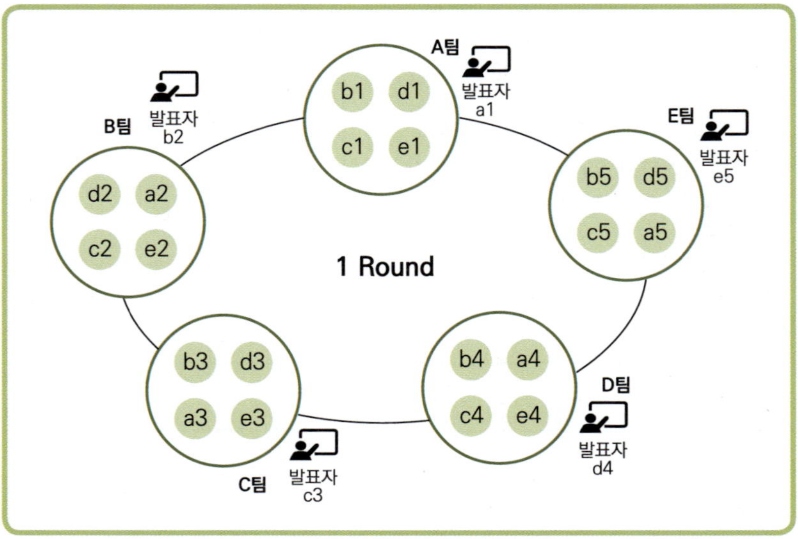

그림 3-65 토론결과 발표방법(일반모델): 1 Round

발표를 듣고 있는 나머지 사람들은 발표자를 정량적 방법과 정성적 방법으로 평가하게 된다(표 3-25 참고).

표 3-25 팀별 정량/정성평가표의 예시

조직혁신론 2023 Fall

평가팀: D팀

평가자: (   )

평가항목	배점	A팀	B팀	C팀	D팀	E팀
1. 문제의 본질에 대한 정확한 이해와 포착 (Exact understanding of essence of the problem)	25					
2. 문제해결에 대한 논리적 설득 (Logical persuasiveness on problem solving)	25					
3. 문제해결에 대한 창의적 접근 (Creative approach on problem solving)	25					
4. 발표스킬의 탁월성 (Excellence of presentation skill)	25					
총계	100					

(1) 자기 팀 발표에 대한 평가는 할 필요가 없음

(2) 매우 탁월함(Excellent): 25~21, 우수함(Good): 20~16, 보통(Average): 15~11, 미흡(Unsatisfactory): 10~6, 매우 미흡(The Worst Unsatisfactory): 5~1

표 3-25 팀별 정량/정성평가표의 예시 (계속)

COMMENTS (피평가팀의 발표내용과 발표스킬에 대한 정성적 피드백을 해 주시고 이것은 자신이 평가한 정량적 평가와 일관되어야 합니다.)	
A팀의 발표자 (이름:)	
B팀의 발표자 (이름:)	
C팀의 발표자 (이름:)	
D팀의 발표자 (이름:)	
E팀의 발표자 (이름:)	

5명의 발표가 5~10분 동안 끝나면, 교수는 'Round Tour'를 시작하라는 명령을 내린다. 'Round Tour' 방식은, A팀에 앉아 있던 사람들은 B팀 자리로, B팀에 있던 사람들은 C팀 자리로, C팀은 D팀 자리로, D팀은 E팀 자리로, E팀은 A팀 자리로 이동하여 2라운드를 진행한다(그림 3-66 참고). 이때, 발표는 A팀 명패 앞에서 a5, B팀 명패 앞에서 b1, C팀 명패 앞에서 c2, D팀 명패 앞에서 d3, E팀 명패 앞에서 e4가 발표하게 된다. 이후, 3라운드, 4라운드, 5라운드를 반복하면서 약 25~50분 동안 6번 학생을 제외한 모든 학생들이 발표를 마치게 된다(그림 3-68 참고). 이때, 6번에 해당하는 학생은 발표를 하지 않고 평가만 담당하게 되지만, 본인이 원하면 수업 마지막에 전체 학생들 앞에서 발표할 기회가 주어진다.

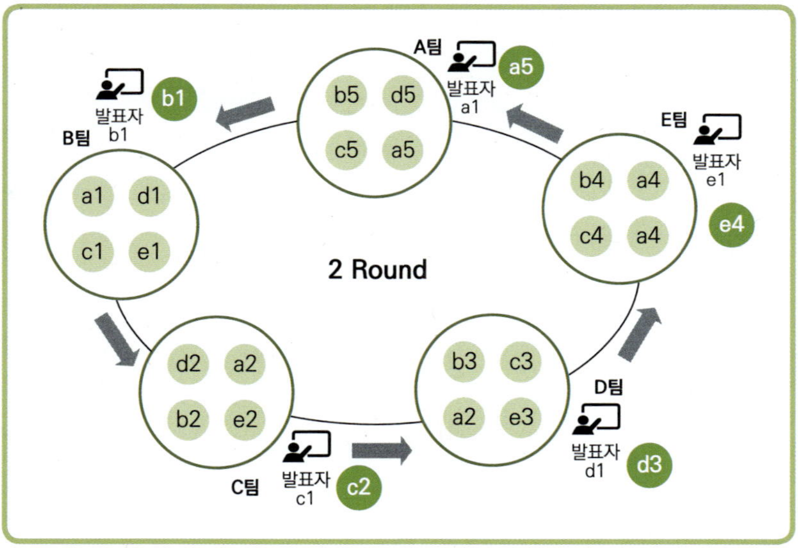

[참고] 짙은 연두색 동그라미 a5, b1, c2, d3, e4가 두 번째 라운드 발표자임

그림 3-66 토론결과 발표방법(일반모델): 2 Round

그림 3-67 RTM의 다양한 발표모습

그림 3-68 2017년도 1학기 전략적 인적자원관리론 수업에서 RTM을 진행하고 있는 모습

(4) STEP 4 : 평가점수 합계 및 시상

전원 발표가 끝나면, 각 팀원은 원래 소속팀 자리로 복귀한다. 각 팀으로 돌아가면 팀장(보통 'LT'라고 부르는 Lead Thinker)은 팀원들이 다른 팀을 어떻게 평가했는지 정량적으로 평가하고, 평균 점수(평가자 개별 점수의 합/평가자 수)를 [표 3-26]의 최종 집계표에 기록한다. 이 평가의 근거는 앞서 실시한 정성적 평가 내용을 바탕으로 발표한다.

이때, 다른 팀을 평가할 때 다음 세 가지 사항을 염두에 두어야 한다. 첫째, 정성적 평가 내용과 정량적 평가 점수의 일관성을 유지해야 한다. 예를 들어, 정성적 평가에서 비판적인 내용이 많은데 정량적 평가 점수가 높은 경우는 설득력이 떨어지며, 반대의 경우도 마찬가지다. 둘째, 평가를 할 때는 최대한 객관적인 입장에서 팀을 평가해야 한다. 객관성을 저해하는 경우는 크게 세 가지로 나뉜다. (1) 경쟁 관계에 있는 팀에 전반적으로 낮은 점수를 주는 경우, (2) 각 팀이 평가 결과를 발표하고 칠판에 쓰는 과정에서 특정 팀으로부터 상대적으로 낮은 평가를 받았을 때 그 팀의 점수를 낮게 조정하는 경우, (3) 사적인 친분 관계에 따라 평가가 달라지는 경우가 자주 발생한다. 이러한 객관성을 침해하

표 3-26 최종평가표의 예

피평가팀 / 평가팀	A팀	B팀	C팀	D팀	E팀
A팀					
B팀					
C팀					
D팀					
E팀					
평균 합계					

는 요소들은 평가 전에 학생들에게 사전에 충분히 인지시키는 것이 중요하다. 셋째는 평가 순위를 결정하는 방식에 대한 문제이다. 이 부분은 모든 프로젝트 평가에서 중요한 요소지만, 종종 간과하기 쉽다.

평가 방식에는 크게 두 가지가 있다. 첫 번째 방법은 특정 팀에 최고 점수를 준 팀과 최저 점수를 준 팀을 제외하고, 나머지 팀들이 준 점수의 평균을 내거나 합산하는 방식이다. 이 방식은 수영 대회나 미인 선발 대회에서 흔히 사용되며, 공정해 보일 수 있지만 치명적인 단점이 있다. 팀마다 점수를 주는 성향이 다르기 때문이다. 어떤 팀은 부정적인 평가 성향을 가진 반면, 다른 팀은 후하게 점수를 주는 경향이 있다. 따라서 평가 분포가 다양할 경우 최고점과 최저점을 제외하더라도 부정적인 평가 성향을 가진 팀으로부터 평가받은 팀은 불리하게 평가될 수밖에 없는 구조적 문제가 있다. 반대로 긍정적인 성향의 팀으로부터 평가받은 경우에는 유리하게 평가될 수밖에 없다. 부정적인 평가 성향을 가진 팀이 많을수록 평가받는 팀은 낮은 순위에 위치할 가능성이 크며, 긍정적인 성향의 팀이 많을수록 높은 순위에 오를 가능성이 커진다. 이러한 문제를 해결하기 위한 두 번째 방법은, 평가 순위에 절대치를 부여해 합산하는 방식이다. 예를 들어, A조가 B, C, D, E팀을 평가했을 때, B팀이 60점, C팀이 75점, D팀이 87점, E팀이 77점을 받았다고 가정하자. 평가 성향의 편향(bias)을 줄이기 위해 네 팀 중 1등한 팀은 4점, 2등 팀은 3점, 3등 팀은 2점, 4등 팀은 1점을 부여한다. 따라서 B팀은 1점, C팀은 2점, D팀은 4점, E팀은 3점을 얻게 된다. 이 점수를 10점 단위로 변경해 10점, 20점, 30점, 40점으로 부여해도 상관없다. 중요한 것은 절대적인 점수 차이만 있으면 된다는 것이다. 그리고 그 절대치를 합산하면 된다. 이 방식은 상대적인 점수 차이에 상관없이 절대적인 순위만 정해지므로 각 팀의 성적 차이는 중요하지 않게 된다. 이렇게 하면 평가 분포로 인한 문제를 해결할 수 있다. 최종적으로 각 팀은 나머지 4개의 팀으로부터 받은 점수를 절대치로 환산하여 합산하고 이 합산 점수가 가장 높은 팀이 1등이 된다.

한편 시상의 내용은 다양한 방식으로 정할 수 있다. 예를 들어, 평균 총점이 가장 낮은 팀이 가장 높은 팀에게 점심을 사주거나, 일주일 동안 '형님 대접'을 해주거나, '3번 결석 인정권' 등을 주는 등 학생들에게 재미와 흥미를 유발할 수 있도록 유연하게 운영하면 된다. 또한 1등 팀은 전체 학생들 앞에서 팀장이나 발표력이 뛰어난 팀원이 한 번 더 발표를 할 수 있다. 이를 통해 왜 그 팀이 최우수상을 받게 되었는지 모두가 공감할 수 있다. 이때 교수의 최종 평가 및 강평이 반드시 수반되어야 한다. 이러한 과정을 통해 라운드 투어 방식에 의한 토론이 마무리된다.

이 Round Tour Method의 성공 요인은 다음과 같다.

첫째, 개별 팀원의 자기 주도적 학습
둘째, 팀원들 간의 활발한 팀 토론을 통한 적극적인 문제해결
셋째, Round Tour에서의 설득력 있는 논리 전개와 발표 기술

2) Accumulated Learning Process(ALP)

RTM을 통한 중간발표가 끝난 후, 각 팀은 RTM에서 경쟁 팀과 담당 교수로부터 받은 피드백을 바탕으로 해결책을 지속적으로 수정해 나간다. 이때 해결책의 강력하고 구체적인 수정 및 보완을 위해 축적학습 과정(Accumulated Learning Process, 이하 ALP)을 시도하면 기대 이상의 최종 산출물을 얻을 수 있다.

ALP는 특정 주제에 대해 사전에 정해진 팀원들이 자율적으로 과제를 해결하는 과정으로 팀 내 일부 학생들이 돌아가며 발표를 하고, 다른 학생들은 다른 팀에 건설적인 조언과 피드백을 순환적으로 제공함으로써 누적 학습을 통해 과제 해결을 완성하는 참여형 수업 방식이다. 앞서의 RTM과는 STEP 1, STEP 2, STEP 4는 동일하나, 토론 결과를 발표하는 방식인 STEP 3에서 차이가 난다(그림 3-69 참고)

특히 ALP는 RTM의 STEP 2와 마찬가지로 각 팀의 팀원들은 발표

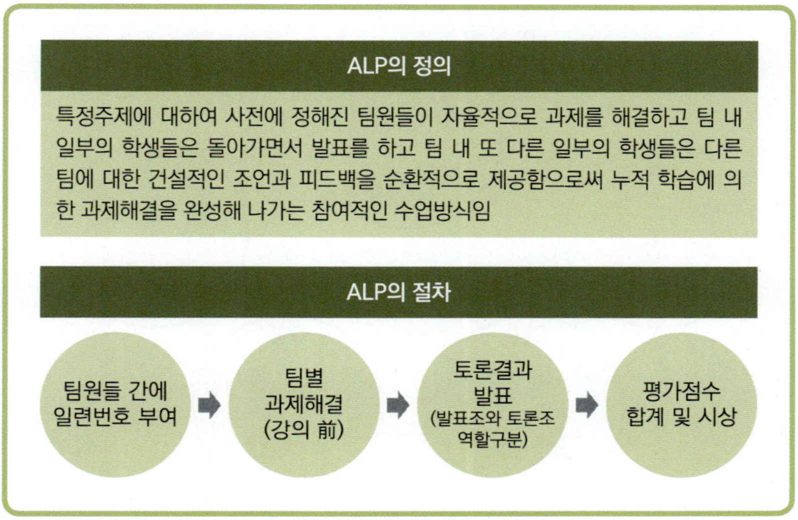

그림 3-69 ALP의 정의와 절차

시간 전에 주어진 과제에 대해 (1) 개별적으로 충분한 자기 주도적 학습을 하고, 이를 토대로 (2) 팀원들 간 충분한 토의를 진행한 뒤, 각 팀별로 문제해결 결과 파일을 다른 팀과 공유한다. 이를 통해 다른 팀은 사전에 적극적인 피드백이나 비판을 제공할 수 있도록 한다.

그다음으로 토론 시작 직전에 팀원들의 역할을 배분해야 한다. 팀원 중 일부는 각 테이블을 돌며 발표를 담당하는 발표조(보통 2명)를 구성하고, 나머지 팀원들은 테이블에 앉아 다른 팀 발표조의 발표에 대해 건설적인 피드백을 제공하는 토론조 혹은 공격조(2~4명) 역할을 맡는다. 발표조에서 발표를 담당하는 학생은 발표 능력과 논리적으로 상대방을 설득할 수 있는 능력이 뛰어난 학생이 맡는 것이 좋다. 나머지 한 학생은 상대 팀의 토론조나 공격조가 제공하는 피드백이나 비판 내용을 정리하는 역할을 담당한다. 라운드를 진행하면서 자기 팀의 원래 해결책을 지속적으로 수정하고 보완해 나간다(그림 3-70 참고).

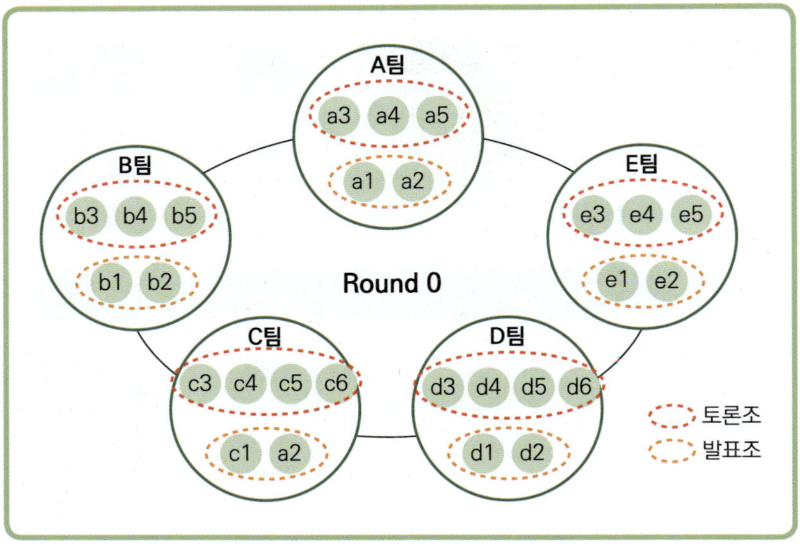

그림 3-70 토론시작 전 팀원들의 역할배분(Round 0)

토론조는 움직이지 않고 상대 발표조의 발표에 대해 토론과 코멘트만 담당한다. 각 팀원의 역할은 발표 전에 정해지며, 팀원 번호 1번과 2번은 자리를 옮겨가며 발표하는 발표조이다. 3번, 4번, 5번은 제자리에 앉아서 상대팀원의 발표를 비판하는 공격조가 된다. 이를 바탕으로 [그림 3-71]에 따라 첫 번째 라운드가 시작된다. 예를 들어, A팀 테이블에서는 A팀 소속 a3, a4, a5가 E팀 발표조(e1, e2)에 대해 토론 또는 공격을 주도하며, B팀 테이블에서는 B팀 소속 b3, b4, b5가 A팀 발표조(a1, a2)에 대해 토론 또는 공격을 주도한다. 발표조가 10~15분 동안 발표를 진행하는 동안, 토론조는 Q&A와 평가를 진행한다. 평가표는 RTM에서 사용된 것과 동일한 양식을 적용한다. 각 테이블에서 평가가 끝나면, 담당 교수는 "Round Tour를 시작하라"고 선언한다. 그러면 각 팀의 발표조는 시계 반대 방향으로 이동하여 다음 테이블에 앉는다.

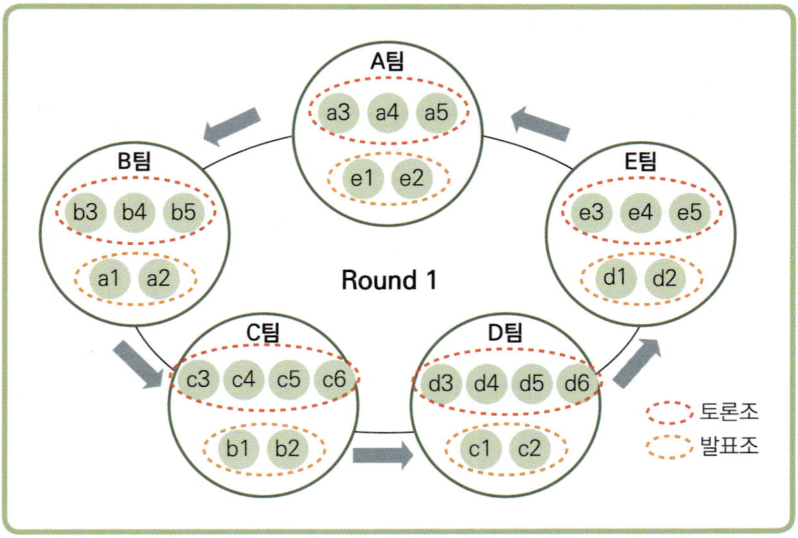

그림 3-71 Round 1이 끝난 뒤의 팀의 이동

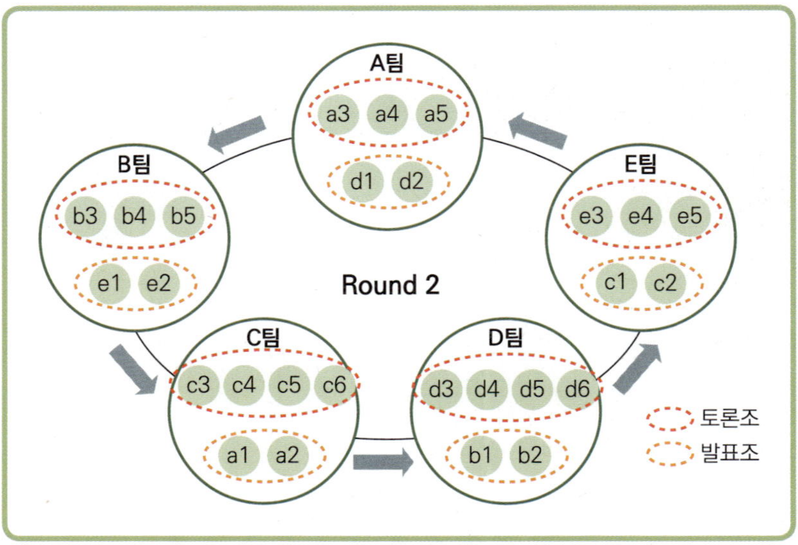

그림 3-72 Round 2가 끝난 뒤의 팀의 이동

Round 2에서는, Round 1에서 A팀 테이블에서 발표했던 e1, e2가 B팀 테이블로 이동하여 발표를 진행하고, E팀 테이블에서 발표했던 d1, d2는 A팀 테이블로 이동해 Round 1에서 발표했던 연구 결과를 다시 발표한다. 이때, 각 팀의 기존 토론조 혹은 공격조는 그대로 자리에 앉아 있으며, 토론을 유도한다. 또한, Round 1에서 B팀 테이블에서 발표했던 a1, a2는 C팀 테이블로 이동하여 동일한 내용을 다시 발표하게 된다.

이렇게 팀 수만큼 Round 5까지 진행되면, 각 팀은 원래 출발했던 자리로 다시 돌아오게 되어 ALP는 종료된다. 이후, LT(팀장)는 각 팀의 토론조(3번, 4번, 5번)에서 발표팀에 대한 평가 결과의 평균 점수를 확인하고, 칠판에 마련된 최종 집계표에 이를 기록한다. RTM에서 사용했던 평가 방식을 적용해 최고의 팀을 선정하게 된다.

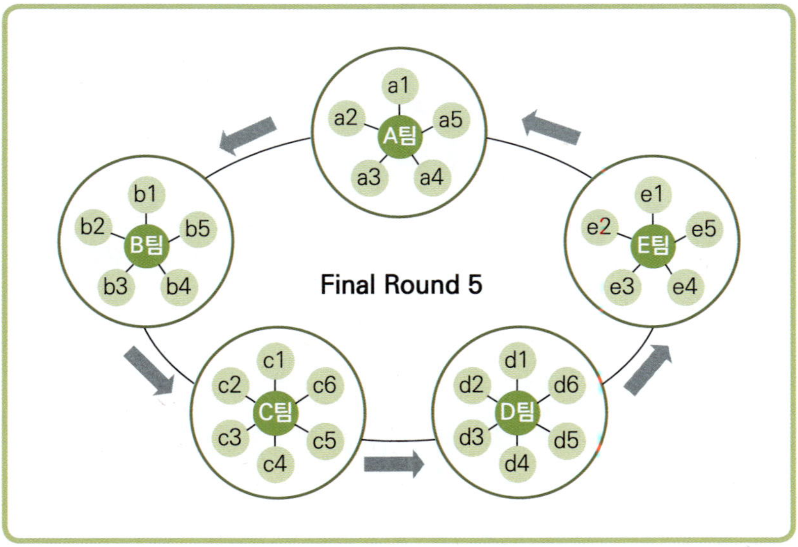

그림 3-73 Round 5가 끝난 뒤의 팀의 이동

3.5.2 최종발표

최종 발표에서는 문제해결을 의뢰한 기업의 임직원들이 직접 참석하여 평가를 진행하는 단계이다(표 3-27, 표 3-28 참고).

담당 교수는 각 심사위원이 피평가팀에 부여한 개별 점수를 [표 3-29]의 최종 집계표에 기입한 뒤, 각 팀별 평균 합계를 도출하여 점수가 높은 팀에게 대상, 최우수상, 우수상을 수여한다.

표 3-27 2018-1학기 삼탄아트마인 최종발표 Evaluation Sheet(정량평가)

기업 심사위원(Judge)

이름: ______________

평가항목	피평가팀	Team 1	Team 2	Team 3	Team 4
Defining the Problems (문제본질에 대한 정확한 포착여부)	20				
Suggesting Creative Solutions (창의적 대안제시)	20				
Feasibility of the Alternatives (대안의 실천가능성)	20				
Building Logical Structure (짜임새 있는 논리구조)	20				
Competitive Presentation Skills (발표스킬의 우수성)	20				
총계	100				

※ 매우 탁월함(Excellent): 25~21, 우수함(Good): 20~16, 보통(Average): 15~11
미흡(Unsatisfactory): 10~6, 매우 미흡(The Worst Unsatisfactory): 5~1

표 3-28 정성평가의 평가용지

<table>
<tr><th colspan="2">이름: ____________

COMMENTS
(Please write down the simple and concise feedback on the presentation of the evaluated team)
각 팀의 발표에 대한 심사위원의 정성적 평가 피드백</th></tr>
<tr><td>Team 1</td><td></td></tr>
<tr><td>Team 2</td><td></td></tr>
<tr><td>Team 3</td><td></td></tr>
<tr><td>Team 4</td><td></td></tr>
</table>

표 3-29 평가 최종 집계표

심사위원 / 피평가팀	기업 심사위원 1	기업 심사위원 2	기업 심사위원 3	기업 심사위원 4	평균 합계
Team 1					
Team 2					
Team 3					
Team 4					

[ERICA 산책 3]　'산업현장 해법 찾아달라' … 에리카로 달려가는 기업들

"광부 월급날엔 개도 돈을 물고 다닌다." 대부분의 가정에서 연탄으로 불을 때던 1970~80년대 탄광촌에서 속담처럼 쓰이던 말이다. 국내 최대 규모를 자랑하던 강원 정선 고한읍 삼척탄좌(삼탄)에는 한때 3000명이 넘는 광부가 석탄을 캐 올리며 지역경제를 이끌었다. 석탄산업이 내리막길을 걸으면서 지역 주민들의 '밥줄'이던 탄광이 2001년 문을 닫자 지역경제도 침체되기 시작했다. 삼탄아트마인이 2013년 이 폐광시설을 되살리며 '지역문화 소생 프로젝트의 기관차'라고 표현한 이유다.

삼탄아트마인은 국내 최초로 폐광산을 문화시설로 재창조한 공간이다. 600m 수직 갱도로 들어가는 승강기, 광부를 나르던 인차 등을 보존하되 전시·체험공간으로 꾸몄다. 드라마 '태양의 후예' 촬영지로도 유명하다. 연간 9만 명이 찾는 이곳은 그러나 강원 오지 기업 특성상 비수기에는 방문객이 현저히 감소하는 문제를 안고 있다. 삼탄아트마인 측은 이 문제를 해결할 젊은 아이디어를 찾기 위해 한양대 에리카캠퍼스 문을 두드렸다. 이에 에리카캠퍼스 경상대학은 삼탄아트마인과 산학협력 협정을 체결했다. 삼탄아트마인은 경상대학의 이번 학기 IC-PBL(Industry-Coupled Problem-Based Learning: 산업연계 문제해결 학습방법) 강의에 '비수기 고객 확보 전략'을 의뢰했고, 학교는 한 학기 동안 학생들의 토론과 과제를 통해 해법을 모색한다.

IC-PBL은 이처럼 기업들이 현장에서 겪고 있는 어려움에 대한 해결 방안을 찾는 학습법이다. 김우승 에리카캠퍼스 부총장은 "학생들이 강의실에 앉아 교수나 선후배의 뒤통수만 쳐다보며 주입식 강의를 들어서는 살아남기 힘든 시대"라며 "에리카가 그간 축적해온 산학협력의 결실이 입소문을 타면서 '우리 현장의 문제도 함께 고민해달라'고

강원 정선 삼탄아트마인을 방문한 에리카캠퍼스 학생들이 폐광시설을 이용한 문화체험공간을 둘러보고 있다. 한양대 에리카캠퍼스 제공.

찾아오는 기업이 적지 않다"고 말했다. 학생들은 이 과정에서 현장 수요에 맞는 문제해결 역량을 기를 수 있고, 기업은 '톡톡 튀는' 젊은 아이디어를 얻을 수 있다.

이번 수업의 최종 평가는 주관 교수인 전상길 교수와 삼탄아트마인 경영진이 함께한다. 지난 13일 삼탄아트마인 본사에서 진행한 중간 발표회에는 손화순 삼탄아트마인 대표와 김형석 파이어 아트페스타 2018 예술감독 등이 심사위원으로 참석했다. 기말 발표는 에리카캠퍼스에서 할 예정이다. 손 대표는 "학생들의 발표를 들은 이후 잠시 잊고 있던 사업 초기 아이디어와 초심을 새삼 돌이켜볼 수 있었다"며 "과제 제출 1년 뒤 매출을 비교해 증가액의 3%를 대학 측에 기부할 생각"이라고 말했다.

자료원: 한국경제신문, 2018.05.22.

3.6 Phase 5: 성찰 학습

3.6.1 토론 진행 시 AI를 통해 학생들의 음성 데이터 확보 및 개인별 피드백 제공

성찰 학습이란 "학습 과정에서 자신의 지식, 능력, 수행을 적극적으로 점검하고 평가하여 학습 과정과 그에 따른 결과를 개선"[30]해 나아가는 모든 과정을 의미한다. 이 책에서는 학생들이 'Phase 0부터 Phase 4까지'의 과정에서 얻은 경험과 교훈을 심층적으로 검토하고 분석하는 과정을 의미한다. 이 과정의 목적은 학생들로 하여금 '학습의 질적 향상'과 '개인의 성장'을 경험케 하는 것이다. 이는 구체적으로 다음과 같은 효과를 학습자에게 제공하게 될 것이다.

첫째, 성찰 학습은 학생들에게 '자기 이해와 인식의 증진'을 가져다 줄 것이다. 즉, 이 과정 속에서 학습자 스스로가 자신의 강점과 약점을 파악하고, 현재 어떠한 방식으로 학습에 참여하고 있는지, 어떤 전략이 과연 효과적이었는지, 그리고 개선해야 할 부분은 무엇이었는지 등을 명확히 인식할 수 있게 한다.

둘째, 성찰 학습은 '비판적 사고와 문제해결 능력'을 향상시키는 역

30 https://effectiviology.com/reflective-learning/

할을 한다. 이는 학습자들이 학습 과정 속에서의 경험을 단순히 수동적으로 수용하기만 하는 것이 아니라 그 경험을 바탕으로 보다 능동적으로 비판하고 분석하며 평가할 수 있도록 돕는다. 이러한 과정을 통해 학습자는 결국 '문제해결 능력'과 '논리적 사고 능력'을 함양하여 현실세계 속에서 주어지는 보다 복잡하고 난해한 문제에 대하여 더 나은 접근과 해결방안을 마련할 수 있게 될 것이다.[31]

셋째, 성찰 학습은 학생들의 '감정 및 심리적 성장'을 이끌어 낸다. 이 과정 안에서 학생들은 스스로에게서 발현되는 감정과 그에 따른 반응을 검토하고 이를 통해 감성지능을 향상할 수 있게 된다. 이는 학습자의 스트레스 관리와 개인적 성장을 지원하고, 자기 수용과 자아 존중감을 확립시키며, 나아가 자기 효능감을 증대시킴으로써 목표달성에 대한 기대감과 자신감을 높이는데 기여한다.

넷째, 성찰 학습은 '지속적인 학습'을 유도하고, 또한 그 '과정의 개선'을 지속적으로 이끌어 낸다. 즉 과거의 경험에서 얻은 교훈은 학습자로 하여금 미래의 행동을 조정하도록 유도할 것이다. 이로 말미암아 학습자는 지속적인 학습의 발전과 개선을 촉진하고 보다 나은 성과를 창출케 될 것이다.

마지막으로 성찰 학습은 '이론적 지식의 습득'을 넘어 현장이 요구하는 '실제 적용 능력'을 강화시킨다. 이 성찰 학습의 과정 속에서 학습자들은 현실 세계에서 요구되는 문제해결에 필요한 창의성과 응용력을 기르고, 학습을 더 실질적이고 유의미하게 조성해 간다(표 3-30 참고).[32]

최근 성찰 학습은 AI 기반의 학습시스템을 통해 구현되는 추세이다. 다음에 소개하는 한국에너지공대(KENTECH)의 AIBLA는 성찰 학습을 위해 가장 최적화된 첨단학습시스템이다. 담당교수는 각 팀별로 토론이

---

31 좀 더 자세한 사항은 Moon(1999)과 Brookfield(1987)의 자료를 참고하라.

32 관련된 심도 있는 논의는 Goleman(1995), Argyris & Schon(1978) 및 Mezirow(1991)의 자료를 살펴보면 더욱 풍부한 정보를 얻을 수 있으니 참고하길 바란다.

표 3-30 성찰 학습의 효과

내용
(1) 성찰 학습은 학생들에게 '자기 이해와 인식의 증진'을 가져다 줄 것이다.
(2) 성찰 학습은 '비판적 사고와 문제해결 능력'을 향상시키는 역할을 한다.
(3) 성찰 학습은 학생들의 '감정 및 심리적 성장'을 이끌어 낸다.
(4) 성찰 학습은 '지속적인 학습'을 유도하고, 또한 그 '과정의 개선'을 지속적으로 이끌어 낸다.
(5) 성찰 학습은 '이론적 지식의 습득'을 넘어 현장이 요구하는 '실제 적용 능력'을 강화시킨다.

진행 될 때 'AI 시스템'을 통해 음성 데이터를 수집하고 분석한 후 각 팀별 또는 개인별 맞춤형 학습 피드백을 전달할 수 있다.

1) AI를 기반으로 한 학습 분석의 구조

오늘날의 교육 및 학습 환경에서, 'AI 기반 학습 분석(Artificial Intelligence-based Learning Analytics, 이하 AIBLA)'만큼 학습자들의 학업 성취도와 학습 과정을 향상시키는 데 중요한 도구는 없을 것이다. 우선, **AIBLA는 '개인화된 학습 경험'을 제공할 수 있다는 점이 매우 큰 유익이다.** 즉, AIBLA는 학습 과정에서 수집한 데이터를 분석해 학습자 개개인에게 최적화된 학습 경로를 설계하고 이를 제안한다. 이를 기반 하여 학습자는 자신에게 가장 효과적인 학습 방법과 콘텐츠를 제공받을 수 있다. 이와 같이 AIBLA는 학습 효율성을 높이고 학습 동기를 강화하는 데 중요한 가교 역할을 하게 된다. **둘째, AIBLA는 '실시간 학습 피드백'을 제공한다.** AI는 학습 과정에서 발생하는 수많은 데이터를 실시간으로 처리하고, 필요에 따라 학습자에게 즉각적인 피드백을 제공한다. 이를 통해 학습자는 자신의 학습 이해도를 실시간으로 확인하고 필요한 개선 조치를 즉각적으로 취할 수 있게 된다. 이러한 피드백 시스템은 학습 과정에서 학습 과정의 유연성을 확보하고 적응 능력을 높여 학습 성과를 향상

표 3-31 AI 기반 학습 분석의 유익

내용
(1) '개인화된 학습 경험'을 제공할 수 있다
(2) '실시간 학습 피드백'을 제공한다.
(3) '학습 성과를 예측'하는 데 도움을 준다.
(4) 학생들의 '동기 부여 전략'을 확인하고 강화하는 데 도움을 줄 수 있다.
(5) 교수의 '강의 및 지도 전략'을 개발하도록 지원한다.

시키는 데 도움을 주게 된다. **셋째, AIBLA는 '학습 성과를 예측'하는 데 도움을 준다.** AI는 과거 학습 데이터를 기반으로 현재의 학습 패턴을 분석해 도달 가능한 미래의 학습 성과를 예측할 수 있다. 이를 통해 교수자는 학습자의 특성에 맞춰 학습 전략을 조정하고, 학생들이 스스로 목표에 도달할 수 있도록 지원할 수 있다.[33] **넷째, AIBLA는 학생들의 '동기 부여 전략'을 확인하고 강화하는 데 도움을 줄 수 있다.** AIBLA는 학생들이 학습 과정에서 느끼는 흥미와 참여도를 분석해, 학습자의 동기를 유발할 수 있는 전략을 제시한다. 즉, 학생들의 취향과 관심사에 맞는 콘텐츠를 추천해 학습에 대한 흥미와 관심을 유지하도록 도울 수 있다. **마지막으로 AIBLA는 교수의 '강의 및 지도 전략'을 개발하도록 지원한다.** AIBLA는 교수자가 학생들의 성취도와 학습 패턴을 더 잘 이해하도록 돕고, 이를 바탕으로 효과적인 수업 운영 계획을 수립하며 나아가 개별 학생에게 맞춤형 지도를 제공할 수 있도록 돕는다.[34] 이와 같이 AI의 교육 분야 활용은 앞서 제시한 다양한 유용성과 장점들로 인하여 오늘날 점점 더 중요성이 부각되고 있다(표 3-31 참고).

33 이상의 내용은 Chen et. al.(2005), Shute(2008), Wolff(2013)의 논의에 기초하여 정리 하였음을 밝혀둔다.

34 자세한 사항은 Dutta et. al.(2024)과 Halkiopoulos & Gkintoni(2024)의 연구를 참고하길 바란다.

[그림 3-74]와 [그림 3-75]에서 볼 수 있듯이 AI 시스템은 학습자들이 토론을 진행 할 때 각 좌석마다 배치된 마이크 시스템을 통해 대화 데이터를 수집하고, 또한 개별 모니터 상단에 부착된 캠과 교실 앞뒤, 좌우(구석구석) 상단에 배치된 캠을 통해 표정 및 제스처 관련 데이터를 수집하여 분석한다. 이를 통해 시스템은 토론 시 학습자들 간 지식 상호작용을 추적하여 교수에게 데이터를 전달한다. 이 데이터를 기반으로 교수는 초기 논의단계(initial-stage discussion)에는 어떠한 지식 상호작용이 나타나는지 그리고 시간이 지남에 따라 중간 논의단계(middle-stage discussion) 및 마지막 논의(final-stage discussion)에서는 어떠한 논의의 상호작용 및 발전이 있는지를 확인하여 필요에 따라 단계별로 각 개인 혹은 각 팀별 피드백을 전달할 수 있다.

좀 더 적극적으로는 표정과 제스처 관련 데이터를 통해 교수는 학습자들이 어떠한 논의의 상호작용 속에서 집중도가 낮아져 지루해 하는지 또는 흥미를 가지고 몰입하는지 등을 확인하여 적절한 개입 및 반응을 통해 학습의 몰입도를 높이며 토론에 적극 가담할 수 있도록 동기를 부여할 수 있다.

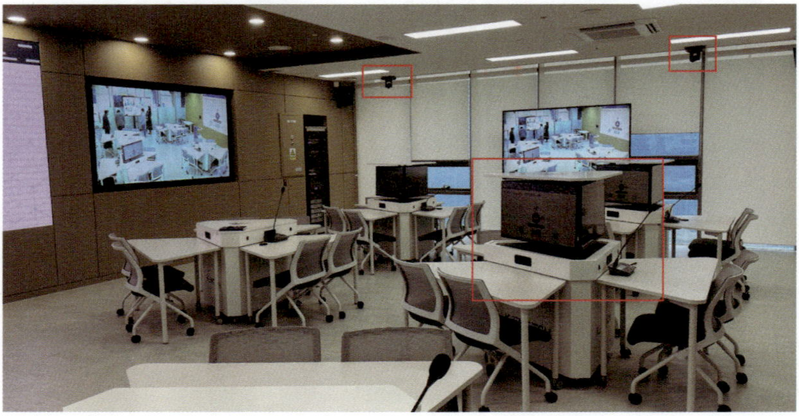

한국에너지공대의 ALC (Active Learning Classroom)

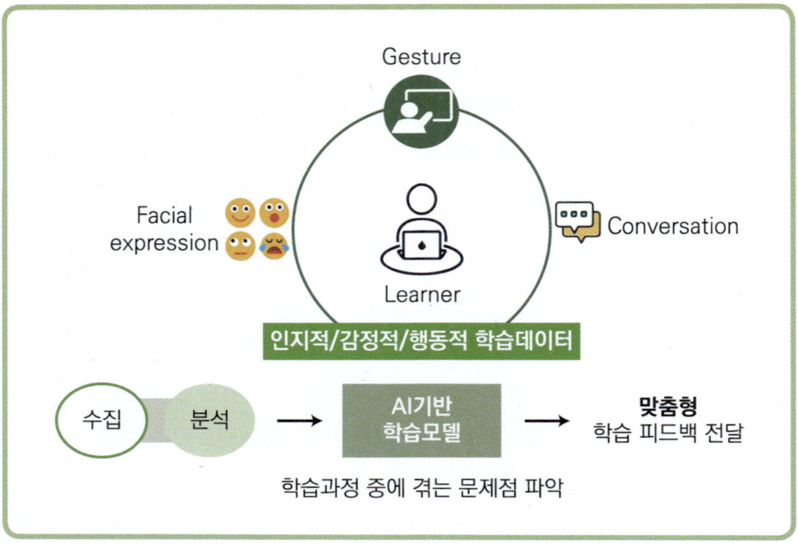

그림 3-74 한국에너지공대의 인공지능 기반 학습분석 시스템

토론 시 학습자들 간 지식 상호작용을 추적하여 데이터를 확보할 수 있다.

그림 3-75 지식의 상호작용과 팀지식의 구조

2) 실시간 학생 피드백과 교수의 응답

학생들이 토론의 과정 중 도출된 의견이나 질문을 실시간으로 교수에게 전달하면 교수는 질의의 내용을 파악한 후 시기적절하게 필요한 정보를 전달할 수 있다. 이는 지속적인 상호작용의 과정으로서 학생들은 교수로부터 제시된 피드백이 잘 이해가 가는지, 또는 특정한 해당 부분의 설명이 더 필요한지 등을 즉각 반응할 수 있다. 이러한 활동을 통해 학생들 간의 상호작용뿐만 아니라 교수와의 즉각적인 상호작용이 촉진되어 지식 상호작용의 외연을 확대할 수 있다(그림 3-76 참고).

실시간 학생 피드백을 확인하여 교수는 응답을 즉각적으로 제공할 수 있다.

그림 3-76 실시간 학생 피드백 확인 및 교수자 응답

3) 클래스 리포트

수업의 모든 과정이 끝나면 교수는 토론 전 과정 중 이루어진 실시간 피드백 상황을 검토할 수 있으며, 또한 제기된 질문에 응답한 현황을 종합하여 확인할 수 있다. 또한 학생들의 수업 참여와 관련하여 매 강의가 끝날 때 마다 즉각적인 강의만족도를 확인할 수 있어 교수는 수업 시 개선되어야 할 사항을 파악하여 다음 수업에 적극 반영할 수 있다.

2022년 11월 11일 한국에너지공대의 김경 교수로부터 AI기반의 수업피드백 방법을 듣다.[35]

그림 3-77 클래스 리포트를 통한 학습 분석

3.6.2 교수발표: 제5의 발표 on IC_PBLi (i=1, 2, ⋯, n)

담당 교수는 중간발표와 기말발표에서 각 팀의 문제해결 과정과 최종 결과에 대해 창의적인 부분과 부족한 점, 그리고 앞으로 어떤 방향으로 더 고민해야 할지에 대해 의견과 시사점을 제시한다. 동시에 교수 역시 학생들과 같은 입장에서 자신이 생각하는 해결책을 소개한다. 이를 통해 교수가 단순히 가르치는 위치에 있는 것이 아니라, 학생들과 마찬가지로 치열하게 고민하고 있음을 보여주는 것이다. 팀이 네 팀임을 전제로, 이를 '제5의 발표(5th Presentation)'라고 명명하였다.

그림 3-78 최종 결과에 대한 교수발표

---

35 한국에너지공대의 ALC 현장을 친절하고 자세히 소개해 주시고, 인터뷰에 성심껏 응해 주신 김경 교수님께 깊은 감사를 드립니다.

3.6.3 중간/결과 보고서에 대한 교수의 피드백

담당 교수는 강의 시간에 구두로 피드백을 주기도 하지만, 학생들의 학습과 논의를 바탕으로 작성한 중간 및 결과 보고서에 대해 구체적인 피드백을 제공한다(표 3-32 참고).

피드백을 제공할 때는 (1) 내용의 깊이와 폭, (2) 최종 보고서의 창의성, (3) 그 창의성을 논리적으로 입증하는 전개 과정, (4) 참고문헌 작성과 타인의 글을 인용하는 방법에 대해 구체적으로 피드백을 제공한다.

그림 3-79 교수의 구체적인 피드백 제공

자료원: https://fullcircle.asu.edu/faculty/asu-professor-modernizes-lectures-with-formative-feedback/

표 3-32 담당교수의 Creative Confidence 팀에 대한 피드백

팀총평	• 문제의 착안점부터 최종 해결책(solution)을 도출하는 전 과정이 학부생의 수준을 넘고 있고 전문가적 영역에 도달해 가고 있다고 판단된다. 교수의 가장 큰 기쁨은 생각이나 사고의 수준이 기대 이상일 때이며 이것이 한 팀에 의해 도출되었다고 믿음이 갈 때이다. • 팀장을 포함한 모든 팀에게 큰 박수를 보내고 싶다.
가장 두드러진 특징	1. 프로젝트 추진배경과 종국적으로 현대·기아차 생산공장의 직무재설계를 만들어 내는 전 과정에 있어서 놀랄만한 논리력 및 분석력 그리고 창의성을 보여주고 있다. 특히 현대·기아차 현황을 구체화하고 프로젝트의 목표를 유연성, 생산성 그리고 수익성 향상에 두고 이를 위하여 셀(CELL) 방식의 적용의 필요성을 제기하고 사회기술적 관점의 접근을 강조한 것은 적절하고 설득적인 과정이었다. 2. 또한 학부생의 범위를 넘어서 현대·기아차에서 현재 적용되고 있는 4개의 생산방식(통합적 유연생산시스템, JIS, 모듈화 생산방식, EMS)과 생산공장의 조직 및 작업환경 분석(업무목표, 조직문화, 심리상태, 피드백)을 간략히 정리하여 현장이해도를 높인 것도 큰 기여이다. 이는 생산공정의 어떤 부분에서 CELL 방식을 적용할 수 있는지 탐색해 볼 수 있는 토대가 되었다. 3. 이러한 분석의 틀 속에서 현대·기아차 생산공장의 직무재설계(특정공정에서의 자기 완결형 조직) 및 역량모델링의 방향을 도출한 것은 매우 적절하였다. 4. 본 최종보고서의 하이라이트는 새로운 형태의 생산방식으로서 딜리버리 셀(DC: Delivery Cell) 방식을 도입한 점이다. 이 팀에서 정의한 딜리버리 셀 방식이란 자동화 공정에서 생산된 차체가 전산 시스템을 통해 스스로 최대한 빠르게 공정을 받을 수 있는 최적루트를 찾아가 작업을 수행받을 수 있도록 하는 시스템이다. 4차산업혁명이 진행되면서 로봇기술이 진화되면 수용해 볼 만한 생산방식이라는 판단이 든다. 5. 그 밖에 보고서 작성방식에 있어서 전문적 역량이 있어 보인다.
향후 고민해야 할 부분	• 완성도 높은 보고서를 작성하고 발표하였으나 좀더 구체적으로 상술해야 할 부분도 보인다. • 예를 들면 전체생산공정 가운데 어떤 공정에서 그러한 딜리버리 생산방식을 적용해야 하는지, 왜 그런지를 사회기술적 접근(sociotechnical approach)을 통하여 제시되었으면 하는 아쉬움이 있다.

3.6.4 성찰보고서

2017년 1학기에는 기업 현장의 문제를 직접 해결하는 것이 아닌, 교수가 개발한 가상의 사례 4개를 다루는 PBL 수업을 진행하였다. 네 팀(해결사들, 한대모아, 꾸러기 수비대, Creative Confidence)은 한 학기 동안 최선을 다해 4개의 사례를 해결하기 위해 노력했다. 특히 Creative Confidence 팀은 [그림 3-80]에서 보이는 것처럼 혼신의 힘을 다했음에도 불구하고, 처음 두 번의 과제에서 네 팀 중 연달아 4위를 기록했다. 이에 따라 3번째와 4번째 과제에서 대역전극을 준비하게 되었다.

만년 4등... 왜?

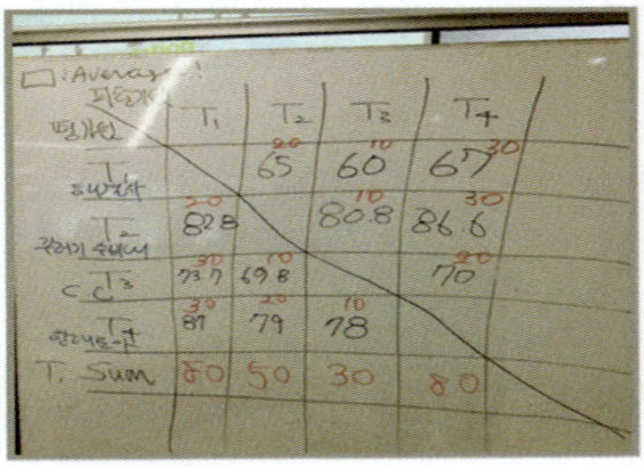

[PBL#1 학생평가]

공동 1등 : 해결사들, 한대모아

3등 : 꾸러기수비대

4등 : C.C.

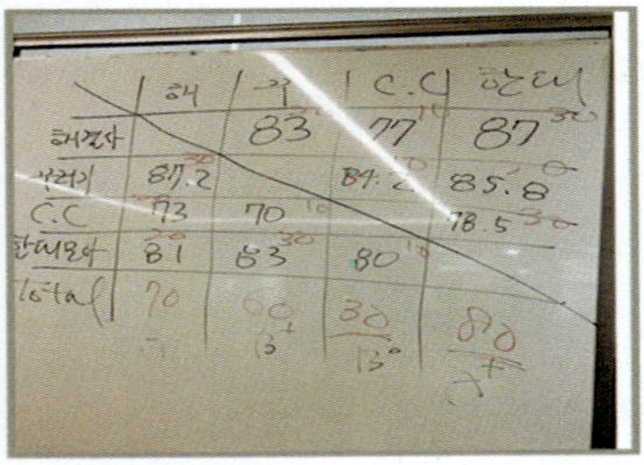

[PBL#2 학생평가]

1등 : 한대모아

2등 : 해결사들

3등 : 꾸러기수비대

4등 : C.C.

그림 3-80 PBL#1 & PBL#2 학생평가

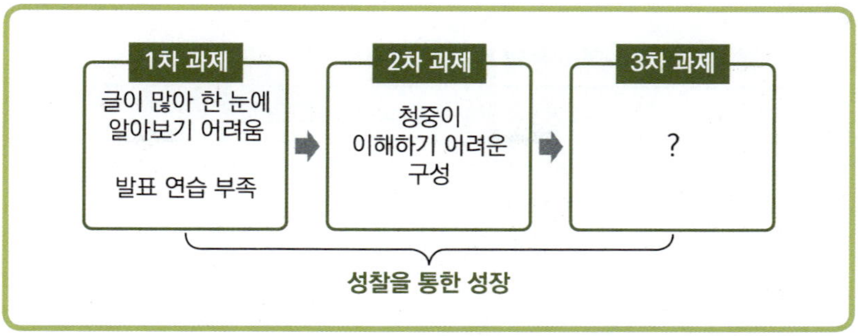

그림 3-81 성찰을 통한 성장

Creative Confidence 팀을 포함한 모든 팀은 한 학기 동안의 학습 과정에서 자신들이 무엇이 부족했는지, 그리고 다른 팀으로부터 무엇을 배울 수 있었는지를 성찰하는 보고서(Reflection Report)를 제출했다(표 3-33 참고). 결국 Creative Confidence 팀은 세 번째 과제와 네 번째 과제에서 최고 점수를 받으며, 당시 PBL로 진행된 한양대 에리카 전체 과목 중에서 대상을 수상하게 된다. 학생들의 수업에 대한 소감에는 그들이 겪었던 고생과 노력의 흔적이 담겨 있었다(그림 3-82, 그림 3-83 참고). 또한, 담당 교수 역시 학생들에게 소감을 전달하며 그들과의 경험을 나누었다(그림 3-84 참고). Creative Confidence 팀은 대역전극에 성공하여 수업 내에서뿐만 아니라 2017년 한양대 에리카에서 PBL로 진행된 모든 과목 중에서도 대상을 받는 영예를 안았다(그림 3-85 참고).

표 3-33 롯데캐논 안산공장 직무설계의 비밀 파헤치기 최종 발표에 대한 Creative Confidence 팀의 성찰보고서

1. 우리 팀이 과제수행과정에서 간과하거나 빠뜨린 점은 무엇인가?
• 많은 내용을 짧은 시간 안에 이야기하려다 보니 설명이 간소해졌는데 생략된 부분으로 인해 청중이 이해하기 어려웠을 것 같다. • 분석 단계의 설명이 길어 청중이 듣고 싶어 하는 부분에 대한 설명이 다른 팀들에 비해 짧았던 것 같다. • 시각자료를 큰 화면에 보여주기 위해 빔프로젝트를 준비했는데 발표공간이 생각보다 밝아 화면이 흐릿하게 보였다. 다른 팀과 차별화된 도구를 사용해 본 점은 좋았으나, 환경에 적절한지 미처 파악하지 못해 오히려 역효과가 난 것 같다.

2. 경쟁팀을 통해서 배운 것은 무엇인가?
• K-MOOC를 통해 학습한 이론을 바탕으로 과제를 수행하였다. • 청중이 이해하기 쉬운 방향으로 PT를 구성했다. • 안정감 있는 발표와 깔끔한 시각자료로 발표의 질을 높였다.

3. 성공적인 과제수행을 위한 우리 팀의 시급한 개선과제	개선전략
청중이 듣기 좋은 PT 구성	• 보고서는 지금까지 만들었던 대로 탄탄하고 구체적으로 작성하되, 발표에 있어서는 '왜', '무엇을', '어떻게' 해야 하는지에 대한 솔루션 부분에 중점을 두어야 한다. • 발표시간이 단 8분밖에 주어지지 않았음을 명심하고, 너무 많은 이야기를 담기보다는 강약을 두고 꼭 전달해야 하는 이야기를 중심으로 시간을 배분한다.
빔프로젝트 사전준비	• 빔프로젝트를 다시 한 번 사용하게 된다면 화면을 깨끗하게 볼 수 있는 방법을 미리 파악해 두어야 한다.

박지혜(경영12)

생각의 침투

저는 이번 PBL 수업을 통해 교수님께서 말씀해 주신 '생각의 침투'에 대해 경험하게 되었습니다. 평소 저는 사물이나 상황을 바라볼 때, 또는 누군가의 의견을 들을 때, 저의 생각보다는 무비판적으로 그대로 받아들이는 경향이 있었습니다. 이것이 지나쳐 때로는 논리적으로 그리고 비판적으로 바라보는 시각이 부족하였습니다. 하지만 이번 PBL 수업을 통해 팀원들과 토론의 과정을 거치면서 다른 사람들의 생각을 많이 들어볼 수 있었고, 자신의 생각을 잘 표현하는 사람들을 만나는 좋은 기회가 생겼습니다. 그러한 자신들의 생각을 공유하는 과정들을 통해, 저 또한 저의 주관을 잘 표현하려고 노력했고 제가 바라보는 관점이 조금씩 넓어지는 것을 느낄 수 있었습니다.

생각의 표현

PBL 수업에서 발표형식을 RTM으로 진행하였습니다. RTM 방식은 누구나 다 발표를 해야 하는 방식이라 평소 제 생각을 대중 앞에서 표현하는 것에 두려움이 컸던 저로서는 큰 시도였습니다. 하지만 더 좋은 발표를 위해 시나리오에 더 몰입하게 되면서, 내용을 좀 더 정확하게 알게 되고 내 표현이 좀 더 명확화 되면서, 두려움 또한 조금씩 사라지게 되었습니다.

솔직히 다른 수업들에 비해 체력적으로도, 정신적으로도 많이 힘들기는 하지만, 좀 더 자신감 있는 제가 되기 위한 한걸음이 되지 않았나 싶습니다.

그림 3-82 Creative Confidence 팀의 한 학기 소감 1

이두용(경영11)

저는 PBL수업을 처음 수강하였습니다. 첫 모임 때 한양경제신문 기자가 되어 팀원들과 함께 저성장의 늪에 빠져 있는 한국기업을 위해 앞으로 나아갈 방향에 대해 토론했던 기억이 납니다. 처음 만난 어색한 자리에서 어려운 시나리오만 가지고 프로젝트의 방향을 잡는 것은 매우 어려웠습니다. PBL수업이 어떤 것인지도 몰랐고, 어떤 방향으로 결과물을 내야 하는지, 어떤 과정을 거쳐야 하는지, 모든 것이 쉽지 않았습니다. 결국, PBL센터에 가서 연구원 선생님께 설명을 듣고 프로젝트를 진행하였습니다. 팀프로젝트를 계속 하면서 하나, 둘 퍼즐이 맞춰지고 앞으로 나아가는 것이 정말 신기하고 재미있었습니다. 물론 프로젝트를 진행하면서 갈등이 없었던 것은 아닙니다. 자신의 주장에 대해 양보할 수 없는 부분에는 양보하지 않고 작은 부분은 양보해가며 진행하였습니다. 아직도 어려운 시나리오가 남아 있지만, 이제는 두려워하지 않습니다. 믿을 수 있고 함께하는 팀원들이 있기 때문입니다.

저는 이번 PBL수업을 수강한 것을 절대 후회하지 않습니다. 잃은 것보다는 얻은 것이 너무 많기 때문입니다. 평생 함께할 수 있는 팀원들을 얻었고 항상 학생들을 생각해 주시는 교수님을 알았기 때문입니다. 남은 과제도 노력하여 좋은 결과물을 얻겠습니다.

그림 3-83 Creative Confidence 팀의 한 학기 소감 2

- PBL이 무엇인지 알지도 못하면서 PBL수업계획서를 쓰고 PBL센터의 강의를 들으면서 2017년 1학기 전략적 인적지원관리 수업을 PBL로 하게 되었습니다. 3월 1일부터 PBL Contest를 위한 최종보고서를 제출하기까지 걸린 시간은 86일.
- 이 86일은 담당교수인 저나 학생들 모두에게 대학시절 경험하기 쉽지 않은 창조의 고통을 경험할 수 있었던 땀과 열정과 눈물의 역사였습니다. 그 언제 이렇게 스스로의 열정을 불태워 보았으랴….
- 무엇보다도 혁신적인 PBL수업을 위하여 담당교수가 개발한 Grand Framework(5 Circulation Model)을 토대로 모든 학생들은 사전에 담당교수에 의해 개발된 4개의 실제 사례를 해결하기 위하여 i) 개별학습 ii) 집단학습(팀토론) iii) 사회적 학습(RTM을 통한 팀 간 경쟁토론) iv) 성찰학습(5th Presentation/성찰보고서/교수의 최종피드백)의 과정을 경험하였습니다.
- 채 정리가 안 된 상태에서 진행된 교수의 PBL 수업, 과거에 경험해보지 못한 수업방식, 서로 다른 의견차이에 대한 조정의 어려움, 끊임없는 일지작성 작업, 밤을 잊고 기업현장의 문제해결을 위해 불철주야로 임해준 학생들 모두에게 뜨거운 감사와 고마움을 전합니다. 아마도 저보고 제가 만든 사례과제를 풀라고 했어도 여러분보다 잘할 자신이 없습니다. 그것이 솔직한 제 심정입니다. 그러나 여러분은 누구의 도움을 받지 않고 여러분 스스로가 해내었고 그 모든 과정은 저의 자랑이 되었습니다.
- 이제 어떤 문제에 직면해도 집단지성을 바탕으로 해결하지 못할 과제는 없을 것이라는 자신감과 자부심이 DNA로 내재화되었으리라 믿게 되었고 이 믿음은 여러분이 평생을 살아가는 '심리적 엔진'이 될 것입니다.
- 한 학기 내내 여러분과 저를 지켜주었던 두 격언 "반성하는 자가 서 있는 땅은 그 어떤 성자가 서 있는 땅보다도 위대하다" 그리고 " 신이시여, 우리가 바꿀 수 있는 것을 바꾸었을 때는 커피를 주시고 우리가 바꿀 수 없는 것을 바꾸었을 때는 와인을 주소서"를 끊임없이 되뇌이며 반성하고 또 성찰하였고 끝내는 와인파티를 열고자 탁월한 성과창출을 위하여 마음을 모았던 이번 학기에 여러분에게 선물로 드리고 싶습니다. 이것은 제가 여러분에게 줄 수 있는 최고의 선물일 것입니다.
- 이제 얼마 뒤면 이번 학기도 끝이 납니다. 또 우리는 헤어지고 또 어디론가 바쁘게 헤어지겠지만 이번 2017년 1학기에 전상길 교수가 담당하는 '전략적 인적자원관리' 과목에서 듣고, 배우고, 느낀 모든 것을 모두의 머리와 가슴 속에 담아둡시다. 이것은 어떤 불확실한 미래에도 여러분을 지켜 줄 수 있는 최고의 갑옷이 될 것입니다. 언제 어디서 어떤 모습으로 만나더라도 'PBL'이라고 인사합시다. 여러분 정말 고생 많았고 고맙습니다. 사랑합니다.

2017년 5. 23 새벽 0시 49분에 전상길 교수로부터

그림 3-84 한 학기를 끝내고 담당교수가 학생들 전원에게 보낸 편지

2017년 1학기 ERICA에서 진행된 PBL콘테스트에서 Creative Confidence팀이 대상을 받았다. 가운데는 PBL을 IC-PBL로 정착시킨 김우승 총장(당시 에리카 부총장)님과 필자가 위치해 있다.

그림 3-85 Creative Confidence 팀이 대역전에 성공하고 대상을 받다

3.6.5 마네킹 챌린지 동영상 촬영

고생한 한 학기를 모든 학생들과 기념하기 위해, 참여자 모두와 함께 마네킹 챌린지(Mannequin Challenge) 동영상을 촬영한다. 마네킹 챌린지는 미국에서 시작된 바이럴 인터넷 비디오 트렌드로, 영상이 재생되는 동안 사람들이 마네킹처럼 고정된 자세를 유지하는 것이 특징이다. 일반적으로 레이 스레머드의 곡 'Black Beatles'가 배경 음악으로 사용되지만, 상황에 따라 다양한 배경 음악을 선택할 수 있다. 아래 각주에는 PBL(Problem-Based Learning)을 세계 최초로 개발하고 수업 시간에 적용한 캐나다 맥매스터 대학교의 마네킹 챌린지 영상이 있다.[36] 저자 또한 IC-PBL 수업 형태로 진행된 과목의 마지막 종강 시간에 마네킹 챌린지에 도전하였다(그림 3-86 참고).[37]

---

36 PBL을 가장 먼저 시행하였던 캐나다의 명문 McMaster대학교 학생들의 마네킹 챌리지이다(https://www.youtube.com/watch?v=mm4sD5s_FRI)

37 https://www.youtube.com/watch?v=oD_9bc4D5Nk&t=1s. 2018년 1학기 전략적 인적자원관리(삼탄아트마인);
https://www.youtube.com/watch?v=Bsh4BLRxvCc. 2018년 2학기 경영문제해결실습(DHL Korea);
https://www.youtube.com/watch?v=oeLxbzeo3mw&t=17s. 2019년 2학기 경영문제해결실습(파크시스템스)
https://www.youtube.com/watch?v=bjymkNKYTK4. 2021년 1학기 디자인과 경영(코로나상황이라 팀별 촬영)

그림 3-86 마네킹 챌린지

산학연계형 PBL(IC-PBL)의 혁신성과

4

4.1 학생들의 고용가능성을 높인다

IC-PBL(PBL 포함)은 심각한 취업난과 경제 침체기 속에서 학생들의 고용 가능성(Employability)을 높이는 데 중요한 역할을 한다. 특히, IC-PBL로 훈련된 학생들은 면접 상황에서 그들의 실제적인 문제해결 경험을 바탕으로 이야기할 수 있으며, 단순히 머릿속의 표피적인 사고로 대응하는 학생들과는 해결책의 수준에서 현격한 차이를 보이게 된다. 그 결과, 이들은 현장실습뿐만 아니라 취업에서도 더 큰 기회를 얻게 된다. 실제로 한양대 에리카 캠퍼스는 2023년 기준으로 전국에서 현장실습 참여 학생 비율이 1위였으며, 졸업생 2,000명 이상의 4년제 대학 중 전국 취업률 7위를 기록했다. 이는 지방 분교 대학으로서는 유일하게 높은 산학 관련 성과를 보여주는 지표다(한양대학교 에리카 기획홍보처 내부자료, 2023). IC-PBL을 경험한 한 졸업생이 입사 후 회사 회의에 참여하면서 느낀 경험을 공유한 적이 있다. 그는 "회사의 토론은 팀장님의 일방적인 전달일 뿐, 그 이상의 논의나 대화는 없었고 침묵이 이어졌습니다. 늘 회의는 본질을 놓치고 겉돌았습니다. 에리카에서 경험한 토론 수준과는 비교할 수 없을 정도로 형편없었습니다"라고 말하며, IC-PBL 교육방법론의 실효성을 실감하게 했다. 흥미로운 사실은 이렇게 취업한 학생들이 자신이 다니는 회사의 문제를 팀장에게 제안하고, 그 문제를 모교로 가져와 해결을 모색하는 경우도 있었다는 점이다. 이는 IC-PBL이 학생들뿐만 아니라 그들이 진출한 산업 현장에도 긍정적인 영향을 미치고 있음을 보여준다.

한편, 한양대 에리카의 IC-PBL이 인재 육성에 적합하다는 소문이 산업계에 퍼지면서, 2019년 초 롯데유통BG[1]의 핵심 기업인 롯데마트에서 연락이 왔다. 롯데유통BG는 IC-PBL에서 우수한 성과를 보이는 학생 20명을 추천받고, 이 학생들을 롯데유통BG에서 운영하는 '롯데유통 Dream Makers' 프로그램에 면접 없이 바로 선발하겠다는 제안을 했다. 이 프로그램의 전체 선발 인원이 100명으로 한정되어 있는데, 그 중 20명의 자리를 한양대 에리카에 배정한 것이다.[2] 이는 [그림 4-1] STEP II의 인재선발 시 1차 서류평가를 면제받게 되는 것이다. 학교 수업에서 담당교수들에 의해 검증되었기 때문이다.

이 프로그램에 선발되면, 학생들은 6개월 동안 유통 및 물류에 대한 이론을 학습하고, 유통 전문가들의 초청 강연을 들을 수 있다. 또한, 국내 유통 사업장뿐만 아니라 롯데유통BG가 진출한 러시아, 중국, 베트남, 인도네시아 등의 해외 사업장에서 현장 직무 체험 연수를 받을 기회도 제공된다. 가장 주목받는 부분은 9월 취업 시즌에, 먼저 입사한 선배들로부터 자소서 작성법, 임원 앞에서의 발표법 등 취업에 필요한 모든 정보를 미리 학습할 수 있는 취업 지원 교육이 제공된다는 점이다. 이 프로그램은 롯데유통BG로의 취업이 목적이 아니라, 사회 공헌 사업의 일환으로 운영되기 때문에 신세계그룹이나 CJ 등 경쟁사에 입사해도 전혀 문제가 되지 않는다. 학생들은 물론, 기업 측에서도 프로그램을 통해 만난 인재들의 수준에 매우 만족했으며, 가능한 한 프로그램을 완수한 학생들을 정식 신입사원으로 선발하고자 했다.

---

1 롯데유통BG에는 롯데백화점, 롯데마트, 코리아세븐, 롯데슈퍼, 롯데하이마트, 롯데홈쇼핑이 포함되어 있다.

2 참고로 롯데유통 Dream Makers 프로그램은 롯데그룹이 청년일자리문제를 해결하는데 기여하고자 진행해 오고 있는 사회공헌사업의 일환이다. 이 프로그램은 사실상 유통 및 물류인재를 육성하기 위한 롯데그룹의 선도적인 사전 인턴십 프로그램이다.

롯데 측의 제안을 받은 필자는 [그림 4-1]에서 보듯이, 우선 롯데유통BG의 복잡한 프로그램을 필자가 개발한 6단계 모델에 맞춰 간소화했다(STEP II). 다음으로 한양대 에리카 경상대에서 운영하는 과정(STEP I)과 롯데유통BG가 운영하는 과정(STEP II)를 통합하여, 하나의 일관된 취업 프로세스를 만들었다. 이를 통해 4학년 학생이 IC-PBL 수업을 수강 등록하고 교수의 추천을 받으면, 6개월 안에 유통물류회사에 취업할 수 있는 혁신적인 취업률 제고 전략이 완성되었고, 이 프로그램은 국내 학술지에도 발표되었다(전상길 & 임효섭, 2019).

이 획기적인 통합 프로그램은 크게 세 가지 장점을 지닌다. 첫째, 대학은 문제해결 능력이 탁월한 인재를 기업에 공급한다. 둘째, 기업은 입사 전부터 '공급받은 인재'에게 해당 산업의 이론과 실무 체계를 학습시킨다. 셋째, 공채 시험에서 탁월한 성과를 낼 수 있도록 사전 지원 및 멘토링 체계를 제공한다. 즉, "수강 등록에서 취업에 이르는 전 과정을 하나의 일관 공정 체계로 관리하는, 산학 협력을 넘어선 산학 밀착의 새로운 모델"이라고 할 수 있다(전상길 & 임효섭, 2019).

STEP I. 한양대 에리카 경상대 과정운영

Phase 0: IC-PBL 학습준비

- 대상: 인문사회 및 이공계학부 및 대학원생
- 경쟁적인 마인드세팅(Mind Setting)을 위한 오리엔테이션

  ① 학생들의 수업수강 동기와 본 수업에 대한 기대사항 인지 ② 강좌의 기본정신과 학생들에게 거는 기대 수준 설명 ③ 'Dos and Don'Ts' 설명 ④ 출석에 대한 입장과 성적산출 기준 ⑤ 성적 산출 산식 ⑥ 다양성 기반 팀 구성 ⑦ 팀 소개 및 팀별 그라운드 룰 정하기 ⑧ 선언문 발표 ⑨ 해당 기업 임직원의 팀 프로젝트를 위한 Rubric 소개 ⑩ 내부코치 및 외부멘토 구성

Phase 1: 문제상황 제시

- IC-PBLi(i=1, 2, ⋯, n)

→

Phase 2: 사전학습(개별학습)

- 온라인 이론 학습: K-MOOC
- 오프라인 이론 학습

  창조경영을 위한 인적자원관리, 길을 묻다(전살길 저, 2016)의 주제 토론
- 토론을 위한 보조교재
  - DBR(동아비즈니스리뷰)
  - HBR(Havard Business Review)
  - Weekly Biz
  - YouTube

→

Phase 3: 창의적 문제해결(집단학습)

- DO IT Process/Design Thinking
  - D: Define
  - O: Open
  - I: Identify
  - T: Transform

→

Phase 4: 결과 발표 및 평가(사회적 학습)

- (중간발표)를 위한 발표방식과 평가
- ALP(Accumulated Learning Process)
- RTM(Round Tour Method)
- (기말발표)를 위한 발표방식과 평가

Phase 5: 성찰학습

- AI를 통하여 토론 시 학생들의 음성데이터를 확보하고 개인별 피드백 제공
- 교수발표: 5th Presentation on IV-PBLi (i=1, 2, ⋯, n)
- Reflection Report(성찰 보고서)
- 중간/결과 보고서에 대한 교수의 피드백
- 마네킹 챌린지 동영상 촬영

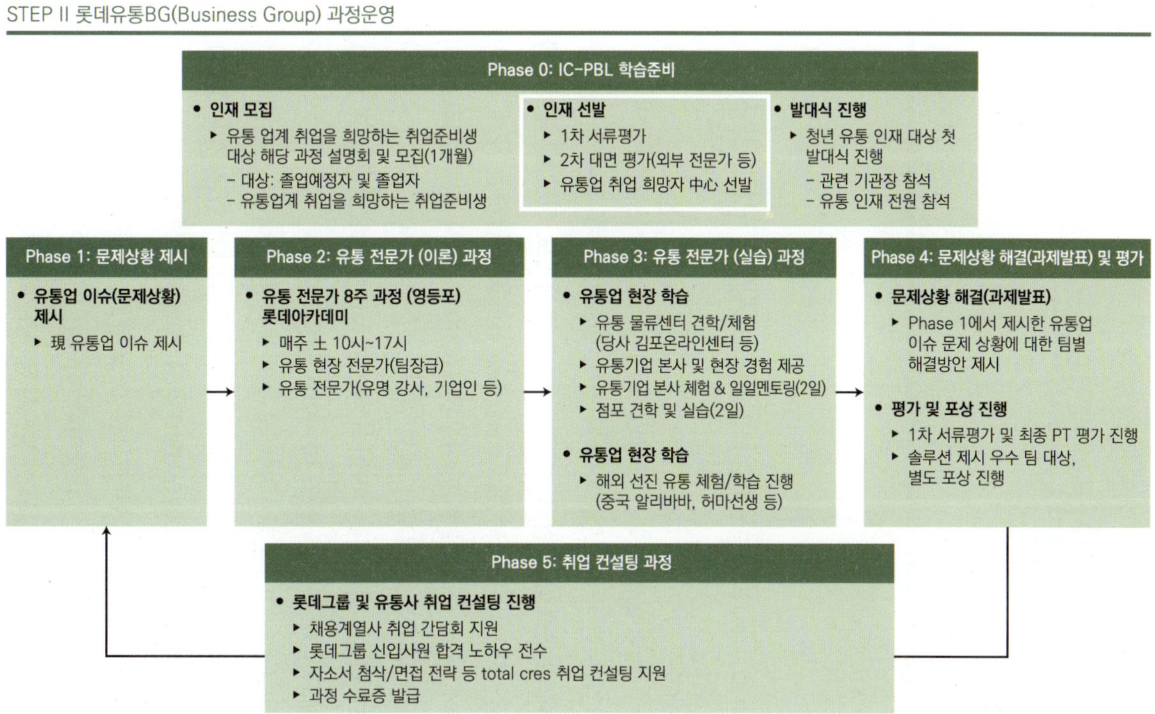

그림 4-1 한양대 에리카와 롯데유통BG간의 산학협력모델: 'Click만 하면 6개월 내 취업'

자료원: 전상길 & 임효섭(2019). "Click에서 취업까지의 일관공정: 롯데유통BU의 과제에 대한 IC-PBL적용을 중심으로", 한국인적자원개발학회 추계학술대회, 한양대학교 ERICA캠퍼스 컨퍼런스 홀, 2019.12.07.

4.2 산업컨설턴트로서의 자질을 함양하게 된다

4.2.1 새솔 다이아몬드(주)의 사례: 지역기업과의 산학협력

안산시 시화반월공단에는 약 2만여 개의 크고 작은 기업들이 있으며, 이들 기업은 한국 제조업, 특히 자동차, 반도체, 2차 전지의 핵심 부품을 공급하는 중요한 역할을 하고 있다. 그중에서도 반도체 웨이퍼를 균질하게 깎아내는 컨디셔너 패드(Conditioner Pad)를 공급하는 세계 1위의 시장점유율을 자랑하는 새솔 다이아몬드(주)(대표이사 맹주호)라는 회사가 있다. 이 회사는 컨디셔너 패드 제조 기술로도 세계 1위를 차지하고 있다. 그러나 이 회사에는 한 가지 큰 고민이 있었다(그림 4-2 참고). 컨디셔너 패드에 사용하는 인조 다이아몬드를 전량 중국에서 수입하고 있는데, 1kg당 합격품 수율이 55%에 불과하다는 점이다. 불량이 발생하는 주요 원인은 다이아몬드 자체에 이물질이 들어가 있는 경우(25%), 깨짐 가능성이 높은 경우(13%), 절삭력이 부족한 경우(3%) 혹은 절삭력이 과다한 경우(4%)로 나뉜다(그림 4-3 참고). 이로 인해 약 45%의 다이아몬드를 폐기해야 하는 상황이다. 하지만 이 다이아몬드의 가격이 워낙 고가라 폐기할 수도 없고, 다른 사용처도 마땅치 않아 지난 10년 동안 매년 약 15억 원 상당의 다이아몬드를 창고에 보관해왔다고 한다.

현재 그 가치는 130억 원을 넘는다. 이에 새솔 다이아몬드는 이러한 유휴 다이아몬드의 활용 방안을 제시해달라는 요청을 하였다. 이 문제를 해결한다면 얻어진 자금으로 신규 사업을 도모할 계획이라고 밝혔다. 이를 위해 회사는 필자의 수업에 1,000만 원의 장학금을 지원하였다.

회사의 보안 사항으로 인해 학생들이 제시한 최종안을 구체적으로 공개할 수는 없지만, 3개월 동안 6단계 순환 모형을 경험한 끝에 학생들은 '눈물겨운 솔루션'을 새솔 측에 제공할 수 있었다.

Conditioner

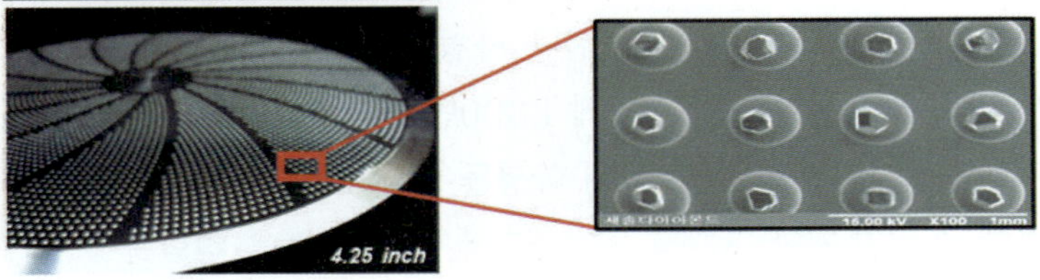

다이아몬드는 선별하여 사용 &
수율 약 55%

제품에 사용되지 않는 다이아몬드는 사용처가 없어 매년 약 15억 상당을 보관

⬇

지난 10년 동안의 130억 원어치의 유휴 다이아몬드 활용방안은 무엇인가?

그림 4-2 새솔다이아몬드의 고민

자료원: 새솔다이아몬드(주) 제공

공정	불량 항목	불량비중	이미지
자성 분급	자성불량 (금속 이물질)	25%	
사이즈 분급	파쇄 Tip 불량 (깨짐 가능성 ↑)	13%	
형상 분급	둥근형상 불량 (절삭력 미달)	3%	
	거친형상 불량 (절삭력 과다)	4%	
합계		45%	

그림 4-3 공업용다이아몬드 선별항목

자료원: 새솔다이아몬드(주) 제공

4.2.2 파크시스템스(주)의 사례: 지역기업과의 산학협력

파크시스템스(주)(대표이사 박상일)는 한국의 반도체 소재·부품·장비(소부장) 기업 중에서도 가장 꾸준한 성과를 내고 있는 글로벌 원자현미경 제조업체이다. 2024년 현재, 11개국에 12개의 현지 법인과 30개국에 판매망을 구축하고 있으며, 매년 평균 30%의 매출 성장을 기록하고 있다. 2023년에는 1,440억 원의 매출을 달성했다(이정현 & 전상길, 2024). 파크시스템스의 원자현미경 기술은 '국가핵심기술'로 선정되어 정부의 보호를 받고 있으며, 2022년부터 세계 시장 점유율 1위를 차지하고 있다. 파크시스템스의 사업 구조는 크게 산업용 원자현미경과 실험실용 원자현미경으로 나뉜다. 세계 반도체 기업들이 파크시스템스의 원자현미경, 즉 산업용 AFM(Atomic Force Microscope)을 가장 선호하는데, 이 장비는 메모리 반도체의 합격과 불합격을 전 공정에 걸쳐 검출할 수 있는 세계 최고 수준의 장비다. 주요 고객으로는 미국의 인텔, 삼성전자, SK하이닉스, 대만의 TSMC, 그리고 중국의 주요 반도체 기업들이 있다. 파크시스템스는 전 세계 반도체 산업에서 '슈퍼 을'의 위치를 차지하고 있으며, 전체 매출의 70%가 이 산업용 AFM에서 발생한다. 또한, 파크시스템스는 산업용 AFM의 성공에 힘입어 실험실용 AFM에 대한 연구개발도 적극적으로 진행하고 있다. 주요 고객으로는 스탠포드대, 하버드대, 코카콜라, NASA 등 세계 유수의 대학과 연구 기관들이 있다. 2022년에는 새로운 인공지능 기반 실험실용 AFM인 FX40(그림 4-4 참고)를 개발하고 출시하였다. 필자의 수업에 의뢰한 기업 과제는 세 가지로 구성되었다. 첫째, FX40의 전 세계적인 브랜드 인지도를 높일 수 있는 방안, 둘째, 젊은 유저들에게 어필할 수 있는 소셜 미디어 마케팅 전략, 셋째, 글로벌 판매망을 강화하는 방안이었다.

역시 6단계 순환 모형에 따라 학생들은 박상일 사장님 앞에서 전투적인 태도로 발표를 진행하였고, 그 결과에 대해 박 사장님은 매우 만족하셨다. 이 발표를 계기로, 박상일 사장님께서는 매 학기 12명씩, 1년에 총 24명에게 여름과 겨울 방학 동안 현장 체험의 기회를 제공하기로 하셨다. 현장 체험 과정에서 우수한 성적을 거둔 학생들에게는 취업 전제형 인턴 자격을 부여하고, 6개월 추가 근무 후 정규직 사원으로 입사할 기회가 주어졌다.

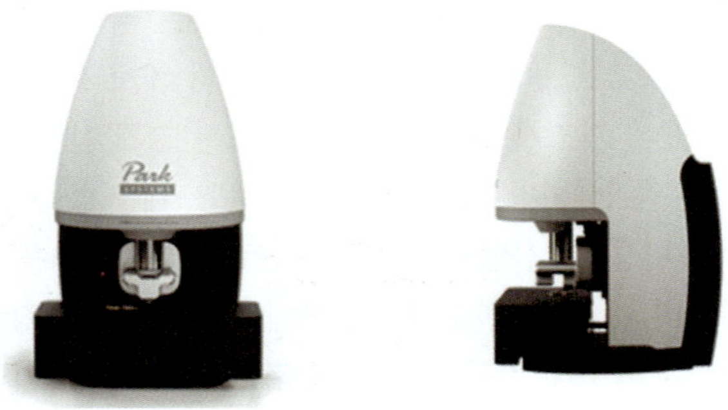

2022년 출시된 실험실용 원자현미경 FX40의 정면과 측면의 사진

그림 4-4 파크시스템스의 원자현미경 FX40

자료원: 파크시스템스 제공

그림 4-5 파크시스템스(주) 박상일 대표의 발표

4.2.3 휴림로봇 사례: 융복합 교육을 통한 지역기업과의 산학협력 사례

한양대 에리카 전자공학부에는 세계적으로 명성이 있는 로봇 개발 전문가들이 있으며, 그중 한 분이 이병주 교수님이다. 이 교수님은 스스로 IC-PBL에 대해 전혀 알지 못하고, 오로지 로봇 개발을 위한 알고리즘 작성에만 익숙하다고 솔직하게 밝히셨다. 그러던 중, 2020년 2학기 코로나가 한창일 때, 이 교수님은 'ICT융합 로봇공학'이라는 전공 과목을 저와 함께 팀티칭으로 진행하자는 제안을 해오셨다. 이 프로젝트의 문제를 제시한 기업은 휴림로봇(주)(대표이사 김봉관)이다. 휴림로봇은 코로나 시국에 맞춰, 기존 'Temi' 서비스 로봇의 운반 기능을 넘어 다양한 서비스 기능을 확대하는 사업을 추진하고 있었고, 그 아이디어를 이병주 교수에게 요청했다.

한양대 에리카 전자공학부와 경영학부가 함께 산학 연계형 프로젝트를 시작한 첫 번째 사례로, 전자공학부의 이병주 교수와 저자는 각각 로봇 이론 교육과 창의적 문제해결 방법론을 기반으로 한 실습 수업을 진행했다. 휴림로봇은 한 학기 동안 지능형 서비스 로봇 'Temi'의 다양한 활용 사례와 서비스 개발에 필요한 안드로이드(Android) 기반 앱 개발 환경을 제공했으며, 프로젝트 성과를 이끌어내기 위한 협업 체계도 구축했다. 총 28명의 전자공학부와 경영학부 학생들이 5개의 팀을 구성해 수업을 진행했고, 각 팀은 1대의 Temi 로봇을 제공받아 학기 내내 이론 교육과 응용 시나리오 개발, 중간 발표 및 피드백 평가 과정을 거쳐 최종 비즈니스 모델을 도출하는 과정을 수행했다. 이 과정에서 로봇 알고리즘 작성에만 몰두했던 학생들은 처음으로 고객의 입장에서 Temi 로봇이 작동할 수 있도록 알고리즘을 짜는 경험을 하게 되었다. 이는 경영학부 학생들의 참여와 휴림로봇 실무진의 개입 덕분에 가능했다. 결과적으로 학생들은 학부 3학년임에도 불구하고 Temi 로봇의 여러 서비스 형태를 실제로 구현하는 로봇 전문가가 되었다(그림 4-6 참

이병주 한양대 ERICA 전자공학부 교수, 전상길 경영학부 교수, 휴림로봇 관계자들이 비대면 수업에서 로봇 테미의 활용 가능한 시나리오 발표를 하는 학생팀에 대해 함께 평가를 진행하고 있다(상). 병원안내로봇 Temi와 은행안내로봇 Temi이다(하).

그림 4-6 휴림로봇+전자공학부+경영학부의 융복합IC-PBL 수업과정 및 성과

사진제공: 휴림로봇

고). 학생들이 개발한 새로운 Temi 로봇 서비스에는 (1) 서점 책 안내 로봇 Temi, (2) 순찰 및 소방 로봇 Temi, (3) 최첨단 식당 서비스 로봇 Temi, (4) 전시회 안내 로봇 Temi, (5) 24시간 아이 돌보미 Temi, (6) 반려 로봇 Temi 등이 있었다. 두 사람의 팀티칭이 성공적으로 마무리되자, 이러한 융합 교육은 그 다음 해까지 이어졌으며, 휴림로봇은 모든 지원을 아끼지 않았고, 인턴십 프로그램과 취업 기회로도 연결되었다.

4.2.4 안산산업역사박물관의 사례: 지역사회 및 공공 기관과의 산학협력

안산시는 2022년 9월에 안산산업역사박물관[3]을 개관했다. 이 박물관은 대한민국 산업화에 큰 영향을 미쳤던 안산의 산업사와 변천사를 한눈에 볼 수 있는 복합문화공간이다. 1970년대까지 농어촌 마을이었던 안산 지역은, 서울에 집중된 인구와 산업을 분산시키기 위한 계획도시로 시작되었으나, 반월 · 시화국가산업단지 조성을 계기로 국내 최대 규모의 제조업 중심지로 변모해 대한민국 산업발전을 이끌어왔다. 이러한 발전의 역사를 박물관의 상설전시관에 담아냈다. 그러나 한 가지 문제가 있었다. 기대와는 달리 박물관의 방문객 수가 저조했다. 주요 방문객층은 어린이, 학부모, 그리고 노년층이었는데, 특히 어린이들의 관심을 끌 만한 전시 아이템이 부족했다. 이에 안산시는 한양대 에리카 IC-PBL센터에 도움을 요청했고, 2024년 봄 학기에 소프트웨어 융합대학 인공지능학과의 유용재 교수가 이끄는 인공지능학과, 컴퓨터학부, ICT 융합학부, 산업경영공학과 학생들이 함께 3개월 동안 박물관의 여러 전시물을 활용해 다양한 VR(Virtual Reality)과 AR(Augmented Reality) 프로그램을 개발했다. 예를 들어, '구하라! 안산산업역사박물관', '1987년, 멈춰버린 시간을 돌려줘!', 'My Little Ansan'과 같은 학생들의 창의적인 아이디어를 바탕으로, 가상 및 증강 현실 기술을 통해 안산산업역사박물관의 상설 전시물을 다채롭게 이해할 수 있도록 했다. 이를 통해 관람객들은 재미와 학습을 동시에 충족시키는 체험 기회를 얻게 되었다.

유용재 교수는 이 학생들과 함께 전국의 박물관과 전시관을 돌며 VR/AR 콘텐츠를 제작할 계획이라고 한다. 이번 프로젝트는 기술과 문화를 융합하여 지역사회와 대학의 상생 발전에 기여하는 성공적인 관학 협력의 사례로 자리매김했다. IC-PBL을 통해 관람객들에게는 교육

3 http://ansan.go.kr

적 가치를 높여주고, 안산의 산업 역사를 흥미롭게 배울 수 있는 새로운 기회를 제공한 것이다. 이러한 실전적 경험은 학부 시절에 이미 AR/VR 산업의 컨설턴트로서의 역량을 확보할 수 있는 계기를 마련한다.

시연에 앞서 유용재 교수가 관람객들에게 개발학생들과 함께 배경설명과 소개를 하고 있다.

그림 4-7 가상 및 증강현실 기술을 이용한 안산산업역사박물관의 콘텐츠혁신

4차 산업혁명 시대에 살아남는 직업은 전문가이다. 여기서 전문가란, 전적으로 문외한인 사람, 즉 '전문가(全門家)'가 아닌, 해당 분야에 대한 깊은 지식과 경험을 갖춘 '전문가(專門家)'를 의미한다. 실제로 4차 산업혁명을 주도하고 있는 기술인 인공지능, 로봇, 빅데이터, 드론, 가상현실 등의 전문 지식을 갖춘 산업 컨설턴트들이 4차 산업혁명 시대에 필요한 진정한 전문가로 인정받을 것이다. 이 책의 IC-PBL 6단계 순환 모델을 통해 창의적인 문제해결 역량을 함양한 학생들은, 어떠한 산업에 대해서도 그 산업의 컨설턴트로서 필요한 자질을 입체적으로 갖출 수

있을 것이다. [표 4-1]과 [표 4-2]는 2018년 2학기와 2019년 2학기에 각 단과대학별로 진행된 IC-PBL 수업 내용의 일부를 제시한 것이다. 한 학기가 지나면, 수업에서 선택한 기업이 속해 있는 산업에 대해 학부생의 지식수준을 넘어선 전문가적 식견을 확보하게 된다.

표 4-1 2018년도 2학기 IC-PBL M유형으로 진행된 단과대학별 과목과 성과

<table>
<tr><th>대학</th><th>학과</th><th>학년</th><th>과목명</th><th>교수자</th><th>산업/지역연계 성과</th></tr>
<tr><td rowspan="2">언론정보대학</td><td rowspan="2">광고홍보학과</td><td>3</td><td>데이터애널러틱스</td><td>이병관</td><td>유한킴벌리
• 경쟁업계 1위를 유지하기 위한 신제품 광고 컨셉 전략 수립 및 전략안 제공</td></tr>
<tr><td>3</td><td>사이버커뮤니케이션</td><td>박기묵</td><td>노컷뉴스/노컷뉴스에 인터렉티브 기사 게재
• 왜 우리는 수도권 탈출을 못할까(2018년 7월 14일자)
• 기회, 서울엔 있고 지방엔 없는 것(2018년 7월 21일자)</td></tr>
<tr><td rowspan="2">경상대학</td><td rowspan="2">경영학부</td><td>3</td><td>전략적 인적 자원 관리론</td><td>전상길</td><td>삼탄아트마인
• 삼탄아트마인 비수기 운영 전략안 기획 및 제공
• 특정기간 수익금 일부 한양대 장학금 지원 계약
• 인턴연계 제안, 한양대 교직원 삼탄아트마인 시설 이용시 할인 제휴</td></tr>
<tr><td>1</td><td>감성 경험 디자인 1</td><td>박광호</td><td>국내 화장품 토니모리와 MOU 체결
• 기업이 제시한 문제인 디자인 챌린지를 학생들이 해결하는 방식으로 진행
• 토니모리에서 학생에게 샘플제공, 공장방문, CEO특강, 실무자 멘토링 제공
• 학생은 수업을 통해 창출된 자신들의 창의적 아이디어와 문제해결안을 기업에 제공
• 2018학년도 1학기 콘테스트 대상 수상</td></tr>
<tr><td>디자인대학</td><td>서피스인테리어디자인학과</td><td>3</td><td>시각 정보 디자인 1</td><td>김태균
정나리</td><td>다향기, 시흥시니어씽씽택배, 안산, 안양, 의왕시니어클럽, 에이블, 하보리, 행복나눔디자인
• 나눔 프로덕트 참여 기업 선정(8개 사회적 기업)
• 학생 수업 활동 사회적 기업의 요구를 조사하여 디자인 프로젝트 진행</td></tr>
</table>

표 4-1 2018년도 2학기 IC-PBL M유형으로 진행된 단과대학별 과목과 성과 (계속)

대학	학과	학년	과목명	교수자	산업/지역연계 성과
디자인대학	서피스 인테리어 디자인학과	3	시각정보 디자인 1	김태균 정나리	• 2018학년도 2학기에 후속 수업 진행 예정(시각정보디자인2) • 2018학년도 2학기 수업에서 실제 디자인 프로젝트 개발 및 완성 예정
공학대학	산업공학	3	생산경영	신동민	프라코
소프트웨어 융합대학	ICT 융합학부	3	운송 디자인	윤종영	르노삼성 자동차사/전기캠핑카 디자인 & 개발 • 전기미니버스 디자인 & 개발, 전기택시 디자인 & 개발 프로젝트의 현실화를 위하여 국토교통부 자동차정책과, 서울특별시 교통정책국, 카카오택시와의 정책연계를 수업과 연계하여 협력 진행

자료원: 한양대학교 에리카 IC-PBL센터

표 4-2 2019년도 2학기 IC-PBL M유형으로 진행된 단과대학별 과목과 성과

대학	학과	학년	과목명	교수자	산업/지역연계 성과
국제문화대학	영미언어문화학과	3	영미언어문화학과 캡스톤디자인2	장정우	경기영어마을 • 경기영어마을 탐방, 이용자, 담당자, 전문가 설문 및 피드백 • 실무와 관련자 심사 → 실제 경기영어마을 프로그램화
	문화콘텐츠학과	3	문화콘텐츠 캡스톤디자인2	고운기	(주)이씨오 • 학생팀이 도서관리 프로그램 개발에 참여 • 2019년 상반기에 도서관리 프로그램 출시 예정 • 1명 인턴으로 채용
언론정보대학	광고홍보학과	3	헬스 커뮤니케이션	이병관	질병관리본부 • 5억 예산 전국민 2018년 기침예절 캠페인 안 기획 • 감염병 위기상황에 야기되는 혼란감소를 위한 감염병 관련 루머관리 모델 개발

표 4-2 2019년도 2학기 IC-PBL M유형으로 진행된 단과대학별 과목과 성과 (계속)

대학	학과	학년	과목명	교수자	산업/지역연계 성과
경상대학	경영학부	3	조직 혁신론	전상길	마이다스아이티 • 마이다스아이티 프로젝트 문제제공 구인 구직에 있어 mismatching을 온라인 잡매칭 플랫폼을 통하여 해결해야 하는 상황 문제해결 • 참여 학생 6명 인턴 채용, 6명 인턴 중 1명 정직원 채용
		4	경영문제 해결실습	송유진	풀무원 • 풀무원에 아이디어 제공(학생 최종 발표 시 풀무원 임원 참석)
		3	E-Business론	한창희	상록경찰서 • 상록경찰서에 아이디어 제공(학생 최종 발표 시 상록경찰서장 참석)
	경제학부	3	부동산 금융론	진창하	JR투자회사 • 지역분석, 부동산 투자분석 보고서 작성 및 회사 임직원 검토와 피드백
	보험계리학과	2	보험 계리학1	최양호	ABL생명보험회사 • 전문가 3인과 동일 분야 외부 교수 1인이 참여하여 객관적 평가와 현장의 트렌드를 명확하게 안내 중
디자인대학	테크노프로덕트디자인학과	3	인더스트리얼 디자인2	윤종영	르노삼성 • 르노삼성 전기차 인테리어 익스테리어 디자인 개선안 제안
	서피스인테리어디자인		시각전달 디자인2	송지성	대구생명 • 학생이 개발한 이모티콘 대구생명에서 구매(2개 세트)
공학대학	건축공학전공	4	건축설계 6	이강준	한양대학교 ERICA 근처 석호상가 증/개축 설계 프로젝트 수행

자료원: 한양대학교 에리카 IC-PBL센터

4.3 해외 한인기업들에 대한 경영컨설팅 제공

이 책의 IC-PBL 6단계 순환 모델은 해외 현지 한인 기업들의 경영 문제해결에도 크게 기여하고 있다. 현재 한양대학교 에리카 캠퍼스 경상대학은 미국 캘리포니아 오렌지카운티에서 매년 진행되는 Hanyang Global CEO(HGCEO) 프로그램에 이 모델을 적용하여, 실리콘밸리를 포함한 미국 현지 한인 기업들의 문제해결을 지원하고 있다. 앞으로는 미국 전역뿐만 아니라 캐나다의 한인 기업들로도 적용 범위를 확대하여 IC-PBL의 글로벌화를 목표로 하고자 한다(그림 4-8 참고).

특히 현지 한인 기업들은 자사 제품의 디자인을 기반으로 한 마케팅 전략에 큰 관심을 보였다. 이에 에리카 디자인대 교수들이 투입되어 해당 기업들에게 무료로 디자인 컨설팅을 제공했다. 또한, 기술 분야에서는 한양대 에리카의 공학대 교수들과 연계하여, 제품과 서비스의 IT화를 저렴한 비용으로 지원하며 국제적인 산학협력을 이끌어냈다.

2019년 7월에 진행된 7기 HGCEO 프로그램에서는 미연방 하원의원에 입후보한 영킴(Young Kim)의 모금전략(fund-raising strategy)을 같은 입학 동기생들과 함께 IC-PBL방법론으로 해결하였으며 그해 영킴은 연방하원으로 당선되었다. 화면스크린에는 하와이에서 온라인으로 참석한 7기 동기 한인CEO들의 모습이다.

그림 4-8 HGCEO 프로그램

4.4 공공부문에 대한 교육도 IC-PBL로 진행하다

최근 IC-PBL 방식이 고위 공무원 및 경찰 공무원 육성 방법론으로 선택되었다. 저자가 자문위원으로 활동 중인 국가공무원인재개발원의 교육훈련에서는 국실장급 이상의 고위 공무원들이 여러 팀을 이루어 각 부처에서 해결해야 할 주요 과제를 1년 동안 해결하고, 연말에 시상하는 방식으로 진행되고 있다. 이러한 해결책들은 해당 부처와 장관에게 제출되도록 하고 있다. 향후 더욱 복잡해질 국내외 정치, 경제, 교육, 사회, 보건의료 등의 다양한 문제에 대한 정책 결정자들의 의사결정 역량을 강화하기 위해, IC-PBL 방식은 획기적인 혁신을 목표로 하고 있다. 특히, 기존 형법으로 처벌하기 어려운 N번방 사건 등 신종 범죄에 대한 대응책을 모색하기 위해, 2023년부터 한양대학교 에리카 IC-PBL 센터는 IC-PBL 방법론을 활용하여 창의적으로 문제를 해결하고 있다(그림 4-9 참고).

한양대 에리카 IC-PBL센터에서는 경찰교육기관이 모두 모여 창의적 문제해결을 도모하고 있다.

그림 4-9 경찰교육기관의 IC-PBL교육

4.5 IC-PBL은 지식재산권 창출의 일등공신이다

한양대 에리카는 특허와 같은 지식재산권 창출에 있어 독보적인 성과를 보이고 있는 대학이다. [표 4-3]에서 확인할 수 있듯이, 2016년에 PBL을 도입하고, 2017년부터 IC-PBL을 시작한 이후, 국내외 특허 출원 및 등록에서 전 세계적으로도 독보적인 성과를 내고 있다. 이들 특허는 교과로는 학부에서 진행된 IC-PBL 수업과, 대학원 IC-PBL+ 수업에서 비롯되었다, 비교과로는 'AI 내편 만들기', 'COPE(Creativity, Originality, Patent & Enterprise)'와 같은 과목에서 특허가 창출된다. 단적으로 특허청이 주최하고 한국발명진흥회, 한국공학한림원, 한국과학기술단체총연합회가 주관한 2024 캠퍼스 특허유니버시아드 대회(총 71개 대학, 1,319팀 참여)에서 한양대 에리카는 총 17개 팀(상위상 3팀, 우수상 9팀, 장려상 5팀)이 수상하며, 5년 연속으로 최다 응모 대학상과 최다 수상 대학상을 석권했다. 이는 IC-PBL 방식으로 수업이 진행된 결과라 할 수 있다.

물론, 특허가 기술이전 수입으로 즉각 연결되는 것은 아니지만, 각 대학의 산학협력단에서 기업에게 해당 특허의 가치를 설득할 수 있다면, 학생들과 함께 만들어낸 특허들이 대학의 재정난 해소에 큰 도움이 될 수 있다. 특허가 중요한 또 다른 이유는, 특허가 창업을 위한 중요한 기반이 되기 때문이다. 에리카에서는 수업 시간에 '사장님' 학생이 등장

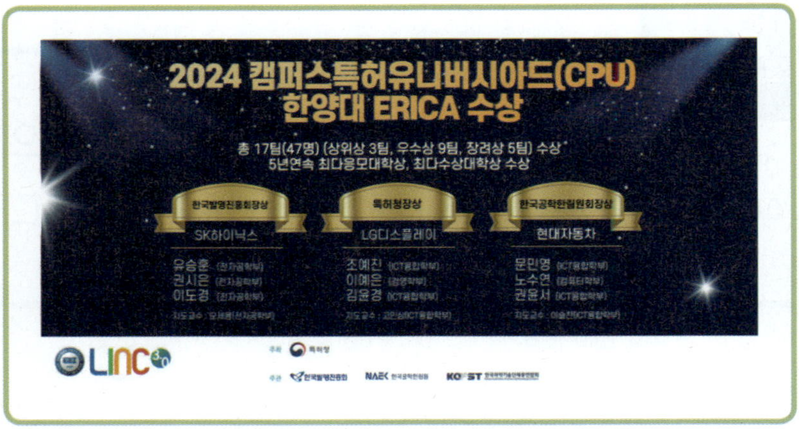

그림 4-10 〈2024 캠퍼스특허유니버시아드 대회〉 한양대 ERICA 수상

자료원: http://erica.hanyang.ac.kr/surl/SzSB

표 4-3 ERICA 2016~2023 국내외 특허출원 및 등록 실적

연도 \ 구분	국내		국외	
	출원	등록	출원	등록
2016	296	172	42	7
2017	280	171	49	7
2018	233	128	67	18
2019	280	137	62	13
2020	290	143	74	29
2021	335	167	100	30
2022	263	113	127	34
2023	277	120	81	28
합계	2,254	1,151	602	166

자료원: 한양대 에리카 산학협력단 내부자료, 2024.

하는 것이 이제는 더 이상 낯설지 않은 풍경이다. 예를 들어, 독보적인 IoT 기술을 이용해 사계절 내내 신선한 채소를 컨테이너 안에서 생산하는 '모듈형 컨테이너 스마트팜' 시스템을 개발해 UAE, 사우디, 러시아에 수출한 '엔씽'의 김혜연 사장(에리카 전자공학과 4학년)(매일경제, 2019.12.27.), 그리고 대한민국 디저트 시장을 비건 시장으로 혁신하고 'K-비건푸드' 신화를 써 내려가고 있는 '조인앤조인'의 진해수 사장(분자생명공학과 4학년)(K글로벌타임스, 2023.05.02.)이 그 대표적인 예이다. 두 학생 모두 필자의 수업에 성실하게 참여했고, IC-PBL 수업을 통해 사업 아이디어를 발굴하고 이를 성공적으로 기술 사업화한 사례이다.

김혜연 엔씽 대표가 서울 강남 선릉로 본사에서 스마트화분을 소개하고 있다(좌). 경기 용인에 위치한 엔씽 플랜티큐브(모듈형 컨테이너 농장)에서 직원이 설비를 점검하는 모습이다(우).

그림 4-11 전자공학과 4학년에 재학 중인 엔씽의 김혜연 사장의 스마트팜

2023년 벤쳐 유공포상을 수상하는 조인앤조인의 진해수 대표(좌). CES2023에 참가한 조인앤조인 부스 전경(우).

그림 4-12 분자생명공학 4학년에 재학 중 조인앤조인 창업한 진해수 사장의 'K-비건푸드'

한양대 에리카 산학연계형 PBL(IC-PBL)의 산업적 의미와 미래 비전: E2E 전략

5

5.1 산학연계형 PBL(IC-PBL)의 산업적 의미

한 산업의 기술은 [그림 5-1]에서 보이는 궤적처럼 일반적으로 G → D → A → B → C → F의 방향으로 진화한다. 초기에는 스타트업의 기술에서 시작(G)하여, 보통 CEO가 개발한 창의적 기술을 바탕으로 기업이 성장하게 된다. 이 기간 동안에는 기술이 시장에서 경쟁 우위를 점하거나 시장을 지배할 수 있으면, 수요가 공급을 초과하게 되어(D > S) 기업이 성장한다. 만약 시장 지배력이 절대적이라면, 시장은 고속 성장을 이룰 수 있다. 이 단계에서는 CEO 또는 CTO 중심의 기술(T)로 제품(P)을 개발하고, 그 제품으로 시장(M)을 형성하는 구조가 된다(T → P → M). 그러나 Cell B를 지나면서 기술 경쟁에서 뒤처지는 기업들은 시장에서 사라지게 되고, 산업 기술은 Cell C의 성숙기에 도달하게 된다. 이 단계에서는 공급이 수요를 초과하게 되어(D < S) '고객 만족 경영'에 성공한 기업만이 살아남을 수 있다. 여기서는 품질, 가격, 유통, A/S 등 기업의 모든 핵심 역량이 고객을 위한 차별화로 이어져야 한다. 이는 공급 과잉 상태에서는 고객의 욕구를 보다 더 잘 충족시킬 수 있는지 여부가 기업 생존의 관건이 되기 때문이다. 이 시기에는 시장(M)에서 제품 아이디어(P)가 나오고, 그 아이디어로부터 기술(T)이 개발되는 방식으로 변화한다(M → P → T). 즉, 모든 연구개발은 고객의 관점에서 출발하게 된다.

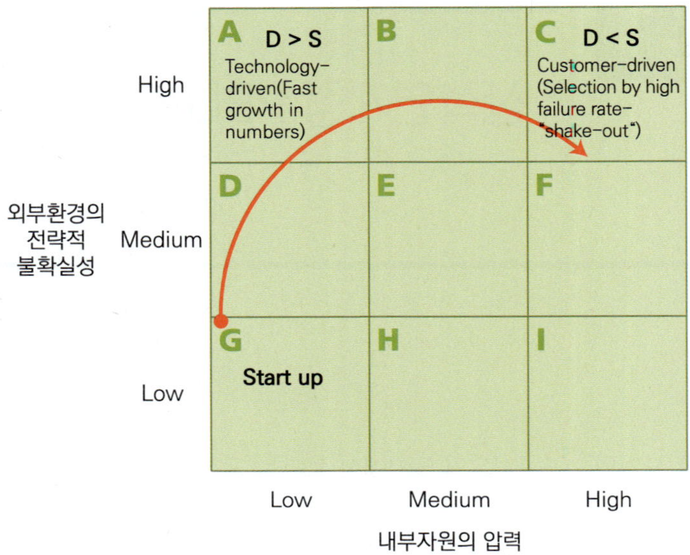

그림 5-1 산업기술의 진화과정

자료원: Lawrence, P. R. and Dyer, D.(1983). Renewing American Industry: Organizing for Efficiency and Innovation, New York: The Free Press에서 수정 인용.

필자가 문제해결을 요구받은 기업들을 포함하여, 대부분의 한국 기업들은 고객 기반의 성장이 필요한 Cell C에 위치해 있었다. Cell C에서 사라지는 기업들의 특징은 대부분 재무 상태가 좋지 않으며, 경쟁 기업들과 파멸적인 가격 경쟁을 벌이고 있다는 점이다. 이들은 1원이라도 더 싸게 제품을 시장에 내놓기 위해 원가 절감, 공정 혁신, 인건비 삭감 등 비용 우위 전략에 의존한다. 하지만, 이 단계에서 비용 우위 전략으로 승리한다 하더라도, 이는 단지 기존 산업 기술의 수명 주기를 연장하는 것에 불과하다. 고통스러운 비용 절감을 통해 경쟁 우위를 확보하고 기술의 수명 주기를 연장하더라도, 새로운 기술적 패러다임을 가진 신기술이 등장할 경우 이에 대응하지 않고 기존 기술의 생산성 향상이나 효율성 증대에만 집중한다면, 기존 산업은 빠르게 붕괴될 위험에 처할 수 있다. 이것이 바로 '성공의 함정(Success Trap)'인 것이다. 과거의 성공 방정식을 고집하면, 이는 결국 미래의 실패로 이어질 수 있다.

유감스럽게도, 많은 한국 기업들이 현재 Cell C에 위치해 있다. 이 위치에서는 외부 환경의 전략적 불확실성이 매우 높고, 재무적으로 취약하며, 우수 인재도 부족하여 내부 자원의 압력을 크게 받고 있는 상황이다. 이처럼 공급 과잉 업종에 속해 있고, 과잉 경쟁으로 인해 빈약한 재정 상태에 놓여 있는 기업들은 언제 도산할지 모르는 '바람 앞의 촛불'과 같은 상황에 처해 있다. 더욱이 이들 기업은 이러한 상황에서 벗어날 방법을 찾지 못하고 있다.

이 지점에서 IC-PBL의 산업적 의미가 두드러진다.

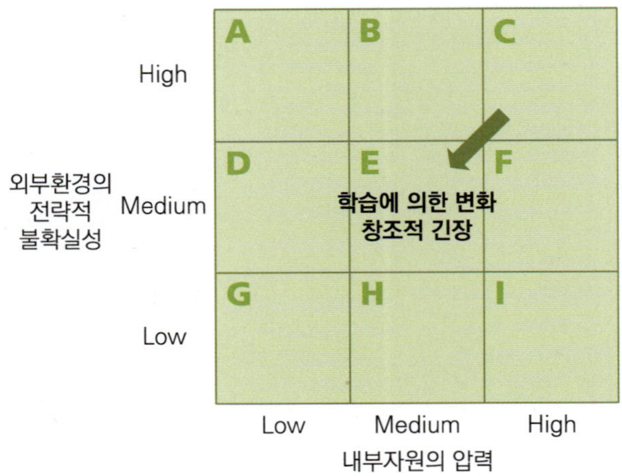

그림 5-2 산업기술의 진화와 한국기업의 미래적응의 방향 그리고 IC-PBL

자료원: Lawrence, P. R. and Dyer, D.(1983). Renewing American Industry: Organizing for Efficiency and Innovation, New York: The Free Press에서 수정 인용.

[그림 5-2]에서 보듯이, Cell C에 위치한 기업들은 Cell E로 전략적 위치 이동을 해야 한다. Cell E로의 전략적 위치 이동을 통하여 '세계가 두려워할 만한' 1등 제품을 보유해야 한다(김인수, 2001). 이러한 이동을 위해서는 산학 연계형 PBL, 즉, IC-PBL을 통해 기업이 직면한 근본적인 기술 문제와 기술 개발을 촉진하는 관리 혁신 이슈들을 해결해야 한다. 이때 관리 혁신의 핵심은 '학습에 의한 지속적인 제도변화(Change by Learning)'와 그것을 가능하게 하는 '창조적 긴장(Creative Tension)'을 유발하게 하는 것이다. 이를 통해 외부 환경의 전략적 불확실성을 줄이고, 내부 자원의 압력을 완화할 수 있게 된다. 결국, 기업은 스스로를 Cell E에 유지시킴으로써 세계 1등 기술과 1등 제품을 확보하게 되는 것이다.

한국의 대학들과 기업들이 산학 연계형 PBL(IC-PBL) 방법론에 주목해야 하는 이유가 바로 여기에 있다. IC-PBL을 통해 기업들은 혁신적인 기술과 관리 방식을 개발하고, 세계적 경쟁력을 확보할 수 있는 기반을 마련할 수 있다.

5.2 한양대 에리카 산학연계형 PBL(IC-PBL)의 미래비전

산학연계형 PBL(IC-PBL)의 중요성은 대학교육 혁신을 주장하는 많은 전문가들이 언급하는 주제이다. 그만큼 이미 매우 강조된 분야라 할 수 있다. 그러나 실제로 산업 경쟁력 강화를 위해 산학연계를 실천하는 연구자들은 드물다. 교육공학자들은 혁신적인 교수법에 관심을 가지면서도, 그 적용 범위를 교실 밖으로 확장하지 못해 산업과 지역 혁신 이슈에 대해 실질적인 기여를 하지 못하고 있다. 즉, 기술 및 제품 개발에 관한 아이디어가 교실 밖으로 나오지 못하고 있는 실정이다. 반대로 경영학자들은 산업 혁신의 중요성을 누구보다도 잘 이해하고 있으면서도, 이를 가능하게 하는 교육 방법에는 별로 관심을 두지 않아, 혁신적인 아이디어를 체계적으로 끌어내지 못하고 있다.

이 책에서는 그간의 경험을 바탕으로 산학연계형 PBL, 즉 IC-PBL의 구현 방법론을 정리했다. 경험에 따르면 IC-PBL의 여러 유형 중 M 유형이 학생들의 경험 학습을 유도하고 축적하는 데 매우 유용한 방법이었다. 그러나 표준화된 가이드라인이 없었기 때문에 적용에 한계가 많았다. 따라서 이 책에서는 효과적인 IC-PBL 적용뿐만 아니라, 산학협력을 통한 IC-PBL의 확산을 위해 일정 수준의 표준화된 접근 방법을 제시하고자 한다.

한양대 에리카는 산학연계형 PBL이 가져다줄 산업 및 국가 경쟁력 차원의 긍정적인 효과를 기대하고 있다. 즉, IC-PBL을 통해 학생들의 산업별 문제해결 역량이 배양되면, 그 축적된 역량이 기업과 관련 산업의 경쟁력을 강화하는 데 기여할 것이라고 믿고 있다. 한양대 에리카에서 IC-PBL은 궁극적으로 '교육을 통한 경제 회복(Education To Economy: E2E)'의 중요한 수단인 것이다. [그림 5-3]에서 보듯이, 1979년 개교 당시 반월캠퍼스에서 현재에 이르기까지 세 번의 도약을 이루었다. 한양대 에리카는 ERICA1.0(2003~)과 ERICA2.0(2016~)을 성공적으로 추진한 바 있으며, 이를 토대로 현재 진행 중인 ERICA3.0(2019~)의 '캠퍼스 혁신파크사업'을 추진하고 있다(그림 5-4 참고). ERICA1.0에서 ERICA3.0에 이르기까지 기업친화형 생태계 구축 전략을 추진하였고, 이는 현재도 계속 진행 중이다.

특히 한양대 에리카는 프라임사업이 시작된 ERICA2.0 시기에 IC-PBL의 견고한 인프라를 구축하였으며, ERICA3.0에서 진행되는 혁신파크 조성사업에 IC-PBL을 더욱 체계적으로 연계할 계획이다. 이 캠퍼스 혁신파크 조성사업을 통해 이미 카카오데이터센터와 미국의 세계적인 반도체 회사인 인테그리스(Entegris) 연구소를 유치했다. 또한, 국내 최대 규모의 로봇·AI 집적화 캠퍼스인 '레이틱(RAITIC)'을 곧 조성할 예정이다. 레이틱은 로봇 기업 맞춤형 설계와 지원 시스템을 통해 최적의 입주 여건을 제공할 것이다. 기존 500여 개의 혁신 기업 외에도, 캠퍼스 혁신파크에 입주할 예정인 200여 개의 국내외 기업들이 '더 고도화된' IC-PBL 교육 혁신을 통해 인재 양성 및 산학협력을 이루어갈 것이다(그림 5-5 참고).

그림 5-3 개교(1979) 당시 한양대학교 반월캠퍼스 모습(현재 ERICA)

자료원: 백동현 ERICA 부총장의 '초우량기업의 조건' 특강, ERICA의 미래비전과 전략, 2024. 04.17.

그림 5-4 ERICA1.0~3.0 까지의 기업친화형 산학협력 생태계전략

자료원: 백동현 ERICA 부총장의 '초우량기업의 조건' 특강, ERICA의 미래비전과 전략, 2024.04.17.

그림 5-5 ERICA3.0 캠퍼스혁신파크 조성사업

자료원: 한양대 에리카 캠퍼스혁신파크 사업소개. 2023.10.17.

우리 정부는 지역 전략 산업과 연계된 서해안 발전을 위해 3개의 벨트를 추진하고 있다(그림 5-6 참고). 첫째는 인천 송도-안산을 잇는 바이오 및 친환경 산업 중심의 서해안 산업벨트이다. 둘째는 여의도-가산디지털단지-안산-송산으로 이어지는 미디어·문화 산업벨트이다. 셋째는 안산-수원-용인-평택을 연결하는 반도체 중심의 경기 남부 R&D 벨트이다. 이 세 벨트의 안정적 구축에 필요한 인재 양성이야말로, 지금 한양대 에리카가 국가로부터 받은 사명이자 대학의 소명이 되었다. **이러한 인재 양성의 가장 현실적이고 지속 가능한 수단이 바로 IC-PBL이다.** 그래서 "**한양대 에리카에서는 해가 서쪽에서 뜨는 것을 보게 될 것이다**"라는 말이 나온 것이다.

그림 5-6 지역전략산업과 연계한 발전계획

자료원: 한양대 에리카 캠퍼스혁신파크 사업소개, 2023.10.17.

이제 독일의 지리학자이자 자연과학자인 훔볼트 남작(Alexander von Humboldt)이 대학에 대해 내린 정의를 돌아보며, 이 시대 한국 대학들이 지향해야 할 점을 성찰해 보고자 한다. 그는 "대학은 미래 유토피아를 선점한 소우주와 같다(A college is a small universe that preoccupies future utopia)"라고 말했다. 대학이 미래 유토피아를 선점하기 위해서는 생태계 내·외부의 주체들을 (1) 생산적이고 (2) 건강하게 (3) 지속 가능하도록 만들어야 한다. 이러한 역할은 산학연계형 교육 혁신에서 비롯되어야 하며, 이를 통해 우리가 심각하게 겪고 있는 저성장의 터널은 정부의 기대보다 빠르게 지나가게 될 것이다.

자료원: 알렉산더 폰 훔볼트(1843년). 위키백과

이제 이 책의 마무리를 지을 때가 되었다. 이 책을 읽는 학생들에게 한 가지 권고하고자 한다. "**왜 대학교에 다니면서 세상을 바꾸는 일에 도전하지 않는가?**" 대학교는 단지 지식을 습득하는 공간이 아니라, 세상을 변화시키고 혁신을 창출할 수 있는 도전의 장이다. 대학 생활을 통해 얻을 수 있는 기회와 가능성을 적극적으로 활용하여 그것이 '위대한 경험'이 되도록 해야 한다. '경험이 위대해 지는 것'은 경험은 감가상각되지 않으며 시간이 지날수록 수확이 체증되는 무형자산이기 때문이다. '한 뼘 길이 밖에 되지 않는 인생의 날을 주셨으니 인생의 전성기조차도 한낱 입김에 불과'(시편 39:5)하다는 성경 말씀에도 있듯이 짧은 인생 중 이 젊음의 시기에 '위대한 경험' 하나 정도는 만들고 가길 권한다.

또한, 지금도 강단에서 학생들을 가르치고 계신 교수님들께도 한 말씀 드리고 싶다. "**학생들이 신대륙을 발견하기를 원하면서 왜 아직도 그들에게 옛날 지도를 쥐여 주십니까?**" 교육은 단지 과거의 지식을 전달하는 것이 아니라, 학생들이 새로운 가능성을 탐구하고 창조할 수 있도록 돕는 것이어야 한다.

마지막으로 부탁드리고 싶은 말은 하나다:

"제발 학생들에게 강의(講義)하지 마시고, 강의(強疑)하게 해주세요!"

학생들에게 답을 알려주는 대신, 본질적인 질문을 던지고 그 질문을 통해 스스로 답을 찾아가는 힘을 키워주시길 바란다. 강의는 가르치는 사람입장에서는 효율적이나 배우는 사람입장에서는 최악이기 때문이다.

부록

- [연습]의 해답
- 개념융합을 위한 미니 단어사전
- 인용된 명문
- 참고문헌

[연습]의 해답

[연습 1] 학습환경 조성의 중요성

1. 소금
2. 양잿물 혹은 가성소다. 양잿물은 서양에서 받아들인 잿물이라는 뜻으로 세탁비누가 없었던 시절에 우리의 어머니들이 빨래할 때 쓰곤 하였다. 일정 분량 이상을 마시게 되면 독성에 의해 죽음에 이르게 된다.
3. 식용소다 혹은 베이킹 소다. 특히 탄산수소나트륨은 요리(제과, 제면, 제빵 등)에서 재료의 팽창제로서 첨가물로 상용된다. 각종 주방용품 세척 및 청소에도 사용된다.
4. NaCl(염화나트륨), NaOH(수산화나트륨), NaHCO3(탄산수소나트륨)를 보고 있으면 모두 나트륨(Na)이라는 공통의 요소를 가지고 있다. 그런데 이 뒤에 어떤 화학요소가 오느냐에 따라 사람의 생명유지에 필수적인 소금이나 제과, 제면, 제빵에 필요한 식품첨가제가 되기도 하고, 마시면 죽음에 이르는 독극물이 되기도 한다. 교수방법의 대상인 학습자에게 어떤 환경을 조성하고 구축해 주느냐에 따라 학습성과에 큰 차이가 나는 것이다.

[연습 2]　두 마리 표범 찾기

[연습 3]　원을 색칠하기

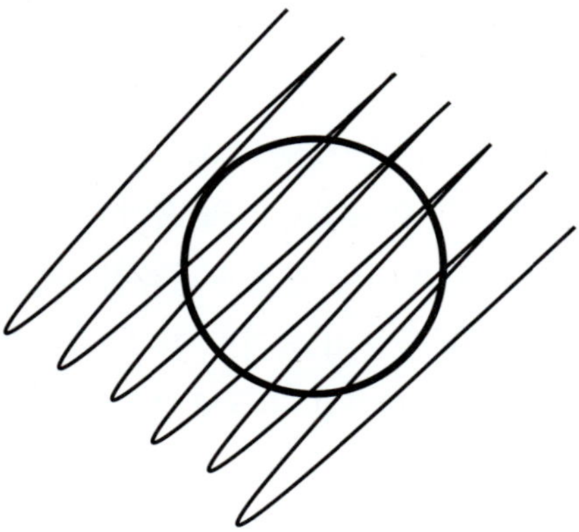

[연습 4] 9개의 점을 끊기지 않고 잇기

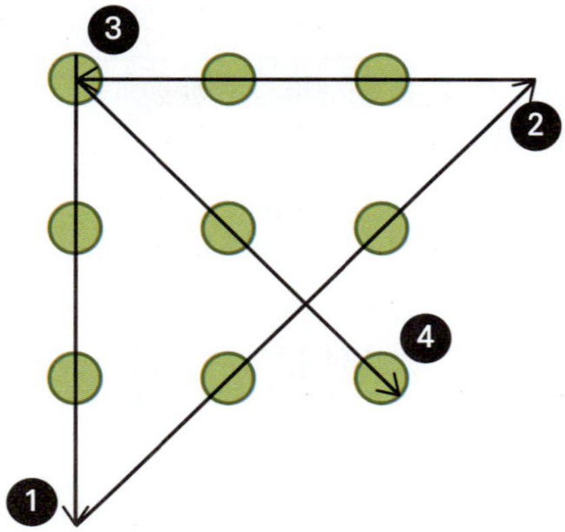

[연습 5] '마음 놀라게 하기(Mind Surprise)'의 예: 엉뚱한 아이디어를 통한 북한 김정은의 핵무력화 방법

엉뚱한 아이디어	가능한 아이디어 변형
악어를 길들여 이용한다	반도체 및 2차 전지 핵심기술을 중국에 제공하는 조건으로 김정은이 핵도발을 못하도록 중국이 북한에 군사적 압박을 가한다.
집주위에 함정을 판다	김정은 최측근 혹은 핵심 기쁨조를 매수하여 김정은을 체포한다.
창문을 모두 열어 놓고 나간다	북한의 핵개발 인력들이 북한을 떠나 망명할 수 있도록 한다. 또는 김정은이 해외순방시 핵시설을 점거하거나 폭파한다

이것은 하나의 마음 놀라게 하기의 연습을 위한 하나의 예시일 뿐 실제 우리 정부가 이렇게 한다는 것은 아님을 밝혀 둔다.

[연습 6] '마음 풀어놓기(Mind Free)'의 예:
핸드폰의 속성을 이용한 한일간 독도영유권 문제해결

핸드폰의 속성	한일간 독도영유권 문제해결과의 상상적 유사성
통화가 끊기지 않아야 한다	독도에 대한 일본의 영유권 주장이 부당함을 지속적으로 국제사회에 알린다.
접을 수 있다.	일본이 독도가 일본영토라는 뜻을 접을 수 있도록 혹은 그런 주장을 더 못하도록 일본이 꼼짝 못할 반도체 부품이나 장비수출을 잠정적으로 중지한다.
한번 가입하면 통신사를 바꾸기 어렵다.	독도를 경상북도 도청소재지로 정해버린다.
데이터 처리속도가 빨라야 한다	위성을 이용하여 독도에 관한 모든 기상정보와 일본 해양순시선 및 해군의 움직임을 실시간으로 한국정부가 모니터링 할 수 있도록 한다.
다양한 앱을 깔 수 있다.	독도가 한국영토임을 다양한 형태의 고증과 증거자료를 일본과 국제사회에 제시할 수 있도록 한다.
충전을 해야 한다	국력과 실력이 일본보다 월등히 우월하다면 일본은 꼬리를 내린다는 사실을 전 국민이 인식하도록 노력한다.

개념융합을 위한 미니 단어사전

컵 애완동물 국자 지하철 곤돌라 갈고리 감옥 소년 혀 별 주요 주인 미식가 삼각형 사람 텔레비전 재떨이 온도계 헌법 괘종시계 잡초 연지 플라스틱 벤치 괭이 문어 우엉 밸브 목동 화살대 일몰 식용 신발 허파 새란제리 카드 그림 꼬리표 섬 색인 상자 케첩 점심 스파게티 창문 문 유목민 쥐 가방 그리기 잔 바이올린 통로 이글루 가지 도랑 수프 여우 가방도넛 열대 대양 운동선수

디스코 폭약 안개 전기자동차 맥주 지우개 항아리 불꽃 라디오 토스트개수대 현금 조종사 술 여행 바닷가재 파리 호수 지구 뱀 새우 깃발 만찬 여왕 자 꼬치 잉크 매듭 주머니 셔츠 페인트 맑은눈 침전물 여자 선인장 점화기 머리염색 어금니 어뢰 돛단배 해시계 따끈한 굴뚝 오르간 끈정맥 동물원 차 우림 물고기 굽기 낙타 전쟁 칼 박물관 핸드볼 포스터

쐐기 도르래 면도기 달걀 사탕 음향 나뭇잎 곤충 등불 유령 땅콩 꿀 화살 성탄절 커피 토마토 난초 우유 바베큐 타박상 치즈 가수 백악관 정치가 봉투 단추 한잔 지붕 햄 말하기 자석 축구 기차 시계 밧줄 안경 리무진 손수건 껌 벽장 주차장 모래 일출 세금 아교 수도승 쟁기 책 사슬 빛 X-선 점토 젤리 사포 엉덩이 도로 수로 돈 용암 견과

재 장미 노숙자 돼지 대학교 거품 돌다리 화석 거울 결혼 열 욕조 휴지통 철갑상어 예술가 과일 팔목 의회 쥐 네온 압정 목욕 꽃불 출입구 조랑말 물 드라이버 선술집 버터 화장실 콧수염 수박 회초리 군대 수학 비키니 행상인 트럭 목판 과자 소스 철모 고기 향수 입방체 잡지 경찰 배우 유대인 메추라기 유독성 협곡 나비 필름 우산 씨앗 사람 다람쥐 홍학 풍선 사탕무 튜브 반지 고추 폭풍 캠프파이어 입술 하수도 플룻 인도 신랑 식단 길 사탕 실험실 폐기물 포도주 힌두교 다이아몬드 벽돌 컴퓨터 춤 폭동 도서관 발가락

인용된 명문

1. 주 여호와께서 학자들의 혀를 내게 주시사 나로 하여금 곤고한 자를 말로 어떻게 도와줄 줄을 알게 하시고, 나의 귀를 깨우치사 학자들 같이 알아듣게 하시도다.(이사야 50장 4절) p.14
2. 가장 추울 때도 너희들은 우뚝 서 있구나.(추사 김정희 선생이 소나무와 잣나무를 보며) p.14
3. 나는 결코 학생들을 가르치지 않는다. 다만 그들이 학습할 수 있는 조건들을 제공하려고 애쓸 뿐이다.(아인슈타인) p.37
4. PPPPP!(Poor Preparation Provides Poor Performance!) (전상길 교수) p.72
5. 너희는 너희가 구하는 것이 무엇인지를 모르고 있다. (마가복음 10장 38절) p.102
6. 챔피언은 체육관에서 만들어지는 것이 아니다. 꿈, 욕망, 식견처럼 내면에서 만들어 진다.(무하마드 알리) p.108
7. 지나간 날들에 가치를 매기지 말라. 남아있는 날들을 가치 있게 만들어라.(무하마드 알리) p.108
8. 나비처럼 날아 벌처럼 쏜다.(무하마드 알리) p.109
9. 쇠사슬을 끊고 밖으로 나가라! 횃불 앞에서 일렁거리는 환영의 실체를 보라! 그리고 더 나아가 동굴 밖으로 나아가 태양을 보라.(플라톤) p.120
10. 우리는 아무리 엉뚱한 아이디어라도 모두 고려해야 하며, 탐구적이고 끈질긴 시선으로 그것들을 살펴보아야 한다.(윈스턴 처칠) p.124
11. 어떤 사실을 안다고 생각할 때 다른 각도에서 보라. 비록 틀린 것 같고 우스워 보일지라도 시도해 보라.(영화 '죽은 시인의 사회' 중 책상 위에 올라선 키팅 선생님) p.125

12. 과감하게 도전하여 새로운 세계를 보라. 그렇게 물러나지 마라. 단순히 올라갔다 내려오지만 말고 주위를 둘러보라.(영화 '죽은 시인의 사회' 중 책상 위에 올라선 키팅 선생님) p.126

13. 책을 읽을 때 저자의 생각보다 너희들의 생각을 중요시 여겨라. 너희들의 소리를 찾아라.(영화 '죽은 시인의 사회' 중 책상 위에 올라선 키팅 선생님) p.126

14. 아이디어는 공중에 떠다닙니다. 제가 잡지 않았더라도 다른 누군가가 잡았을 겁니다.(에디슨) p.127

15. 참으로 새로운 아이디어는 처음에는 미친 생각처럼 보인다.(아브라함 매슬로) p.128

16. 진정으로 새로운 아이디어들은 처음 등장할 때 거의 모두가 우스꽝스러운 속성을 띤다.(화이트헤드) p.128

17. 삶은 불충분한 전제로부터 충분한 결론을 이끌어 내는 기술이다.(사무엘 버틀러) p.148

18. 발명가의 진정한 능력은 산출된 여러 아이디어 중에서 유용한 것을 선택하는 데 있다고 했다. 이것은 공식화될 수 있는 것이 아니라, 느껴지는 것이다.(앙리 프왕카레) p.148

19. 종종 우리의 의식적인 기준은 우리가 실제로 원하는 것보다는 '우리가 원한다고 생각하는 것'이나 다른 사람이 우리가 원해야 한다고 생각하는 것을 반영할 수 있다.(로버트 올슨) p.149

20. 만약 배울 것이 있다면, 불구대천의 원수일지라도 나는 그의 말을 듣기 위해 백리 길도 함께 걸어가겠다.(라이프니츠) p.154

21. 인간은 타인의 눈길에서 지옥을 경험하게 된다.(쟝 폴 사르트르) p.154

22. 그건 바람을 내게 유리하게 만드는 것입니다. 바람이 나를 날려 보내는 대신, 오히려 그 힘을 이용해 날개 위에 붙어 있을 수 있도록 제 위치와 자세를 조정하는 것이죠.(비행기 날개 위 걷기 우승자에게 기자가 그 비결을 묻자 나온 대답) p.155

23. 여러분의 판단에 맡기겠습니다. 저에게 또 하나의 얼굴이 있었다면 제가 이 못생긴 얼굴을 하고 있겠습니까?(공화당 합동유세중 링컨을 두 얼굴을 가진 이중인격자라고 스티븐 더글러스가 공격하자 링컨의 대답) p.157

24. 마누라와 자식 빼고는 다 바꿔라.(故 삼성 이건희 명예회장) p.160

25. 내가 후계자가 된 이후부터 불량 제품은 암과 같다고 말했다. 암은 진화한다. 초기에 자르지 않으면 3~5년 내에 회사를 죽인다. 정신들 차려야 한다.(故 삼성 이건희 명예회장) p.161

26. 적자를 내고 고객의 신뢰를 잃으며 악평을 받으면서 왜 사업을 하는가? 삼성에서 수준 미달의 제품을 만드는 것은 죄악이다.(故 삼성 이건희 명예회장) p.161

27. 인생은 B(Birth)와 D(Death) 사이의 C(Choice).(장 폴 사르트르) p.167

28. 천재는 1%의 영감과 99%의 땀으로 이루어진다.(에디슨) p.167

29. 스페이스X의 우주선 스타십이 실패했지만 우리는 계속 쏠 것이다. 스타십이 결국에는 인류를 화성에 데려다 줄 것이다. 실패는 하나의 옵션일 뿐, 실패가 없다면 충분히 혁신적이지 않다는 것을 의미한다.(일론 머스크) p.168

30. 지성 없는 행동은 발광의 한 형태이지만, 행동 없는 지성은 멍청함의 가장 큰 형태이다.(찰스 케터링) p.171

31. 훌륭한 발명 아이디어를 얻는 것은 임신을 하는 것과 같이 그리 어렵지 않다. 그러나 그 아이디어를 실천에 옮기는 것은 아이를 잘 낳아 훌륭하게 기르는 것만큼이나 어려운 것이다.(멜빈 퓰러) p.171

32. 한양대 에리카에서는 해가 서쪽에서 뜨는 것을 보게 될 것이다.(전상길 교수) p.256

33. 대학은 미래 유토피아를 선점한 소우주와 같다.(알렉산더 훔볼트) p.257

34. 왜 대학교에 다니면서 세상을 바꾸는 일에 도전하지 않는가?(전상길 교수) p.258

35. 제발 학생들에게 강의(講義)하지 마시고, 강의(強疑)하게 해주세요.(전상길 교수) p.258

36. 학생들이 신대륙을 발견하기를 원하면서 왜 아직도 그들에게 옛날지도를 쥐여 주십니까?(전상길 교수) p.258

참고문헌

〈국내자료〉

EBS〈다큐프라임〉, "황혼의 반란" 2013.07.15.

K글로벌타임스. "조인앤조인, '비건 디저트'로 푸드테크 지각변동". 2023.05.02.

SBS 모닝와이드. "실패했지만 계속 쏜다. 사상 최대 머스크의 계획". 2024.03.15.

WEEKLY BIZ. [Cover Story] "배우고, 부딪치고, 투자한 한국… 중진국 덫을 넘었다" 2024.08.09.

WEEKLY BIZ. "마을 전체가 호텔로 변신..쇠락하던 마을이 살아났다". 2024.08.10.

海事新聞. "월드컵경기 바다위에서 … STX 크루지움 건조". 2013.06.17.

강원일보. '이불변 응만변'(이불변 응만변) 하라. 2019.08.14.

대학지성. 교수연대회의 "라이즈 글로컬대학30 대학생태계 파괴.. 22대 국회에서 원점 재검토하라". 2024.07.31.

동아일보. "[DBR]AI 시장 선점을 위한 '2차선' 전략". 2024.01.29.

동아일보. "팀코리아, 체코서24조원원전수주… 역대최대규모". 2024.07.18.

매일경제. "'대박 터졌다' 갤럭시 셀피 마케팅…'올림픽 사랑' 이재용 회장의 평가는?". 2024.08.10.

매일경제. "모듈형 컨테이너 스마트팜 수출하는 김혜연 엔씽 대표". 2019.12.27.

매일경제. "유대인 창의성의 힘, 후츠파 정신 (3)". 2015.04.28.

서울신문. “애니콜 화형식… 이건희 충격요법, 삼성전자 사장의 눈물[이건희 별세]”. 2020.10.25.

일요신문. “맛없는 ‘사각 수박’ 비싸게 팔리는 까닭”. 2020.08.05.

조선일보. “AI시대대학, 뇌수술 수준으로 학생들 생각바꿔줘야”. 2024.05.06.

조선일보. “국민라면 ‘짜파게티’, 불혹에도 잘 나가네”. 2024.08.21.

조선일보. “머리 맞댄 LG연구원들 물없는 세탁기 가능할까”. 2024.08.27.

조선일보. “주입식은 끝..대학,아이디어 훈련소되어야”. 2023.04.27.

조선일보. “체스복싱, 유럽강타”. 2008.07.15.

중소기업신문. “메가커피는 패션처럼 마케팅한다”. 2024.06.28.

중앙선데이. “‘진주 귀걸이 소녀’ 패러디 최고 인기작은 한국 ‘옥수수’”. 2023.04.09.

중앙일보. “불닭면 위험하지 않다… 덴마크 리콜철회 이끈K특공대 정체”. 2024.07.23.

중앙일보. “‘매일 10야드씩 전진하자’ 월즈, 대선 작전지시 내렸다”. 2024.08.24.

중앙일보. “한번 먹으면 3시간 기절하는 정자…초간편 남성 피임약 나왔다”. 2023.02.15.

파이낸셜뉴스. “경원, 세정수 제조 아시아 첫 쾌거”. 2007.06.07.

한국경제신문. “우리 어머니 차가운 물 속에… ‘오송 지하차도 참사’ 비극”. 2023.07.16.

한국경제신문. “‘산업현장 해법 찾아달라’… 에리카로 달려가는 기업들”. 2018.05.22.

한국경제신문. “기술진화 너무 빨라 배우는 법부터 가르쳐라”. 2022.09.18.

행복한교육. “산업연계 교육활성화 선도대학(PRIME 사업)”. 2016. 02.

김인수(2001). 「세계가 두려워할 미래의 한국기업 어떻게 만들 것인가」. 삼성경제연구소.

김창희 & 전상길(2018). “창의적 문제해결능력을 갖춘 인재육성방법, Problem-based Learning: 싱가포르 대학과 한국 대학의 사례를 중심으로”, 인적자원개발연구, 21(4), 299-325.

박수홍 외(2022). 「앙트러프러너십 어떻게 키울까」. 학지사.

번트 H. 슈미트 저/권영설 역(2008). 빅 씽크 전략, 세종서적.(원저: Schmitt, B. H.(2007). Big Think Strategy: How to Leverage Bold Ideas and Leave Small Thinking Behind. Gildan Media; Unabridged edition.

백동현(2024). “백동현 ERICA 부총장의 ‘초우량기업의 조건’ 특강 : ERICA의 미래비전과 전략”. 2024.4.17.

와타나베 마사타카 감수/장석봉 역(2000). 「자연과 닮은 과학원리1, 2, 3」. 베틀북.

윤종록(2016). 「후츠파로 일어서라」. 멀티캠퍼스.

이정현 & 전상길(2024). “원자현미경(AFM) 기술진화의 3차원과 함의”, 한국전략경영학회 발표, 한국경영학회 융합학술대회 주최, 경주, 화백컨벤션센터.

이홍 & 전상길(2023). 「실패하는 비즈니스에는 이유가 있다」. 삼성글로벌리서치.

장영란(2009). 「플라톤의 교육-영혼을 변화시키는 힘」. 살림출판사.

전상길 & 임효섭(2019). “Click에서 취업까지의 일관공정: 롯데유통BU의 과제에 대한 IC-PBL적용을 중심으로”, 한국인적자원개발학회 추계학술대회, 한양대학교ERICA캠퍼스 컨퍼런스 홀, 2019.12.7

전상길(2008). “지식창출 관점에서 본 경영교육의 참여적 토론기법으로서의 Round Tour Method,” 지식연구, 6(1), pp.165-188.

전상길(2020). 「창조경영을 위한 인적자원관리, 길을 묻다」. 도서출판 창명.

전상길(2021). “산학연계를 통한 교육 및 지역혁신: 한양대에리카의 성공사례”. 4차 산업혁명 시대, 한국경영학회 대전/세종/충청 지역 혁신포럼, 2021.1.21.

전상길(2024). "교육혁신을 통한 경제회복: 한양대ERICA의 E2E 전략", 국가교육위원회 지방대특별위원회 주제발표, 부산대학교 교수회, 2024.5.14.

한양대 교수학습개발센터 교수컨설팅팀. 「토론식 수업, H.E.A.T 교수법 가이드」. 2007.

한양대 에리카 산학협력단 내부자료. 2024.

한양대에리카 IC-PBL센터, 2024년도 1학기 IC-PBL센터 운영위원회내부자료.

한양대에리카 기획홍보처 내부자료. 2023

한양대에리카 캠퍼스혁신파크 사업소개. 2023.

〈국외자료〉

Argyris, C., & Schon, Donald A.(1978). Organizational Learning: A Theory of Action Perspective, Addison-Wesley.

Barrows, H. S., & Tamblyn, R. M.(1980). Problem-based learning: An approach to medical education. New York: Springer.

Brookfield, Stephen D.(1987). Developing Critical Thinkers: Challenging adults to explore alternative ways of thinking and acting, San Francisco: Jossey-Bass Publishers.

Chen, C. M., Lee, H. M., & Chen, Y. H.(2005). "Personalized e-learning system using Item Response Theory." Computers & Education 44(3): 237-255.

Dilshod, A.(2024). Muvaffiqiyatsiz biznesning sabablari, Fan ziyosi nashriyoti, 2024

Dutta, S., Ranjan, S., Mishra, S., Sharma, V., Hewage, P., & Iwendi, C.(2024). "Enhancing Educational Adaptability: A Review and Analysis of AI-Driven Adaptive Learning Platforms." 4th International Conference on Innovative Practices in Technology and Management.

Goleman, D.(1995). Emotional intelligence. Bantam Books, Inc.

Halkiopoulos, C., & Gkintoni, E.(2024). "Leveraging AI in E-Learning: Personalized Learning and Adaptive Assessment through Cognitive Neuropsychology-A Systematic Analysis." Electronics 13(18), 3762.

Hung, W.(2015). "Cultivating creative problem solvers: The PBL style." Asia Pacific Education Review, 16(2): 237-246.

Langer, Ellen, J.(2015). Counterclockwise: Mindful Health and the Power of Possibility.

Lawrence, P. R. and Dyer, D.(1983). Renewing American Industry: Organizing for Efficiency and Innovation, New York: The Free Press.

Lumsdaine, E. and M. Lumsdaine(1995). Creative Problem Solving: Thinking Skills for A Changing World, Singapore: McGraw-Hill.

Mezirow, J.(1991). Fostering Critical Reflection in Adulthood: A Guide to Transformative and Emancipatory Learning, Jossey-Bass.

Moon, J. A.(1999). Reflection in Learning and Professional Development: Theory and Practice, London: Routledge.

Nonaka, I., & Takeuchi, H.(1995). The Knowledge-creating Company: How Japanese Companies Create the Dynamics of Innovation, New York: Oxford University Press.

Olson, Robert W.(1980). The Art of Creative Thinking: A Practical Guide including Exercises and Illustrations, Harper & Row, Publishers.

Perry, Bruce D. and Szalavitz, Maia.(2017). The Boy Who Was Raised as a Dog, Basic Books.

Senge, P.(1990). The Fifth Discipline: The Art and Practice of the Learning Organization, New York: Doubleday/Currency.

Shute, V. J.(2008). "Focus on Formative Feedback." Review of Educational Research 78: 153-189.

Weick, K.(1979). The Social Psychology of Organizing(2nd Ed.), McGraw-Hill.

Weinstein, C. E.(2001). 'Learning to learn' in International Encyclopedia of the Social & Behavioral Sciences(Editor-in-Chief: Neil J. Smelser and Paul B. Baltes), Pergamon.

Wolff, A., Zdrahal, Z., Nikolov, A., & Pantucek, M.(2013). "Improving retention: Predicting at-risk students by analysing clicking behaviour in a virtual learning environment." LAK '13: Proceedings of the Third International Conference on Learning Analytics and Knowledge, 145-149.

〈인터넷 자료〉

http://ansan.go.kr

http://kingcon7.tistory.com/entry/렘브란트-판-레인, 렘브란트 판 레인, 네덜란드 황금시대를 대표한 화가

http://pbl.hanyang.ac.kr/?act=info.page&pcode=information, 한양대 ERICA IC-PBL센터

http://pbl.hanyang.ac.kr/?act=info.page&pcode=sub1_2

http://www.geconomy.co.kr/mobile/article.html?no=281196

http://www.kmooc.kr, 창조경영을 위한 인적자원관리, 길을 묻다 (한양대 전상길)

https://blog.naver.com/imkyungwon/223496237269, 후츠파 정신의 힘, 테크니온 공대 졸업생들이 미국 기술 산업을 바꾸는 방법, 실리콘밸리의 이스라엘 혁명

https://blog.naver.com/nayahklee/221431202140, 폐광에 피어난 예술공간-삼탄아트마인

https://blog.naver.com/waterheat/220232193348, 링컨의 유머와 일화

https://blog.naver.com/with_msip/221754180660, 천리안위성 2B호, 어떻게 쓰일까

https://ddabong99.com/

https://effectiviology.com/reflective-learning/

http://erica.hanyang.ac.kr/surl/SzSB

https://esd.unesco.or.kr/ic-pbl-connect-share-%ED%94%84%EB%A1%9C%EC%A0%9D%ED%8A%B8/

https://fullcircle.asu.edu/faculty/asu-professor-modernizes-lectures-with-formative-feedback/

https://if-blog.tistory.com/4925, 봄, 여름, 가을, 겨울… 계절이 변하는 이유는?

https://images.app.goo.gl/F9YuiyyPDtuFrG6X6

https://images.app.goo.gl/pV42s4hraQVXVzT18

https://images.app.goo.gl/UADobWfvdPpLejHr9

https://images.app.goo.gl/xvuFySDk3MCWyB2k7

https://images.app.goo.gl/zYjXeSda1W5p1zXH6

https://ko.wikipedia.org/wiki/생각하는 사람

https://m.blog.naver.com/star3now/223172620392?isInf=true

https://m.blog.naver.com/white_tk/110176763989

https://metamns.tistory.com/15

https://starwalk.space/ko/news/what-causes-the-seasons-to-change

https://www.azquotes.com/quote/408314

https://www.economidaily.com/view/20240529081818791

https://www.hankookilbo.com/News/Read/A2023032310060000001

https://www.hankyung.com/article/2021061452207

https://www.hankyung.com/article/2024031883287

https://www.innovation.go.kr. 도로노면 색깔 유도선

https://www.iusm.co.kr/news/articleView.html?idxno=779129

https://www.newspenguin.com/news/articleView.html?idxno=16656

https://www.noblesse.com/home/news/magazine/detail.php?no=13355

https://www.seoul.co.kr/news/economy/business-news/2020/11/27/20201127034001

https://www.youtube.com/results?search_query, 나비드의 전선을 간다

https://www.youtube.com/watch?v=5YEv0UBN1NA&list=PLH4cAUjIEqR0kSgIXBaMQxqevG8ZF4uQp, Atomic Force Microscopy from A to Z

https://www.youtube.com/watch?v=bjymkNKYTK4 2021년 1학기 디자인과 경영(코로나상황이라 팀별 촬영)

https://www.youtube.com/watch?v=Bsh4BLRxvCc 2018년 2학기 경영문제해결실습 (DHL Korea)

https://www.youtube.com/watch?v=ig13vJrdt6I, Meet one of the last remaining wing walkers.

https://www.youtube.com/watch?v=kW-4f0ysUfI, 푸틴의 야욕 막을 최강 무기...유럽이 'K9 자주포' 자꾸 사들이는 이유

https://www.youtube.com/watch?v=mm4sD5s_FRI, McMaster University Mannequinn Challenge

https://www.youtube.com/watch?v=mWOO7gNc_pc, Tim Walz addresses Democratic National Convention | full video

https://www.youtube.com/watch?v=oD_9bc4D5Nk&t=1s. 2018년 1학기 전략적 인적자원관리 (삼탄아트마인)

https://www.youtube.com/watch?v=oeLxbzeo3mw&t=17s 2019년 2학기 경영문제해결실습 (파크시스템스)

https://www.youtube.com/watch?v=pJsbPUxmva8, 2018 평창 동계올림픽 유치를 위한 나승연씨의 발표

https://www.youtube.com/watch?v=tz5IXPICCXg, Il DIVO의 'Nella Fantasia'

https://www.youtube.com/watch?v=whFZCmN__mM, 세상을 바꾸고 싶다면 이불정리부터 시작해

https://www.youtube.com/watch?v=X-DqogHbwog, 1만시간의 법칙

https://www.youtube.com/watch?v=zdUA_m0Hu20, 유퀴즈 제69화 이거 내가 만들었어. 도로 위 생명줄, '노면색깔 유도선

https://youtu.be/LMxR5Jvbl4U, 천리안위성 임무수행 CG, 한국항공우주연구원

namu.wiki/w/세한도

네이버 블로그, 'from to from'

네이버 지식백과

위키백과

젠쓰지시 페이스북

찾아보기

가

감성지능 200
개별 학습 86
결합 139
경쟁 우위 250
경쟁적인 마인드 세팅 63
고용 가능성 221
과정의 개선 200
관점의 전환 128
관점의 확장 119
교육 혁명 27
교육 혁신 모델 40
그라운드 제로 63
그루터기 연설 68
기대 수준 66
기술의 수명 주기 250
기업가정신 174
기업 과제 81
기업친화형 생태계 구축 전략 254

나

내부 자원의 압력 251
내부코치 78
논리적 사고 능력 200

다

다양성 기반 팀 구성 72
대학교육 위기 26
동기 부여 전략 202
동료 간 평가 71

라

라운드 테이블 방식 175
라인 스톱제 161

마

마네킹 챌린지 59, 217
마음 건드리기 123
마음 놀라게 하기 123
마음 다져먹기 147
마음 모으기 96
마음 뭉뚱거리기 147
마음 북돋우기 147
마음 크게 펼치기 96
마음 풀어놓기 123
마음 합하기 123
만다라트 112
맞춤형 학습 201
명시적 지식 51

목표지향 67
무의식적인 사고 148
문제기반학습법 43
문제의 핵심 잡기 96
문제해결 26
문제해결 능력 43
문제해결 역량 40, 45
문제해결형 47

바

브레인스토밍 129
비밀 평가 69
비용 우위 전략 250
비판적 사고 199

사

사전 학습 88
사회적 가치창출 40
산업 경쟁력 강화 253
산업별 문제해결 역량 254
산업의 경쟁력 254
산업 혁신 253
산학연계 45
산학연계형 PBL 253
산학 연계형 문제기반 학습 방법론 40
산학협력 46
성공의 함정 251
성찰보고서 210
성찰 학습 59, 199
소통 역량 58
스킬 갭 26
실시간 학습 피드백 201
실제 적용 능력 200

아

암묵적 지식 51
애스크톤 106
역동적 학습 176
역할 모델 66
온라인 이론 학습 87
외부멘토 78
외부 환경의 전략적 불확실성 251
우수 인재 82
융복합 교육 231
융복합 인재 87
융합 139
의식적인 사고 148
인재 발굴 과정 53
인재 양성 45

자

자기 수용 200
자기 이해 199
자기 주도적 개별 학습 180
자기주도적 학습 178
자기 주도 학습 43
자기 효능감 200
자아 존중감 200

전략적 인적자원관리 54
정량평가 78
정성평가 78
지속 가능 발전 48
지식 여행 방식 175
지식재산권 창출 243
지식 증폭 58
지식 창출 51
직무 수행 기술 26
집단사고 72
집단 평가 69
집단 학습 94, 178

차

창의력 43
창의적 문제해결 181
창의적 사고 144
창의적 사고자 163
창의적 역량 58
창의적인 아이디어 124
창의적 학습 45
창조경영 54
창조적 문제해결 94
체스복싱 146
촉매 기법 94

카

캠퍼스 혁신파크 조성사업 254
클래스 리포트 206

타

통합적 역량 58
팀별 그라운드 룰 58
팀티칭 233
팀 프로젝트 평가를 위한 Rubric 58
팀 학습 180

파

피드백 47

하

하브루타 104
학습 경험 201
학습 동기 201
학습 방법 33
학습자 중심 교수법 43
학습 전략 33
학습하는 방법에 대한 학습 29
학습 환경 조성 33
학습 효과 43
학 · 연 · 산 클러스터 46
현장문제형 48
현장 실무 전문가 48
현장통합형 47
현장평가형 47
협력적 역량 58
협업 능력 43
후츠파정신 104

기타

AI 기반 학습 분석 201
AI 시대 21
IC-PBL센터 47
IC-PBL의 네 가지 유형 47
K-MOOC 사업 54
PRIME 사업 54
3차원 벡터 공간 53
6단계 IC-PBL 순환 모형 50

A

AIBLA(Artificial Intelligence-based Learning Analytics) 201
ALP(Accumulated Learning Process) 59, 190

C

Chavruta 104
Chess Boxing 146
Chutzpah 104
Communication Competency 58
Confidential Evaluation 69
Cooperative Competency 58
Creative Competency 58

D

DO IT PROCESS 94
Dynamic Learning 176

E

Employability 221

F

Facilitating Techniques 94

G

Ground Rule 58
Ground Zero 63
Group Think 72

H

Havruta 104

I

IC-PBL 253
IC-PBL(Industry-Coupled Problem-Based Learning) 40
IC-PBL MECA 47
Integrative Competency 58

K

Knowledge Amplification 58
knowledge creation 51
Knowledge Tour Method 175

L

LTL(Learning to Learn) 29

M

Mandal Art 112
Mannequin Challenge 59, 217
Mind Energize 147
Mind Focus 96
Mind Free 123
Mind Grip 96
Mind Integrate 147
Mind Prompt 123
Mind Strengthen 147
Mind Stretch 96
Mind Surprise 123
Mind Synthesize 123

P

PBL(Problem-Based Learning) 43

R

Reflection Learning 59
Role Model 66
Round Table Method 175
RTM(Round Tour Method) 59, 178

S

Self-Directed Individual Learning 180
Skill Gap 26
Skill Sets 26
Stump Speech 68
Success Trap 251

T

Team Learning 180
The 6 Steps Circulation Model for IC-PBL 50